北大版新一代对外汉语教材·商务汉语教程系列

中级商务汉语教程

（上）

主　编　　王惠玲　黄锦章
编　委　　（按姓氏笔划排序）
　　　　　丁俊玲　王丽娜　李春普　吴　琼
　　　　　陈　芳　周　虹　姚　鹰　薛　侃

图书在版编目(CIP)数据

中级商务汉语教程(上)/王惠玲,黄锦章主编.—北京:北京大学出版社,2004.9
(北大版对外汉语教材·商务汉语教程系列)
ISBN 978-7-301-07579-1

Ⅰ.中… Ⅱ.①王…②黄… Ⅲ.商务—汉语—对外汉语教学—教材 Ⅳ.H195.4

中国版本图书馆 CIP 数据核字(2004)第 061522 号

书　　　名：中级商务汉语教程(上)
著作责任者：王惠玲　黄锦章　主编
责 任 编 辑：邓晓霞　沈浦娜
标 准 书 号：ISBN 978-7-301-07579-1/H·1046
出 版 发 行：北京大学出版社
地　　　址：北京市海淀区成府路 205 号　100871
网　　　址：http://www.pup.cn
电子信箱：zpup@pup.pku.edu.cn
电　　　话：邮购部 62752015　发行部 62750672　出版部 62754962　编辑部 62752028
印　　　刷：北京大学印刷厂
经 销 者：新华书店
　　　　787 毫米×1092 毫米　16 开本　18 印张　460 千字
　　　　2004 年 9 月第 1 版　2011 年 2 月第 2 次印刷
定　　　价：45.00 元

未经许可,不得以任何方式复制或抄袭本书之部分或全部内容。
版权所有,侵权必究
举报电话：010-62752024　电子信箱：fd@pup.pku.edu.cn

目　录

前　言 ·· (1)

第一单元

第1课　申城外汇储蓄逾百亿美元 ··································· (3)
　　语法漫谈：分数与倍数的表达（一） ························· (12)
　　阅读材料：中行汉城分行推出留学生特别汇款业务 ········ (18)
第2课　股票市场在等待什么？ ····································· (22)
　　语法漫谈：形式动词"加以" ····································· (32)
　　阅读材料：我国证券市场发展潜力巨大 ····················· (37)
第3课　理好家庭财 消费亦生钱 ································· (41)
　　语法漫谈：分数与倍数的表达（二） ························· (50)
　　阅读材料：理财就是善用钱财 ··································· (56)

第二单元

第4课　从假日经济看扩大内需的潜力 ·························· (63)
　　语法漫谈：重动词 ·· (73)
　　阅读材料：假日办负责人点评羊年春节黄金周 ············ (77)
第5课　申城便利店 相煎莫太急 ································· (81)
　　语法漫谈：连动句 ·· (91)
　　阅读材料：经营之道：价格营销的误区 ····················· (97)
第6课　什么是电子商务？ ·· (101)
　　语法漫谈："把"字句 ·· (112)
　　阅读材料：假期销售旺盛，电子零售商乐观 ·············· (117)

第三单元

第 7 课　郑余庆偷逃税案 ………………………………………… (125)
　　　　　语法漫谈："被"字句 ………………………………… (134)
　　　　　阅读材料：老板偷税被会计敲诈 120 万 ……………… (140)
第 8 课　旅游者的权利 …………………………………………… (144)
　　　　　语法漫谈：形式动词"进行" …………………………… (153)
　　　　　阅读材料：中国"大步流星"迈向世界旅游强国 ……… (158)
第 9 课　加入 WTO 首年看海关 ………………………………… (163)
　　　　　语法漫谈：名词和量词的重叠 ………………………… (174)
　　　　　阅读材料：加入 WTO 后的广东农产品市场 ………… (181)

第四单元

第 10 课　车险改革　保费下调 …………………………………… (189)
　　　　　语法漫谈：无条件的条件关系 ………………………… (199)
　　　　　阅读材料：苏州保费激增七成 ………………………… (203)
第 11 课　得罪不起的 8 种人 ……………………………………… (207)
　　　　　语法漫谈：让步复句 …………………………………… (217)
　　　　　阅读材料：办公室的故事 …………………………… (221)
第 12 课　商务谈判三部曲 ………………………………………… (225)
　　　　　语法漫谈：兼语句 ……………………………………… (236)
　　　　　阅读材料：追求双赢的感觉 ………………………… (241)

部分练习参考答案 ………………………………………………… (247)
总词汇表 …………………………………………………………… (266)

前　　言

《商务汉语教程》系列教材是上海财经大学 211 重点学科建设项目之一，全套教材分初、中、高三个等级，每个等级分上下两册，共计 6 册。

该系列教材面向对外汉语专业（经贸方向）本科生。由于本科生课时有严格限制，同时，在预科阶段，学生已经在听说读写各方面受过严格训练，所以，本教程重点扩充学生的专业汉语知识。在编写原则上，把"听、说、读、写"融为一体，以阅读为主。在大量阅读的基础上组织专题讨论，以培养学生的高级会话能力，并可在此基础上进行议论文的写作训练。

本系列教材所涵盖的知识面较广，具体涉及以下 16 个功能区域：日常购物、家庭理财、银行存储、办公室事务、招聘与应聘、经营管理、市场营销、国际贸易、电子商务、商务谈判、文化产业、旅游、保险、证券、投资、诉讼等。使用本教材可按每周 4—6 节课，在一学期内完成，并可根据学生汉语水平酌情详简处理。

每篇课文分主课文和阅读课文两大块。主课文由生词、课文、注释、预习题、词汇例释、语法漫谈、综合练习六大部分构成。其中，"生词"和"词汇例释"的区别在于，"生词"是新出现的词语，只要求理解，不要求运用。"词汇例释"则是学生已经习得的词语，着重讲解其用法，要求学生不仅理解词语的意思，而且能够灵活运用。"注释"部分着重介绍有关商务方面的背景知识，一方面帮助学生理解课文，另一方面，可以扩大学生的知识面。"语法漫谈"与学生的"现代汉语"专业课程互补。"现代汉语"课程强调知识的系统性，而"语法漫谈"则着重于汉语语法中的疑难之处，作深入讲解。不求系统，但求实用。"综合练习"题型较丰富，客观题在命题方式上模拟 HSK 的试题，以满足学生考试需要。主观题有两种类型，一种结合课文内容，通过师生之间的问答互动，帮助学生进一步理解课文。另一种供主题讨论之用，要求学生在课文的基础上加以发挥，以培养学生的思辨能力和语言表达能力。

阅读课文与主课文在内容上属于同一商务功能域，具有扩大专业词汇量的功能。同时,可以帮助学生练习快速阅读。后面配备适量练习,可用以检测学生的阅读效果。主课文虽然要求精讲,但建议在预习阶段先让学生快速阅读,课文后面的"预习题"可用以检测学生快速阅读的效果。然后,再深入讲解,可以有事半功倍之效。

本系列教材的编写得到我校有关领导的大力支持,在此谨表示衷心的感谢。在成书过程中,北京大学出版社的郭荔和沈浦娜两位老师从编辑的角度,给我们提出了许多有价值的建议,也在此一并致谢。

教材中课文所用稿件来源于《人民日报》、《解放时报》、《市场报》、《中国经营报》、《经济参考报》、新华网、中国新闻网等新闻媒体。在此,谨对各稿件来源媒体及相关部门、撰稿者一并致谢。

编　者
2004 年 8 月

第一单元

第 1 课

申城外汇储蓄逾百亿美元

一 生 词

1. 逾　yú　（动）　　　　　　　超过。
2. 外汇　wàihuì　（名）　　　　外国的货币。
3. 退税　tuì shuì　　　　　　　退回所缴纳的税。
4. 理财　lǐcái　（动）　　　　　钱财管理。
5. 业内人士　yè nèi rénshì　　同一行业的人员。
6. 截至　jiézhì　（动）　　　　到……为止。
7. 突破　tūpò　（动）　　　　　超过（某种难以超越的界限）。
8. 投资　tóuzī　（动、名）　　（为了赢利而）投入资金；所投入的资金。
9. 汇率　huìlǜ　（名）　　　　　不同国家的货币之间进行兑换的比率。
10. 统计　tǒngjì　（动、名）　　通过大量数据的收集和分析来进行计算并得出所需要的结论。
11. 买卖　mǎimài　（动、名）　交易。
12. 中介　zhōngjiè　（名）　　　为赢利目的而同时为买卖双方提供服务的代理商。

13. 抵押	dǐyā	（动）	偿还债务能力的保证(金)。
14. 贷款	dàikuǎn	（名、动）	银行或其他信用机构向借款人所提供的借款，须在一定期限内归还，并支付利息。
15. 融资	róngzī	（动）	为了商业方面的目的而通过某种方式筹集资金。
16. 涵盖	hángài	（动）	包含、覆盖。
17. 网点	wǎngdiǎn	（名）	课文中指银行为了经营上的便利而在各个地区所设立的分支机构。
18. 笔	bǐ	（量）	用于款项或跟款项有关的。
18. 汇款	huìkuǎn	（动、名）	通过银行寄出钱款。
19. 缩短	suōduǎn	（动）	使某物减少长度，课文中指减少时间。
20. 提速	tísù	（动）	提高速度。
21. 相继	xiāngjì	（动）	一个接一个，连续不断。
22. 模拟	mónǐ	（动）	模仿。
23. 磨炼	móliàn	（动）	在艰苦困难的环境中经受锻炼。课文中指参与者通过复杂的训练而使得自己的技术得到提高。

课 文

记者从银行业获悉，近来上海市各大银行的"外汇宝"、"因私购汇"、"速汇金"、"境外消费退税"等各种外汇理财业务的人气十分高涨，外汇理财业务明显升温[1]。据业内人士分析，外汇理财业务的升温主要来自于居民外汇存量的丰富，截至今年6月，本市居民的外汇储蓄已经突破了100亿美元大关，占全国居民外汇储蓄的八分之一强[2]。

目前沪上居民的外汇理财大致有外币储蓄、B股投资[3]、"外汇宝"等形式。自年初至今，美元、日元、欧元汇率的大幅度变化，让"外汇宝"投资有了更大的空间。据市工行统计，至今年6月，该行的个人外汇买卖交易量已达到了9300多万美元,7月份突破了1亿美元大关,比去年同期翻了一倍多。另一种以外汇存款为中介的理财方式——外汇抵押贷款,成了本地外汇理财热中的又一亮点[4]。市民将自己的外汇存款抵押给银行,获得银行的人民币融资,一方面可增加理财资金的来源,而且不影响外币储蓄的利息收益,另一方面又让外汇资金以曲线的方式增加了使用价值。

据了解,目前本地银行的外汇业务基本涵盖了外汇的取得、使用、投资、理财等各个阶段。在外汇取得上,上海不久前打破过去只有中行一家受理购汇业务的局面[5],工商银行和中信实业银行都加入到开展因私购汇业务的行列,市民购汇的受理网点从原来的3家一下子增加到了如今的70家。据工行统计,自今年6月以来,该行受理居民购汇业务700多笔,金额超过180万美元,业务量直线上升。在外汇使用方面,汇款速度大大提高。工商银行推出了"全球个人汇款速汇金"服务,市农行推出了"西联汇款"业务,他们分别与国外专业汇款公司紧密合作,把外汇汇款时间缩短到了10分钟。今年8月,市工行又推出了"沪港汇款直通车"服务,把沪港两地汇款时间从两天提速到半天。在外汇投资方面,本市四大国有商业银行[6]不但相继开展了"外汇宝"买卖交易,还在尝试开展外汇模拟交易比赛,极大活跃了本地外汇交易市场,也磨炼了外汇投资者的技巧。在理财工具上,市工行与环球退税公司合作推出了境外消费、境内退税的消费退税服务,市中行则推出了外汇留学贷款等。

(文章来源:《解放日报》2002年9月5日,作者:刘芳 陆湘锷 孙卫东)

注　释

1. 上海市各大银行的"外汇宝"、"因私购汇"、"速汇金"、"境外消费退税"等各种外汇理财业务的人气十分高涨,外汇理财业务明显升温

各大银行办理"外汇宝"、"因私购汇"、"速汇金"、"境外消费退税"等各种外汇理财业务的人很多。"人气"指客户对某种商品或服务的热情。"升温"本义是指温度升高,这里指市场状况向好的方向发展。

外汇宝:银行参照国际外汇市场的行情,提供即时外汇交易牌价,并接受个人客户的委托,按银行的报价将其持有的外币买卖成另一种外币的业务,俗称"外汇宝"。

因私购汇：因为私人的需要而购买外汇叫做"因私购汇"。如果是因为企业活动或者其他公共事务的需要而购买外汇则叫做"因公购汇"。

速汇金：速汇金业务是一种个人快速环球汇款业务。客户办理速汇金业务的手续十分简便,办理汇款业务时,无需银行账户,汇款人只需携带身份证件到代理网点填妥表格,交付款项和手续费,即可从银行获得一个速汇金业务汇款密码,汇款人只需将该密码通知收款人便可;收款人在获知该笔汇款密码后,只需凭身份证件和汇款密码即可到任何一个速汇金代理网点办理取款,整个过程通常约十分钟内完成。该项业务的主要服务对象是新移民社群、留学生及其父母、旅游者以及商人等,特别适合于客户在境外的应急之用。目前,交通银行已经和速汇金国际有限公司签署了合作开办速汇金业务的协议。

境外消费退税：由于世界各国消费水平、税制结构不尽相同,在欧洲一些国家商品消费税达到15%—20%。为了促进扩大旅游消费,国际上普遍对境外旅游者实行退税制度。瑞典环球退税公司就是一家专门从事这项业务的非金融机构,这家公司已在奥地利、英国、新加坡等27个国家拥有13万指定商户和600个代理退税点。目前,中国工商银行北京市分行已经与瑞典环球退税公司签署合作协议,代理该公司在北京地区的旅游者境外消费退税业务。

2. 截至今年6月,本市居民的外汇储蓄已经突破了100亿美元大关,占全国居民外汇储蓄的八分之一强

到今年6月为止,本市居民的外汇储蓄已经超过了100亿美元,在全国居民外汇储蓄总额中所占的比率也已经超过了八分之一。"突破……大关"的意思就是"超过……",带有强调意味。"八分之一强"是超过八分之一,但不到八分之二。

3. B股投资

投资股票市场,购买B股。"B股"是一种股票种类,它的正式名称是"人民币特种股票",面向国际市场,要求用美元购买。

4. 另一种以外汇存款为中介的理财方式——外汇抵押贷款,成了本地外汇理财热中的又一亮点

外汇抵押贷款是一种以外汇存款为手段的理财方式,即用自己在银行的外汇存款作抵押来向银行贷款。这种理财方式在投资者中引起了广泛的兴趣。"亮点"在这儿表示引人注目的东西。

5. 打破过去只有中行一家受理购汇业务的局面

以前,只有中国银行有权受理外币的买卖业务。现在取消了这一限制,其他银行也能办理外汇业务了。"中行"是中国银行的简称。

6. 四大国有商业银行

指中国工商银行(简称"工行")、中国建设银行(简称"建行")、中国银行(简称"中行")、中国农业银行(简称"农行")。

预 习 题

一、根据课文内容,给下列各题选择正确的答案。

1. 第一段的主要意思是(　　)。

    A. 银行新推出"外汇宝"等各种业务

    B. 本市银行外汇储蓄额在全国比率高

    C. 银行的理财业务升温

    D. 居民外汇存量丰富

2. 第二段的主要意思是(　　)。

    A. 外汇理财有各种形式

    B. 美元汇率大幅度提高

    C. 外汇抵押贷款是理财中的亮点

    D. 个人外汇买卖量增加

3. 第三段的主要意思是(　　)。

    A. 受理因私购汇业务的银行数量增加

    B. 银行汇款速度大大提高

    C. 商业银行开展模拟外汇交易比赛

    D. 各银行推出各种业务吸引居民的外汇

4. 课文的主要意思是(　　)。

    A. 介绍银行外汇业务的各个阶段

    B. 介绍银行的各种理财业务

    C. 介绍银行外汇理财业务的升温情况及其原因

    D. 介绍银行的外汇交易量

二、根据课文内容,判断下列各题的正误。

1. 本市居民的外汇储蓄占全国居民外汇储蓄的八分之一多。(　　)

2. 全国居民的外汇储蓄已经超过100亿美元。（   ）
3. 以前,上海只有中国银行可以受理居民购汇业务。（   ）
4. 自今年6月以来,工商银行受理居民的购汇业务呈下降趋势。（   ）
5. 汇款速度的提高是因为开展了外汇买卖交易。（   ）
6. 境外消费、境内退税的服务是由工商银行独家推出的。（   ）
7. 模拟"外汇宝"交易比赛作用不大。（   ）
8. 在外汇使用上,市工行推出了消费退税服务。（   ）

三、根据课文内容,回答下面的问题。
1. 为什么银行的外汇理财业务会升温?
2. 什么因素使得"外汇宝"有较大的投资空间?
3. 什么是"外汇抵押贷款"? 有什么好处?
4. 银行如何在外汇业务的各阶段吸引市民的外汇投资?
5. 模拟"外汇宝"交易比赛的效果怎样?

词 汇 例 释

一、据

1. 及物动词。
（1）本义是"凭借"、"依靠",如"据理力争"。
（2）引申为"占据",如"据为己有"。
2. 介词。
由及物动词的第一个义项虚化而来,表示说话的依据或消息的来源,后面可以连接名词、动词和句子。例如:
据统计,自今年六月以来,银行受理居民购汇业务七百多笔。

二、于
古汉语中保留下来的介词。"于 + 名词性成分"一般出现在动词或形容词后面作补语,表示时间、处所、原因或比较对象等,例如:
李丽生于1983年。（表示时间）
1983年,李丽生于上海。（表示处所）
李丽的爱人去年死于一起交通事故。（表示原因）

如果体温高于38度,那最好去医院检查一下。(表示比较对象)

此外,在有些文言色彩较重的句式中,还可以表示"从"、"向"、"给"、"对"等意思。例如,"青出于蓝"、"求救于人"、"嫁祸于人"、"有益于人民"等等。

辨析:"在"和"于"

"于"有明显的文言色彩,一般只用在书面语。"在"是现代汉语的介词,口语和书面语中都能使用。

"在+名词性成分"表示事件所发生的时间或处所时,一般要求出现在动词前面作状语;"于+名词性成分"表示时间或处所的时候,常常出现在动词后面作补语。

此外,"于"还可以表示原因或对象等许多其他的意思,"在"没有这些用法。

三、占

及物动词。

1. 本义指通过某种方式把本来不属于自己的东西置于自己的控制之下,往往带有贬义。例如:

他这个人老是爱占小便宜。

你怎么一个人占了两个人的位置?

以"占"为词根形成的偏正式复合词,大部分也都带有贬义。如"侵占"、"霸占"、"强占"等。

如果该语境本身隐含竞争关系,"占"仅仅表示通过某种手段争取自己所要的东西,是中性的,没有贬义。例如:

你先去,帮我占一个位子。

2. 处于竞争(或战争)关系中的某一方在争斗中处于有利的地位,如"占优势"、"占上风"。

3. 处于对比关系中的某一方在整体中拥有一定比率的份额。例如:

在我校的留学生中,学历生已经占了50%以上。

他们想作一次市场调查,看看自己的产品在市场上究竟占了多少份额。

辨析:"占"和"据"

"据"的本义是"凭借"、"依靠",跟"占"完全不同。只有表"占据"意义时,这两个词才是近义词,即使如此,它们的用法也不完全相同。"占"用途较广泛,口语和书面语中都能用。而表"占据"意义的"据"现在已很少使用,一般只出现在成语或明显带有文言色彩的词组中。因此,"据为己有"可以改换成"占为己有",但"占小便宜"却不能改换成"据小便宜"。

此外,"据"通常作介词,表示说话的依据。"占"没有这层意思。"占"可以表示在整体中拥有一定比率的份额,而"据"一般不这么用。

四、突破

及物动词。

1. 打仗的时候集中兵力进攻或反攻,打破缺口。例如:

他们突破了敌人的阵地,取得了胜利。

2. 指超过原有的标准。例如:

本市居民的外汇储蓄已经突破了100亿美元大关。

五、八分之一强

"强"在分数或小数后面,表示略多于此数(跟"弱"相对)。例如:

实际产量超过原定计划百分之二十强。

六、以……为

意思是"把……作为……"。例如:

外汇抵押贷款是一种以外汇存款为中介的理财方式。

七、将

1. 副词。

表示不久就会发生或接近某个时间。例如:

火车将要进站。

2. 介词。

意思是"把"、"拿"、"用",多用于书面语。例如:

他将钱和药方交给了我。

八、打破

及物动词。本义是由于某种动作而使得某物变得破碎。例如:

她不小心打破了一个杯子。

引申为通过某种行为而使得某种状态发生变化（常常是由消极的方面向积极的方面转变），例如，"打破僵局"、"打破沉默"等。

还可以引申为超越某种标准或限制。例如：

他打破了校运动会100米的纪录。

> 辨析："突破"与"打破"

"突破"是通过主动出击，打破对方的防御或封锁。"打破"是由于某种动作而使得某物破碎。从这两个词语的本义看，"突破"的使用范围较小，而"打破"的适用范围较大。

"打破"可以引申为使得某种状态发生变化，"突破"没有这种用法。因此，只能说"打破僵局"、"打破沉默"，不能说"突破僵局"、"突破沉默"。

"突破"和"打破"都可以引申为超越某种标准或限制，但由于它们的本义不同，因此，它们对宾语的选择限制也有所不同。"纪录"、"情面"等作宾语的时候，前面只能用"打破"，不能用"突破"。而"防线"、"大关"等作宾语的时候，前面往往用"突破"，很少用"打破"。

九、自……以来

相当于"从……开始到现在"。例如：

自考上大学离开家乡以来，我只回去过一次。

> 辨析：从、自、打、自从

"从"、"自"、"打"都可以表示时间或空间的起点，"从"最通用，"打"是北方口语，"自"是书面语。

由于古代汉语中状语的位置常常在动词后面，所以，由"自"构成的介词结构常常可以在动词后面作补语，如"他来自北京"。"从"和"打"没有这种用法。

"从"和"打"可以表示经过的处所，"自"一般不这么说，例如：

火车从（打）他家门口经过。

咱们从（打）这儿走。

"从"还可以表示行为动作或状态变化的起点，"自"和"打"没有这种用法。例如：

学英语得从娃娃抓起。

由于大家的努力，他们终于从一个长期依靠国家救济的贫困县变成了全国数一数二的富裕县。

"自从"只能表示时间的起点,带有强调意味。例如:

自从他来了之后,这儿就没有安宁过。

十、则

副词。

表示上下文所列举的两种或两种以上事物之间的承接关系,有对比、转折的语气。例如:

他喜欢看体育节目,他爱人则喜欢看电视剧。

分数与倍数的表达(一)

分　数

分数的通常说法是"X 分之 Y",其中,X 表示分母,Y 表示分子,例如,三分之一、五分之二等等。如果分数前面有整数,读做"Z 又 X 分之 Y",其中,Z 表示分数前面的整数,如三又二分之一、十一又五分之三($3\frac{1}{2}$,$11\frac{2}{5}$)等等。

分母为 100 的叫做百分数,如"30%"读做"百分之三十"。运用百分数时,特别要注意"占"、"为"、"是"、"超"、"增"这几个动词的用法。

"占"、"为"、"是"意思相近,都表示"A 相当于 B 的 Y%"。但在用法上略有区别。如果 A 是 B 的一部分,这时一般用"占"。"占计划百分之几"就是指完成了计划的百分之几。例如,计划生产 100 辆轿车,完成了 60 辆,就是完成了计划的 60%。如果 A 和 B 是进行对比的两个方面,这时一般用"为"或"是"。"为(或'是')去年的百分之几"就是等于或相当于去年的百分之几。例如,去年招收 1000 名学生,今年招了 800 名,那就是说,今年的招生人数为(或者"是")去年的 80%。

"超"和"增(增加、增长)"都表示"A 比 B 多 Y%"。因此,在计算的时候应该扣除原来的基数(-100%)。例如,计划生产 100 辆轿车,实际生产了 120 辆,那就是超了 20%。又如,去年生产了 1000 辆轿车,今年生产了 1200 辆轿车,这时,可以说"今年比去年增长了 20%"。

倍　　数

倍数的通常说法是在数词后面加上量词"倍",在使用倍数时,要注意"A 是 B 的 X 倍"和"A 比 B 增加 X 倍"这两种表达方式的区别。

例如,某公司去年二月的营业额为 50 万,今年二月的营业额为 100 万,这时,如果用"是"来描述,那么,应该说"今年二月的营业额是去年同期的两倍"。如果用"增加"来计算,那么,应该说"今年二月的营业额比去年同期增加了一倍"。

注意,倍数通常用在"大于"或"增加"的情况下,如果是"小于"或者"减少"通常不用倍数,而用分数来表示。百分数不受这种限制,既可以用来表示"大于"或"增加",也可以用来表示"小于"或"减少"。

综合练习

一、用正确的语调朗读下面的句子。

1. 据业内人士分析,外汇理财业务的升温主要来自于居民外汇存量的丰富。
2. 本市居民的外汇储蓄已经突破了 100 亿美元大关。
3. 目前沪上居民的外汇理财大致有外币储蓄、B 股投资、"外汇宝"等形式。
4. 市民将自己的外汇存款抵押给银行,获得银行的人民币融资。
5. 上海不久前打破过去只有中行一家受理购汇业务的局面,
6. 工商银行推出了"全球个人汇款速汇金"服务。
7. 外汇抵押贷款,成了本地外汇理财热中的又一亮点。
8. 市民购汇的受理网点从原来的 3 家一下子增加到了如今的 70 家。

二、给下列词语选择正确的解释。

1. 业内人士（　　）　　A. 比喻引人注目人或物

2. 网点（　　）　　B. 因为个人的事情而兑换外币

3. 亮点（　　）　　C. 两地可以直接汇款,不用通过第三方

4. 因私购汇（　　）　　D. 消费之后可以退回所交的税金

5. 外汇宝（　　）　　E. 一种外汇买卖交易

6. 消费退税（　　）　　F. 分散在各个地方但属于同一系统的营业点或服务点

7. 汇款直通车（　　）　　G. 同一行业的人员

8. 业务升温（   ）　　　　　H. 业务量增加

三、替换练习。

1. <u>据测算</u>,<u>内需增长</u>对经济的拉动要占到93%。

了解	中国联通CDMA手机上网速度比拨号快3倍
统计	目前已有218家跨国投资公司落户中国
观察	骑自行车的主要是年轻人
介绍	各项研究目前进展顺利

2. 警察以市民提供的情况为<u>线索</u>,<u>终于抓获了犯罪分子</u>。

我们要	历史	借鉴	永远记住血的教训
他	苦	乐	乐观地对待生活
他	书	老师	自学成才
学校	HSK	标准	进行分班考试

3. <u>本学期日本学生</u>占留学生总人数的<u>三分之一</u>。

首期8亿旅游国债西部	七成
在春季房展中中低价位楼盘	一半
第三产业所创造的税收	税收总量的51%
上海的房地产投资	全市资产投资的1/3

4. <u>这本书写</u>于<u>一九八〇年</u>。

他出生	上海
他父亲死	癌症
这家出版社成立	1980年
真不同饭店创始	清朝末年

5. <u>她爸爸是北方人</u>,<u>她妈妈</u>则是<u>南方人</u>。

圣诞节的时候,美国大雪纷飞	澳大利亚	烈日炎炎
在汉语学习方面,我的阅读不错	口语听力	一般
周末有人喜欢逛街购物	有的人	喜欢聚会聊天
同样的商品,在东部销量很大	在西部	无人问津

四、下面四组词语意义或用法相近，很容易混淆，请把它们区别开来。

1. 在／于

    A. 杨少波，1927年生于云南，毕业（　　）清华大学外国语言文学系。

    B. 据了解，空中客车公司制造的A380客机是目前世界上最大的飞机。目前已有7家航空公司拟将此机型的飞机服务（　　）北京、上海、广州和香港。

    C. 早（　　）1997年，他们公司就进行了股份制改革。

    D. 面对激烈的市场竞争，汽车公司（　　）营销上纷纷推出种种举措。

2. 占／据

    A. 意大利队在防守成功的基础上，反击扣球和强攻明显（　　）优势，造成了中国队较多的失误。

    B. "忘年会"，（　　）日本《大辞苑》解释，其本意是为忘掉一年的劳苦而举行的宴会。

    C. 近年来，我国加大了对西部地区教育资金投入力度，国家两期"贫困地区义务教育工程"资金投入西部省区达65亿元，（　　）资金总额的73.1%。

    D. （　　）统计，截至12月30日，交易中心联网系统累计成交折合美元407.7亿，其中美元成交385亿，港币成交183.5亿，同期人民币稳中趋升。

3. 突破／打破

    A. 改革开放25年来，我国投资领域（　　）了传统计划经济体制下高度集中的模式，初步实现了投资主体多元化、资金来源多渠道、投资方式多样化、建设实施市场化的新格局。

    B. 20世纪80年代以来，推进公共服务的多元化，（　　）公共服务的行政垄断，降低公共服务成本，提高公共服务效率，已成为世界性潮流。

    C. 记者王明浩今天从河南省农调队获悉：今年上半年，河南省农民人均现金收入（　　）1000元大关，达1013.11元，同比增长21.3%，扣除价格因素，实际增长14.5%。

    D. 仅仅过了9分钟，阿曼队在右路（　　）了伊朗队的防守，阿里将队友沙伊亚班准确的传中球顶入伊朗队网窝。

4. 从／自／自从

    A. （　　）迁入亚运村新居，年年春节，我几乎都有鲜花相伴。起初是自己在花店购买,后来是邻居赠送。

B. 台湾近年来每年降雨量平均约 750 亿吨,其中 40 亿吨渗入地底成为地下水;每年用水量约 180 亿吨,其中取(　　)地下的水量约 60 亿吨,前几年还曾达到 70 亿吨,等于每年透支 20 亿到 30 亿吨地下水。

C. 据统计,余姚目前已有 36 万农民在第二、第三产业中找到岗位,农民人均收入中有 83% 来(　　)第二、第三产业。

D. 大部分专家认为,中国围棋运动现阶段的改革应(　　)竞赛制度入手,让棋手有更多的参赛机会。

五、从所给的词语中,选出最合适的填入句中的括号内。

> 明显　突破　打破　推出　增加　大致
> 涵盖　超过　提高　开展　磨炼　缩短

1. 上海综合经济实力(　　)增强。
2. 2002 年深圳市人寿保险收入首次(　　)财产保险收入。
3. 获中国人民银行的批准,菲律宾银行将在中国(　　)外汇业务。
4. 中国农业银行的发展(　　)经历了五个阶段。
5. 全国所有省市的汇兑联网点同时开办"2 小时自行通知汇款"业务。原本需要 24 小时的汇款时间将(　　)为 2 个小时。
6. 改革开放 20 多年来,城镇居民收入水平逐年(　　),收入增长幅度远远高于 1978 年以前的 30 年。
7. 17 项法律法规今起施行,(　　)了多个经济领域。
8. 夏利降价(　　)了国产经济型轿车价格的坚冰。
9. 对于企业来说,人才无疑是最重要的财富之一,而人才是靠(　　)培养出来的。
10. 中国加入 WTO 后国内保险业尚需(　　)四大"瓶颈"。
11. 中国光大银行日前(　　)全新的"储寿保"业务,即把储蓄的利息作为保费,成为兼具储蓄和保险两种功能的金融新产品。
12. 中国银行今年以来人民币存款业务保持着快速增长势头,8 月底人民币储蓄存款余额达到 7774.57 亿元,比去年(　　)1130.46 亿元。

六、根据分数和倍数的使用规则,给下列各题选择正确的答案。

1. 某工厂去年生产了 3000 台电视机,今年为 6000 台,今年的数量是去年的 _____。

   A. 二分之一　　B. 两倍　　C. 一倍　　D. 三倍

2. 女儿十二岁,妈妈三十六岁,女儿的年龄是妈妈的 _____。

   A. 三倍　　　B. 24 岁　　C. 三分之二　D. 三分之一

3. 某农田 1995 年粮食产量是 50 万公斤,2000 年产量是 100 万公斤,比 1995 年增加了 _____。

   A. 一倍　　　B. 两倍　　C. 二分之一　D. 三分之一

4. 一城市一月份交通事故发生 12 起,二月份发生了 6 起,二月份比一月份减少了 _____。

   A. 一倍　　　B. 二分之一　C. 两倍　　D. 六分之一

5. 今天听写了一百二十个汉字,阿里写错了二十个,占听写汉字的 _____。

   A. 六倍　　　B. 六分之一　C. 十倍　　D. 十分之一

七、造句。

　　1. 截至——
　　2. 突破——
　　3. 相继——
　　4. 缩短——
　　5. 模拟——

阅读材料

中行汉城分行推出留学生特别汇款业务

生 词

1. 快捷　kuàijié　（形）　　快速、灵敏。

2. 活期(存款)　huóqī(cúnkuǎn)　（名）　　银行的一种存款方式,存户可以随时提取所存入的款项,但存款的利率比定期的低。

3. 账户　zhànghù　（名）　　为了提供各种金融服务,银行根据用户要求以用户的名义而设立的专为该用户个人使用的账目。账目内记录了用户与银行之间的所有业务关系。

4. 分支　fēnzhī　（名）　　从总体或一个系统中分出的部分。课文中指银行为了经营上的便利而设立在各个地区的支行或储蓄所。

5. 转账　zhuǎnzhàng　（动）　　根据用户要求,银行把款项从用户的账户转入用户所指定的另一个账户。

6. 存折　cúnzhé　（名）　　银行发给存户作为存取款凭证的小本子。

7. 查询　cháxún　（动）　　为了查找某人、某物或某种信息而进行询问。

8. 改进　gǎijìn　（动）　　通过改革而取得进步。

9. 信用状　xìnyòngzhuàng　（名）　　银行根据企业的财务状况而出具的有关该企业商业信誉的证明文件。

第1课　申城外汇储蓄逾百亿美元

课　文

新华网汉城11月16日电（记者张利）记者16日从中国银行汉城分行获悉，该行新近推出留学生特别汇款业务，向中韩两国留学生提供快捷、优质的汇款服务，同时还为留学生提供小额留学贷款服务。

留学生特别汇款业务开通后，汇款可在24小时内到达，银行不扣转汇费用。中国银行国内机构可为留学生开立活期一本通[1]账户，汇款可直接存入账户，不必每次亲自去银行取款。

此外，留学生可在当地任何一家中国银行的分支机构办理存取款，人民币、美元均可方便存取，还可通过电话办理各货币间的转账。在办理"活期一本通"的同时，还可申领长城借记卡[2]，凭卡可在各地ATM机上取款和查询余额，并可在数以千计的联网商户消费。

中国银行汉城分行计划与韩国培训院校合作，提前为韩国留学生在中国银行国内机构开立"活期一本通"账户。这样，韩国留学生在出境前就可拿到存折及借记卡，并可提前将款汇入该账户，一到中国便可取款、消费，最大限度地为留学生提供便利。

中国银行汉城分行总经理岳毅表示，随着中韩两国留学生的不断增加，中国银行汉城分行将不断改进服务，争取架起一座中韩间"金融服务之桥"。

中国银行汉城分行开办于1994年1月，从事存款、汇款、贷款、进出口信用状、外汇交易等各种银行业务，同时为中韩两国之间的经贸、技术、文化和体育等方面的交流和合作业务提供服务。今年9月，中国银行汉城分行获得"韩中经济协力中方企业大奖"。

（文章来源：新华网2002年11月16日，作者：张利）

注　释

1. 活期一本通

活期一本通是在一个存折上办理人民币及多种外币活期储蓄的存款方式。活期一本通账户起存金额为人民币1元或相当于人民币20元的等值外币。

2. 长城借记卡

长城借记卡的全称是"中国银行人民币长城电子借记卡",属于中国银行长城卡系列品种采用电脑联网即时扣账的方式,具有同城和异地存、取款及消费等功能。申领电子借记卡必须在发卡银行开立存款账户,起存金额或账户余额不低于人民币 50 元,按照中国人民银行公布的活期储蓄利率计息,存款账户不得透支。

思考和练习

一、根据课文内容,给下列各题选择正确的答案。

1. 这篇课文的主要意思是(　　)。
   A. 中国银行打算架一座"金融服务之桥"
   B. 中国银行新近推出留学生特别汇款业务
   C. 中国银行不断改进服务质量
   D. 中国银行为韩国留学生开立"活期一本通"账户

2. 留学生特别汇款业务开通之前,留学生汇款(　　)。
   A. 至少要一天以上才能到达
   B. 银行不扣转汇费用
   C. 不必直接去银行取款
   D. 可通过电话办理各货币间的转账

3. 中国银行提前为韩国留学生在中国银行国内机构开立"活期一本通"账户的目的是(　　)。
   A. 凭卡可在各地 ATM 机上取款和查询余额
   B. 汇款可直接存入账户
   C. 最大限度地为留学生提供便利
   D. 为留学生提供小额留学贷款服务

4. "架起一座中韩间'金融服务之桥'"这句话的意思是(　　)。
   A. 留学生可在当地任何一家中国银行的分支机构办理存取款
   B. 留学生可在任何时候去银行取款
   C. 提供优质服务,使得中韩之间的交通更加便利
   D. 提供优质服务,使得中韩之间金融方面往来更加便利

二、根据课文内容,判断下列各题的正误。

1. 留学生特别汇款业务开通前,银行汇款要收取代理费用。(　　)
2. 留学生特别汇款业务开通后,留学生可在任何银行办理存取款手续(　　)。
3. "活期一本通"是中国银行和韩国培训院校的合作项目。(　　)
4. 长城借记卡可以在很多商店使用。(　　)

三、根据课文内容,回答下面的问题。

1. 开通留学生特别汇款业务对韩国留学生有哪些好处?
2. 长城借记卡有哪些用途?借记卡和信用卡有什么区别?
3. 你们国家有哪些主要的银行?你觉得那些银行的服务怎么样?
4. 你来中国以后去过哪些银行?你觉得中国的银行怎么样?

第 2 课

股票市场在等待什么？

生 词

1. 休整　xiūzhěng　（动）　　休息整顿（多用于军队）。
2. 开盘　kāipán　（动）　　证券、黄金等交易市场中每天开始营业时，第一次报告当天行情（跟"收盘"相对）。
3. 阴跌　yīndiē　（动）　　指股市中出现的不正常的、让人不乐观的股票价格下降现象。
4. 忐忑不安　tǎntè bù ān　（成）　　形容心神不定。
5. 市值　shìzhí　（名）　　商品的市场价值。
6. 击破　jīpò　（动）　　通过打击而使得对方的防线受到破坏。在股市中，常用来比喻指数下跌，超过人们预先估计的最低限度。
7. 阴霾　yīnmái　（名）　　由于大气中悬浮着大量细微的烟、尘等而形成的混浊现象，比喻情况不妙。

8. 介入　jièrù　（动）　　　　参与其间干预某事。

9. 低迷　dīmí　（形）　　　　低落；不景气。

10. 制约　zhìyuē　（动）　　　限制、约束。

11. 逐利　zhúlì　（动）　　　　追逐利益。

12. 无济于事　wú jì yú shì　（成）　　对事情不会有什么补益。表示不顶用、不解决问题。"济"，意思是补益、帮助。

13. 潜力　qiánlì　（名）　　　隐藏在内部还没有发挥出来的力量。

14. 投资者　tóuzīzhě　（名）　投资的人。

15. 看好　kànhǎo　（动）　　　事情看来将向好的方向发展，将出现好的势头。

16. 隔岸观火
　　gé àn guān huǒ　（成）　站在对岸观看着火。比喻见人有危难，不加救助，在一边看热闹。

17. 晴雨表　qíngyǔbiǎo　（名）　预测天气晴雨的气压表，也比喻在事物发生前的征兆。

18. 协调　xiétiáo　（动）　　　使配合得适当。

19. 一味　yīwèi　（副）　　　不全面考虑客观情况，单纯地凭主观愿望(行事)。

20. 吹拂　chuīfú　（动）　　　微风轻轻掠过。

21. 一厢情愿
　　yī xiāng qíngyuàn　（成）　指处理问题时，只是单方面愿意，对方并没有同意。也泛指办事从主观愿望出发，不考虑客观条件是否许可。

22. 忽视　hūshì　（动）　　　不注意；不重视。

23. 关注　guānzhù　（动）　　关心重视。

24. 变化无常
　　biàn huà wú cháng　（成）　形容事物经常变化，没有一定的规则。"常"，指常规、规律。

25. 景气　jǐngqì　（形）　　　兴旺，常用于描写企业、市场或整个社会的经济状况。

26. 震荡	zhèndàng	(动)	震动;动荡。
27. 理念	lǐniàn	(名)	抽象的带有哲理性的观念,这种观念通常对人的行为方式有某种指导作用。
28. 较劲	jiàojìn	(动)	跟别人作对;对着干。

课　文

　　经过国庆长假的休整,正当投资者盼望从连续的下降通道走出来的时候,10月8日股市一开盘,股指就节节走低[1]。10月9日,投资者在忍受着持续阴跌苦痛的同时,还怀着忐忑不安的心情等待"超级航母"联通A股上市[2]。一方面希望借"新股上市首日市值即计入指数"新规定,能带动大盘股指高开高走;另一方面,期待联通在低于市场预期的发行价基础上,上市首日低开高走、从而带动指标股走强[3]。而联通的低开低走、不到50%换手率的事实,无情地击破了投资者的梦想[4]。

　　似乎当下市场又重新回到了几个月前的一片阴霾里,投资者也为此陷入了深深的沉默中。市场究竟在等待什么?

　　市场是在等待增量资金的介入吗?显然不是。相对于目前的市场容量来说,事实证明,资金面应该不是市场低迷的原因。股票市场与商品市场有一点是相通的,那就是都受供求规律的制约。从现象上看,资金供给数量的多少关系到股指的高低,但资金是有逐利属性的,即使有再多数量的增量资金,如果没有投资愿望,对股票市场也是无济于事[5]。这正如商品卖不出去、价格走低,并不能说明消费潜力不足。如果股票市场的投资品种不为投资者看好,再多的增量资金也只会隔岸观火。这还是应了那句老话:"资金不是万能的,没有资金是万万不能的"。

　　场内、场外的资金随时在等待召唤,市场难道在等待宏观经济基本面的引导吗[6]?虽然国际经济大环境不是十分看好,但我国宏观经济的各项指标一直稳步走好,而作为"晴雨表"的股市,却和国内生产总值不相协调[7]。作为股票市场,一味等待宏观经济暖风的吹拂,恐怕只是一厢情愿的事。

市场在一片走好的形势下,问题往往容易被忽视。也只有在下跌中,问题才会被发现,关注眼下股市阴跌,正是在等待问题被发现并加以解决。大环境没有发生根本性的改变,股市却变化无常,看来问题是出在上市公司本身了。而上市公司的效益一直不景气带来的寒风,难免会让股市感冒[8]。

联通A股给投资者造成的心理震荡会很快过去,而股票市场本身的制度建设问题不解决,投资者的心理阴影就会时刻存在。因此,从中长期的投资理念看,投资者就没必要因为某一两只股票的发行上市,而和股市较劲。

(文章来源:《市场报》2002年10月10日,作者:程国慧)

注 释

1. 经过国庆长假的休整……股市一开盘,股指就节节走低

投资者本来希望国庆节以后股市能止跌回升,没想到节后的股市不但没有好转,反而,进一步恶化。

"下降通道"本意是指往下的畅通的道路,在这儿指股市指数连续下跌。"节节走低"指股市指数连续下跌。下文中的"连续阴跌"也是同样意思,表示股市不景气。

2. 还怀着忐忑不安的心情等待"超级航母"联通A股上市

中国的股票分A股、B股、H股三种。A股的正式名称是"人民币普通股票",面向国内市场,要求用人民币购买;B股的正式名称是"人民币特种股票",面向国际市场,要求用美元购买;H股是注册地在内地、上市地在香港的外资股。"航母"即"航空母舰(floating aerodrome)","超级航母"指特别大的航空母舰。联通A股是大盘股(即发行量很大的股票),所以,作者称之为"超级航母"。大盘股上市通常总是会对市场产生巨大影响,因此,投资者的心情都很紧张。

3. 一方面希望借"新股上市首日市值即计入指数"新规定……上市首日低开高走、从而带动指标股走强

这段话叙述投资者的种种愿望,他们有的希望联通A股发行时定价高一些,根据新股上市当天的价值就可以计入股市指数的新规定,可以使得股市指数上涨；有的则希望联通 A 股发行时定价低一些，这样，可能会吸引众多的投资者购买，使得该股的价格上涨，从而带动整个股市的指数上升。

这儿的"大盘"指整个股市，"大盘股指"即整个股市的股指。注意，"盘"有时也用来表示股票的发行量。"大盘股"指发行量大的股票，"小盘股"指发行量小的股票。

"指标股"即纳入指数计算范围的股票，正式名称为"指数样本股"（亦称"成份股"）。"走强"指股票价格呈现上涨趋势，有时也叫"走高"；相反，股票价格呈现下降趋势，叫"走低"。（"走强"、"走高"、"走低"是动补关系的短语。）

"高开高走"指股票开盘价比较高，买的人多，价格继续上涨。如果开盘价比较低，但开盘后购买的人多，股价上涨，称为"低开高走"。如果开盘价低，开盘后购买的人不多，价格下跌，则称为"低开低走"。（"高开高走"、"低开高走"、"低开低走"是由两个状中关系的短语构成的并列短语。）

4. 而联通的低开低走、不到 50% 换手率的事实，无情地击破了投资者的梦想

联通股票开盘价低，开盘后，价格持续走低，投资者非常失望。股票买卖又称为"换手"，买卖成交一次即换手一次，换手的比率低，说明该股票购买的人不多。

5. 从现象上看……对股票市场也是无济于事

这儿的"资金"特指投资者用于购买股票的资金。"增量资金"指新增加的打算要投入股市的资金。投资者投入股市的资金多，股票价格就会上涨；反之，股票价格就下跌。但是，投资的目的是为了赚钱，如果股票市场不景气，投资者就不愿意投入资金购买股票。这时，即使资金再多，对股市也没有任何帮助。

6. 场内、场外的资金随时在等待召唤，市场难道在等待宏观经济的基本面的引导吗

现在的问题并不是缺乏资金，那么，为什么投资者都不愿意购买股票呢？是不是在等待整个国家的经济情况的好转？

这里，"场内资金"指已经投入股市的资金。"场外资金"指尚未进入股市但准备要投入股市的资金。"宏观经济"指整个国家的经济状况。由于股市的涨跌与整个国家的经济状况有密切关系，宏观经济状况是判断股市发展趋势的最基本的依据，所以，称为"基本面"。判断股市涨跌的另一个依据和股市自身的发展规律有关，例如，股价连续上涨之后必然会出现回落，股价连续下跌之后必然会有回升，如此等等。这些因素可以用技术手段来分析，因此，称为"技术面"。基本面和技术面是判断股市发展趋势的两个重要依据。

7. 而作为"晴雨表"的股市，却和国内生产总值不相协调

正常情况下,股市能反映一个国家的经济状况。所以,人们说,股市是国民经济的"晴雨表"。最近几年,中国经济发展状况良好,国内生产总值持续增长。但股市却一直不景气,两方面存在矛盾。

8. 上市公司的效益一直不景气带来的寒风,难免会让股市感冒

"上市公司"指股票已经进入市场,可以自由买卖的股份公司。最近几年,不断有消息传出,说某些上市公司效益不好,甚至于亏损,这就必然会使得股市受到影响,导致股指下跌。

预习题

一、根据课文内容,给下列各题选择正确的答案。

1. 第一段的主要意思是(　　)。
    A. 国庆节以后,股票市场更不景气了
    B. 投资者怀着紧张的心情等待联通 A 股上市
    C. 投资者希望联通上市能带动大盘股指上扬
    D. 联通低开低走,使得投资者非常失望

2. 第二段和第三段的主要意思是(　　)。
    A. 市场在等待增量资金的介入
    B. 资金供给量的多少关系到股指的高低
    C. 资金面不是市场低迷的根本原因
    D. 投资者都在隔岸观火

3. 第四段和第五段的主要意思是(　　)。
    A. 股市有足够的资金
    B. 股市和国内生产总值不相协调
    C. 只有在股市下跌的时候我们才容易发现问题
    D. 上市公司效益不好是股市低迷的根本原因

4. 第六段的主要意思是(　　)。
    A. 联通 A 股给投资者带来很大的心里震荡
    B. 股票市场本身的制度建设问题必须注意解决
    C. 股民应该采取中长期投资的策略
    D. 投资者不应该和股市对抗

二、根据课文内容,判断下列各题的正误。

1. 国庆节之前,股市十分活跃。但国庆之后,因为大盘股联通上市,股指连续下跌。(   )

2. 联通A股发行价很低,因此购买的人比较多。但开盘后一路走低,使得投资者十分失望。(   )

3. 当前最大的问题并不是资金不足,事实上,有大量资金打算进入股市。(   )

4. 国际和国内的经济形势都很好,但股市的状况却不太好。(   )

5. 导致股指下跌的主要原因是上市公司本身业绩不好。(   )

6. 按照市场规律,如果消费潜力不足,商品卖不出去,物价就有可能上涨。(   )

7. 投资者认为,目前大部分股票的质量都不太好。(   )

8. 投资者应该把目光放得远一点,不要因为股市的暂时的不景气而过分紧张。(   )

三、根据课文内容,回答下面的问题。

1. 联通A股上市的时候,投资者为什么忐忑不安?

2. 为什么说资金有逐利属性?

3. 商品市场的供求规律是什么?

4. 作者认为,股市不景气的根本原因是什么?

5. 作者认为,面对不景气的股票市场,投资者应该采取什么态度?

词 汇 例 释

一、从

介词。

1. 表示移动的出发点或者经过的地方。例如:

老总刚从北京开会回来。

列车从隧道里穿过。

2. 表示时间的起点。例如:

营业时间是从上午九点到下午五点。

3. 表示发展变化的起点。例如:

从外行变成内行。

4. 表示视角。例如：

从上海东方明珠电视塔上往下看，可以看到外滩的全景。

5. 表示考虑问题的出发点或者依据。例如：

从技术面看，明天股指很可能要回升。

二、忍受

及物动词。忍耐并接受种种不愉快的事情。例如：

他忍受着疾病的折磨。

三、希望

1. 及物动词。心里想着要达到某种目的或出现某种情况，例如：

他希望公司能早日摆脱困境。

2. 名词。

（1）愿望。例如：

这个希望不难实现。

（2）希望所寄托的对象。例如：

青少年是我们的未来，是我们的希望。

四、借

及物动词。

1. 经过别人同意而暂时使用别人的东西。例如：

他向老张借了好多钱。

2. 同意把东西暂时给别人使用。例如：

老张借给他好多钱。

3. 利用或凭借某种东西来实现自己的目的。例如：

希望借"新股上市首日市值即计入指数"新规定，能带动大盘股指高开高走。

五、带动

及物动词。一样事物先动起来，然后，使得跟它有关系的其他事物也动起来。例如：

由于联通A股低开低走，带动大盘指数一路下滑，跌破1500点大关。

六、期待

及物动词。盼望等待。例如：

我们期待着他胜利归来。

> 辨析："期待"和"希望"

"期待"也有希望的意思，但心情更加迫切，是一种主观上要求在较短时间内就能实现的希望。

七、从而

连词。表示前面所说的某种动作所产生的结果，或在前面所说的行动的基础上采取进一步的行动，用于后一小句的开头。例如：

投资者希望联通上市首日能低开高走，从而带动指标股走强。

八、陷入

及物动词。指掉落到陷阱、淤泥等对人不利的地方，也可以泛指处于各种不利的境地。例如：

谈判陷入了僵局。

九、……面

名词性后缀。表示某一方面的情况，例如，"基本面"表示作为股市发展基本条件的宏观经济方面的情况；"技术面"表示影响股市的技术方面的情况；"资金面"表示影响股市的资金方面的情况。

十、相对于……来说

表示通过比较而得出的结论。例如：

相对于目前的市场容量来说，资金面应该不是市场低迷的原因。

十一、制约

及物动词。控制并约束。例如：

商品市场的供求规律也同样制约着股票市场的发展，如果股票发行量太大，股票的价格就会相应下跌。

用作主语或宾语。例如：

股票市场与商品市场有一点是相通的，那就是都受供求规律的制约。

十二、随时

副词。表示任何时候都可以。例如：

有什么问题可以随时去问他。

十三、召唤

及物动词。把人叫回来。例如：

祖国在召唤我们。

也可以作名词用。例如：

我们听到了祖国的召唤。

辨析："召唤"和"呼唤"

这两个词意思相近，但"召唤"强调要对方回来，"呼唤"则强调呼叫对方，并不强调要对方回来。

十四、看来

插入语。表示对客观情况的推测。例如：

看来他今天不会来了。

十五、难免

形容词。表示很可能发生、很难避免。例如：

由于经验不足，犯一些错误也是难免的。

在外面工作，难免要和各种各样的人打交道。

注意：

1)"难免"用在动词之前时，有一个特点，即后面的动词不管用肯定形式还是否定形式，意思都一样，例如：

① 不努力学习，难免落后。（不学习就会落后。）

② 不努力学习，难免不落后。（不学习就会落后。）

2)修饰名词时，必须带"的"，如"难免的局面、难免的结果、难免的情势"等。

形式动词"加以"

"加以"是形式动词,后面一定要带双音节动词宾语,如"加以研究"、"加以保护"等。从语义上看,"加以"仅仅表示对某事物施加某种动作,具体什么动作,则由后面的双音节动词宾语来表示。作为宾语的双音节动词一般要求是及物动词,该动词所表示的动作所影响的对象(受事名词)一定要放在"加以"的前面。具体有以下三种情况:

1. 受事名词+助动词或副词+加以+双音节及物动词。例如:

① 这些问题必须加以解决。

如果受事名词是不定指的,前面要加上"有"。例如:

② 有两个问题必须加以解决。

2. 介词+受事名词+加以+双音节及物动词。例如:

③ 把整个过程加以描述。

④ 对各项工作加以讨论。

⑤ 根据实际情况加以解决。

3. 及物动词1+受事名词+加以+双音节及物动词2。例如:

⑦ 选取典型经验加以推广。

注意:"加以"后面的双音节动词在意义上表示动作,但在语法上,作用相当于一个名词。首先,它后面不能再带宾语,我们不能说"加以解决这些问题",而只能说"对这些问题加以解决"。其次,如果该双音节动词前面出现修饰语,修饰语后面用"的"而不用"地",例如"对各项工作加以认真的讨论"。

除了"加以"之外,常见的形式动词还有"予以"、"给以"等。如:

⑧ 对出勤率高的学生要予以适当的鼓励。

⑨ 她有困难,我们应当给以帮助。

综合练习

一、用正确的语调朗读下面的句子。

1. 股市一开盘,股指就节节走低。

2. 联通的低开低走、不到50%换手率的事实,无情地击破了投资者的梦想。

3. 如果股票市场的投资品种不为投资者看好,再多的增量资金也只会隔岸观火。

4. 资金不是万能的,没有资金是万万不能的。

5. 作为股票市场,一味等待宏观经济暖风的吹拂,恐怕只是一厢情愿的事。

6. 市场在一片走好的形势下。问题往往容易被忽视。也只有在下跌中,问题才会被发现。

7. 上市公司的效益一直不景气带来的寒风,难免会让股市感冒。

8. 从中长期的投资理念看,投资者就没必要因为某一两只股票的发行上市,而和股市较劲。

二、给下列词语选择正确的解释。

1. 忐忑不安( ) 　A. 开盘价较低,然后,股价逐步上涨
2. 高开高走( ) 　B. 股价不断上涨
3. 低开高走( ) 　C. 开盘价较低,开盘后,股价继续下跌
4. 低开低走( ) 　D. 持续稳定地向好的方面发展
5. 市场低迷( ) 　E. 开盘价较高,开盘后,股价继续上涨
6. 无济于事( ) 　F. 不稳定,常常发生变化
7. 隔岸观火( ) 　G. 对事情没有任何帮助
8. 稳步向好( ) 　H. 看到别人有麻烦,袖手旁观,不提供帮助
9. 一厢情愿( ) 　I. 认为某人或某物有良好的前景
10. 变化无常( ) 　J. 心情十分紧张
11. 走强( ) 　　K. 只是单方面的愿望,不考虑对方是否同意或客观条件是否具备
12. 看好( ) 　　L. 市场不景气

三、替换练习。

1. 从<u>上海</u>坐火车去<u>南京</u>要经过<u>苏州</u>。

| 无锡 | 常熟 | 常州 |

2. 经过一番激烈的讨价还价，他决定斥资二千万买下那个工厂。

| 激烈的思想斗争 |
| 反复论证 |
| 仔细考虑 |

3. 她忍受着痛苦的煎熬。

| 疾病的折磨 |
| 别人的误解 |
| 手臂上的疼痛 |
| 上司的侮辱 |

4. 你何必和股市较劲呢？

| 一个孩子 |
| 自己的妻子 |
| 自己的顶头上司 |
| 自己最要好的朋友 |

5. 资金供给数量的多少关系到股指的高低。

这件事情	整个公司的前途
这个问题	整个国家的命运
这次银行贷款多少	公司是否能顺利进军房地产业
公司效益的好坏	每一个员工的收入

6. 李经理想借这次开会的机会，到深圳去实地观察一下。

这次到大学做讲座的机会	物色几个专业能力强的学生
这次去美国考察	顺便拜访几个老朋友
银行贷款放松的最新政策	进军房地产业
公司上市的机会	让媒体好好宣传一下

7. 作为公司的总经理，我必须对整个公司负责。

一个教师	对学生负责
一个军人	忠于自己的祖国
一个律师	严格按照法律办事
一个警察	和罪犯斗争到底

8. <u>投资者陷入了深深的沉默中。</u>

国家	深重的苦难之中
公司	严重的困境之中
父亲	久久的沉思之中
他	深深的痛苦之中

四、从所给的词语中,选出最合适的填入句中的括号内。

> 忍受　带动　从而　似乎　陷入　制约　随时　时刻
> 引导　作为　一味　忽视　看来　难免　造成　看好

1. 面对严峻的市场形势,他们并不气馁,而是更加勤奋地工作,(　　)赢得了客户的信任。

2. 公司的效益越来越差,老板的脾气也越来越暴躁。但为了生活,他只好默默地(　　)着。

3. 外商都(　　)上海这个广阔的市场,纷纷前来投资。

4. (　　)一个股民,重要的并不是你期望赚多少,而是你准备亏多少。如果缺乏这种思想准备,一旦套牢你就会受不了。

5. 我们的宗旨是"客户至上",如果你有什么困难,(　　)都可以来找我们。

6. 由于前一阶段(　　)了产品质量,用户意见很大,公司的声誉受到严重影响。

7. 只要领导干部以身作则,就能(　　)全体员工勤奋工作。

8. (　　)今天有利好消息,一开盘,股指就一路上扬。

9. 双方都不肯让步,谈判(　　)了僵局。

10. 资金对股市有很大的(　　)作用,没有足够的资金,股市是不可能兴旺的。

11. "顾客永远是对的",这句话我们必须(　　)记在心上。

12. 新产品上市不一定马上就能引起消费者的注意,我们必须善于(　　)消费者,使得他们慢慢地理解并接受我们的产品。

13. 我们应该用良好的质量来吸引消费者,不能(　　)责怪市场大环境不好。

14. 从技术面看,大盘指数(　　)有反弹的可能。

15. 他这一次失误给公司（　　）了巨大的损失。
16. 股市充满风险,任何人,哪怕你技术再高明,都（　　）会有套牢的时候。

五、用正确的语序把所给的词语排列成句子。

1. 基本　扑救　已得到　目前　全力　经过　火场　林业职工的　控制
2. 希望　我　她　一名　长大后　艺术家　成为
3. 都　许多人　做　他的　了　事迹　去　好事　带动
4. 期待　成功　的　父母　孩子们
5. 李孝利　陷入了　韩国明星　"男友"风波　之中　无中生有的
6. 钢铁企业　成了　水资源　瓶颈　制约　发展的　短缺
7. 范志毅　叶落归根的　上海　召唤着　从英伦　杀回　乡情
8. 都　高考的　小意外　在考场上　每年　时候　有　难免　一些

六、用"加以"改写下面的句子。

例：政府应该保护妇女儿童。
　　——政府对妇女儿童应该加以保护。

1. 必须毫不留情地打击那些贪官污吏。
2. 伊拉克政府一再否认这个消息。
3. 在创作广告之前,你们应该先认真地调查市场上同类产品的营销情况。
4. 警察仔细地分析罪犯的作案手段,以寻找破案线索。
5. 如果有了疾病,一定要尽早治疗。
6. 国与国之间应该互相尊重,应该通过对话和谈判来解决任何分歧。
7. 他在网页四周装饰了一些线条简洁的花边,看起来很漂亮。
8. 那个营销学网站是几个专业教师建立的,他们用通俗易懂的文字来解释教材里的比较深奥的内容,很受学生欢迎。

七、造句。

1. 忍受 ——
2. 希望 ——
3. 陷入 ——
4. 相对于……来说 ——
5. 制约 ——

 阅读材料

我国证券市场发展潜力巨大

生 词

1. 演讲	yǎnjiǎng	（动）	对听众讲述有关的道理或意见。
2. 信贷	xìndài	（名）	银行存款、贷款等信用业务活动的总称，一般专指银行贷款。
3. 比重	bǐzhòng	（名）	一种事物在整体中所占的分量。
4. 结构	jiégòu	（名）	各个组成部分的搭配和排列。
5. 纷纷	fēnfēn	（副）	一个挨一个；接二连三连续不断。
6. 保障	bǎozhàng	（名）	保护（生命、财产、权利等），使不受侵犯和破坏。
7. 培育	péiyù	（动）	培养幼小的生物，使它发育成长。
8. 金融	jīnróng	（名）	货币资金的融通。一般指货币流通与银行信用有关的一切经济活动，如货币的发行、流通和回笼，贷款的发放和收回，存款的存入和提取，国内外汇兑的往来以及证券市场的交易等。

专 名

萧灼基　Xiāo Zhuójī　中国著名经济学家。

课 文

近日著名经济学家萧灼基在演讲时表示,我国证券市场起步晚,发

37

展快。经过十多年快速发展后,未来还有巨大的发展潜力。未来十到三十年,我国证券市场仍将保持快速增长势头。

萧灼基认为,证券市场继续快速发展主要有五个方面的需要:

一是经济增长的需要。以 GDP 年增长 7.5% 计算,我国企业发展所需信贷资金每年大概为 5000 亿元,很显然,财政是不可能提供这么巨额的资金的,这就得通过上市融资来解决。

二是调整产业结构[1]的需要。目前我国第三产业比重偏低,第二产业又需要大力发展高新技术企业,而提高第三产业比重和发展高新技术企业都需要巨额资金,只有发展资本市场,才能更好解决资金需要。

三是调整地区结构的需要。开发西部需要大投入[2],资本市场可以解决其部分资金需要。

四是科教兴国的需要。一些研究所的研究项目纷纷改制为企业,发展资本市场可以为科研力量提供资金保障。

五是培育市场意识、金融意识、投资意识、风险意识的需要。

萧灼基认为,我国证券市场有一个喜人的发展势头,还在于证券市场已形成一个有效供给和有效需求双增长的好势头。他说,新上市、增发和配股、派送红股不断扩大着证券市场的规模[3],而充足的资金可以确保有效需求继续增长。

据有关资料统计,我国居民人均金融资金 1 万元,这为证券市场发展提供了增量资金,而且,一个正在形成的中等收入阶层能够为证券市场的大发展构筑坚实基础。

(文章来源:《证券时报》2001 年 7 月 09 日,作者:何兰娇)

注 释

1. 调整产业结构

在经济学中,产业分为三类,农业为第一产业,工业为第二产业,商业以及各种服务性行业等都为第三产业。中国目前第三产业在整个国民经济中所占比重还是比较低,产业结构不合理,需要调整。

2. 开发西部需要大投入

中国东南沿海地区商业比较发达,也比较富裕,西北地区则比较贫困。中央决定大力发展西北各省的经济,这需要投入大量资金。

3. 新上市、增发和配股、派送红股不断扩大着证券市场的规模

证券市场的规模在不断扩大。"新上市"指新的股份公司上市发行股票;"增发"指原有的股份公司扩大规模,增加发行股票;"配股"指股份公司增发股票时,给股东按比较低廉的价格购买一定数量的股票的优先权。"派送红股"指股份公司增发股票时,把一定数量的股票作为红利分配给股东。

思考和练习

一、根据课文内容,给下列各题选择正确的答案。

1. 这篇文章的主要意思是(　　)。
   A. 我国证券市场有巨大的发展潜力
   B. 只有发展资本市场,才能更好解决资金需要
   C. 发展资本市场可以为科研力量提供资金保障
   D. 一个正在形成的中等收入阶层能够为证券市场的大发展构筑坚实基础

2. 之所以需要调整产业结构是因为(　　)。
   A. 需要培育市场意识和金融意识
   B. 需要更好地解决资金问题
   C. 中国的股市有了很大的发展
   D. 中国目前的产业结构不合理

3. 作者所说的"有效供给"是指(　　)。
   A. 新上市的公司越来越多
   B. 以各种方式发行的股票越来越多
   C. 政府投入的资金越来越多
   D. 居民人均金融资金越来越多

4. 作者所说的"有效需求"是指(　　)。
   A. 国家需要更多的公司发行股票
   B. 需要购买股票的人越来越多
   C. 公司需要发行更多的股票
   D. 股票的种类越来越多

二、根据课文内容，判断下列各题的正误。

1. 中国现有的证券市场大约是在10多年以前建立的。（   ）
2. 第三产业的企业数量不少，但高新科技的企业不多。（   ）
3. 因为西部发展太快，所以需要投入大量资金。（   ）
4. 随着人民生活水平的提高，投资股市的人越来越多，形成了对证券市场的有效需求。（   ）
5. 目前，中等收入阶层的人均金融资金已经达到了1万元。（   ）
6. 发展股市，对我国的科研也有很大好处。（   ）

三、根据课文内容，回答下面的问题。

1. 作者认为我国证券市场的发展前景如何？
2. 作者对我国目前的产业结构的看法如何？
3. 为什么说我国的证券市场"已形成一个有效供给和有效需求双增长的好势头"？

第3课

理好家庭财　消费亦生钱

生　词

1. 成熟　chéngshú　（形）　　比喻事物达到一个完全成长的阶段，达到接近完善的程度。
2. 打理　dǎlǐ　（动）　　处理。
3. 应运而生　yìng yùn ér shēng　（成）　　原指顺应时运而产生。现多指在适当时机下出现的人或事物。
4. 负债　fùzhài　（动）　　欠债。
5. 纯粹　chúncuì　（形）　　真正体现了事物本质的。
6. 牺牲　xīshēng　（名、动）　　课文中指花费掉。
7. 代价　dàijià　（名）　　为得到某种东西或实现某个目标而付出的钱物、精力等。
8. 物价指数　wùjià zhǐshù　（名）　　两个不同时期物价总水平的变动（用百分比表示）。
9. 权威　quánwēi　（名）　　使人信从的力量和威望。
10. 刺激　cìjī　（动）　　外界事物作用于生物，使事物起积极变化。
11. 效应　xiàoyìng　（名）　　指某个人物的言行或某种事物的发生、发展在社会上所引起的反应和效果。

12. 背景　bèijǐng　（名）　　对事态的发生、发展、变化起重要作用的客观情况。

13. 累计　lěijì　（动）　　从起始阶段到结束这一段时期全部数字的计算。

14. 偿还　chánghuán　（动）　归还所欠的债。

15. 收益　shōuyì　（名）　　收入、益处。

16. 可观　kěguān　（形）　　指达到比较高的水平、程度。

17. 圆梦　yuán mèng　　　使梦想成真。

18. 本息　běnxī　（名）　　本金和利息。

19. 认可　rènkě　（动）　　承认，许可。

20. 成本　chéngběn　（名）　生产某一产品所耗费的全部费用。

21. 扣除　kòuchú　（动）　　减去。

22. 有效　yǒuxiào　（形）　　有效力。

23. 折　zhé　（动名）　　　折合。

课　文

　　随着我国市场经济的渐趋成熟,普通百姓一般都有了些余钱,怎样打理这些余钱,"借钱生钱"成了人们较为关心的问题,于是"家庭理财"就应运而生了,随着家庭理财水平的提高,有些人发现大把花钱去负债消费,也是大把挣钱的途径。

　　当然,纯粹的负债是不行的,因为这要以严重牺牲现在的生活质量为代价。消费生钱要建立在自己已有一定积蓄,并且收入较高且较稳定的条件下。那么,怎样去靠负债"挣钱"呢?就目前银行推出的消费信贷品种来看,一般有以下途径:

　　一是贷款买房。在目前利率较低的情况下,靠自己的"余钱"再加上银行的贷款,通过住房贷款来"挣钱"。目前购房贷款利率已较1996年时降低不少。另外,目前许多城市物价指数仍呈负增长,而据国家权威部门预测,随着国家扩大内需、刺激消费政策效应的日益显现,明年物价指数可能会上涨3个百分点[1]。在这种背景下,若您从银行贷款1万元,期限5年,假若按今后20年每年物价上涨3个百分点计算,那么5年中物价指数累计上涨15%,而贷款人5年后所偿还的1万元,其"含金量"只相当于现在的8500元[2],按现行贷款利率,将偿还的利息也计算在内,则5年后还款额约为1.15万元,其价值也只相当于现在的1万元。如果是10年、20年、30年的贷款,收益将更为可观。如此好事,何乐而不为呢?

二是贷款买车。以一辆价值20万元的汽车来计算,若采用分期付款[3]方式,假设首付款为30%,还款期限为两年半,则每月需付本息及管理费约为6000元,远远高于居民平均收入水平。而同一辆价值20万元的车,通过消费贷款购买,如果选择首付30%、还款期5年、年利率7.65%的方式,那么每月需付息2400元。对大中城市的不少家庭来说,这个数目完全承受得起,用明天的钱,提前圆了今天的汽车梦。

三是贷款买"生活",提前实现"家庭现代化"。比如您买台1万元左右的电脑,只要您有按期偿还贷款本息的能力,能够提供银行认可的财产抵押、质押或第三方保证[4],并能自筹不少于购物款一定比例的首期付款,便可向开办此项业务的银行申请贷款。对借款人来说,此项贷款成本并不高。如以一年期贷款为例,贷款利率5.325%。若以"按月等额"方式偿还贷款[5],本月偿还部分在下月就被扣除。这实质是一种整借零还的方式[6],最终计算下来,实际贷款利率约为3.7%左右,与存款利率相差不多。您的"损失"只不过是把存款的利息"消费"了。

四是贷款"买利息"。当您急需用钱,但银行的定期存款尚未到期时,您可选择花钱"买利息"的方式——小额质押贷款[7]。这可有效避免因提前支取存单所造成的利息损失。因为较长期(3年、5年等)存单提前支取所损失的利息一般要比存单质押贷款付出的利息多。根据现在银行的一般规定,个人定期储蓄存款小额质押贷款期限不得超过抵押存单的到期日,若为多张存单抵押,以距离到期日时间最近者确定贷款期限,且最长不得超过1年。贷款额度起点为1000元,每笔贷款应不超过抵押存单面额的80%(外币存款按当日公布的外汇(钞)买入价折成人民币计算),贷款最高限额为10万元。

(文章来源:《经济参考报》,作者:迟智广。引自"金黔在线"http://www.gog.com.cn)

注 释

1. 随着国家扩大内需、刺激消费政策效应的日益显现,明年物价指数可能会上涨3个百分点

"扩大内需、刺激消费"指政府采取一系列政策,提高国内居民的消费能力,鼓励他们进行消费,以保持国民经济的增长。"物价指数"指用某一时期的物价平均数作为基数,把另一时期的物价平均数跟它相比,所得的百分数就是后一时期的物价指数,可以用它来表明商品价格变动的情况。上涨"3个百分点"意思是指在现有的水平上增加百分之三。

2. 贷款人5年后所偿还的1万元,其"含金量"只相当于现在的8500元

如文中所述,每年的物价指数上涨3%,则五年后物价指数上涨了15%,这意味着五年后货币的购买力下降了15%,五年后的一万元的购买力只相当于五年前的85%,所以说贷款人5年后所偿还的1万元,其"含金量"只相当于现在的8500元(10000×85%)。

"含金量"本指所包含的黄金的份量,常作比喻手法,指货币、商品等的实际价值。

3. 分期付款

指消费者交付首期款项后,根据双方约定的时间,逐步付清剩余款项。除了分期付款外,还有一次性付款,即一次性付清全部的款项。

4. 财产抵押、质押或第三方保证

向银行申请个人贷款时需提供的担保。(1)抵押物:主要指房屋、土地使用权等;(2)质押物:指国库券、存款单等有价证券;(3)第三方保证:指为借款人提供担保的法人或个人。

5. "按月等额"方式偿还贷款

也叫"月均还款",指贷款期内,每月以相等的额度平均偿还贷款的本金和利息。还有一种叫"累进还款",即贷款期内,逐年或每隔几年按一定比率递增还款额,但是年内的还款额度不变。

6. 整借零还的方式

相当于一次性借款,然后分期分批付款的方式。

7. 小额质押贷款

指把没有到期的定期储蓄存款存单、国库券作质押,从储蓄机构得到一定金额的贷款,到期再归还贷款利息。它的好处是当一般个人和家庭急需用钱时,可以在不损失利息的情况下得到资金。

预习题

一、根据课文内容,给下列各题选择正确的答案。

1. 课文的主要意思是(　　)。
   A. 通过住房贷款挣钱
   B. 通过贷款实现买车的梦想
   C. 提前实现家庭现代化
   D. 通过合理的理财来借钱生钱

2. 明年物价指数会上涨的原因是(　　)。
   A. 银行降低利率
   B. 百姓贷款额增加
   C. 百姓存款增多
   D. 实施扩大内需、刺激消费政策

3. 向银行申请贷款,须提供(　　)。
   A. 财产抵押　　　　　　B. 质押
   C. 第三方保证　　　　　D. 以上三方面都是

4. 根据银行的一般规定,小额质押贷款的期限为(　　)。
   A. 至少为半年　　　　　B. 至少为一年
   C. 没有时间期限　　　　D. 不超过抵押存单的到期日

二、根据课文内容,判断下列各题的正误。

1. 家庭理财的产生是因为百姓手头有了余钱。(　　)
2. 消费生钱不需要任何条件。(　　)
3. 目前购房贷款利率上涨了很多。(　　)
4. 国家权威部门预测明年物价指数将上涨百分之三。(　　)
5. 靠贷款买车,每月所偿还的本金和利息,几乎没有一个家庭能承受得起。(　　)
6. 购买电脑等,若向银行申请贷款进行分期付款,那么贷款成本相当高。(　　)
7. 用任何存单都可进行小额质押贷款。(　　)
8. 小额质押贷款的最高限额为10万元。(　　)

三、根据课文内容，回答下面的问题。
1. 什么样的人可以消费生钱？
2. 对贷款人来说，物价指数上涨是好事还是坏事？为什么？
3. "用明天的钱，提前圆了今天的汽车梦"，对这句话如何理解？
4. 贷款"买生活"和贷款买"利息"是什么意思？
5. 如何看待"理好家庭财，消费亦生钱"的观点？谈谈你的看法。

词 汇 例 释

一、随着

及物动词。用在句首或动词前面，表示动作、行为或事件的发生所依赖的条件。例如：

随着中国经济的飞速发展，人民的生活水平有了很大的提高。

随着人们生活水平的日益提高，汽车作为高档消费品正在以前所未有的速度进入消费者的家庭。

随着互联网在中国的迅速发展，网上商务活动也越来越活跃。

二、严重

形容词。表示程度深；影响大或者情势危急。用于不好的事情。例如：

他犯了一个非常严重的错误。

他这样做给公司带来了严重的后果。

辨析："严重"和"重要"

"严重"指的是不好的事情影响大，而"重要"指的是事件或人物具有重大的意义、作用和影响。例如：

随着时间的推移和车辆的增多，路面严重老化。

这个设计瑕疵可能会给笔记本电脑用户带来严重的问题。

黑龙江是我们国家重要的能源原材料的基地。

现在请允许我向各位介绍一下我们本届论坛的重要嘉宾。

三、靠

及物动词。

(1) 人或物体倚靠或凭靠别人或别的东西支撑。例如：

她觉得很累,把头靠在丈夫肩上睡着了。

请你把梯子靠在墙上。

(2) 接近,挨近。例如：

这是一幢靠海的房子,从窗户眺望大海,风景真是美极了。

长期以来一汽大众在中国豪华车市场的位置排名一直是很靠前的。

(3) 依靠,凭借,依赖。后边可以跟物,也可以跟人。例如：

他靠打工挣钱完成了学业。

在家靠父母,出门靠朋友。

孩子的成长主要靠学校的培养,但也离不开家长和社会的影响。

(4) 信得过,信赖。例如：

他是一个忠实可靠的朋友。

你的这个消息靠得住吗？

四、途径

名词。方法,路子。例如：

中国的世界遗产正通过越来越多的途径被世界所认识。

售楼广告是获取房源信息既省力、又快捷的途径。

辨析："途径"和"方式"

"途径"常表示达到一定目标的方式方法。"方式"是指一般说话、做事的形式和方法。例如：

对于飞利浦来讲,合资公司的成立给它提供了一个拥有完整产品线的绝佳途径。

周末到京郊采摘鲜桃已成为城里人消夏的一种好方式。

五、纯粹

形容词。表示人或具体事物是真正的、单一的,不搀杂其他成分的。例如：

因为随着到上海打工者的增加,非纯粹的上海人也越来越多。

我只不过是个"纯粹的商人"。

在某些少数民族地区,你可以看到最纯粹的民族手工艺品。

用作状语。表示判断、结论的不容置疑,多跟"是"连用。例如：

参加那个晚上的聚会纯粹是为了应酬。

我的德文水平很差,那次用德文写信纯粹是出于好玩。

辨析:"纯粹"和"纯正"

"纯正"指口味、发音、思想、目的、动机等纯粹,并且正而不歪。但是"纯正"没有"纯粹"作副词的用法。例如:

这碗阳春面味道纯正。

他说一口纯正的普通话。

六、就……来(看)

固定格式。"就"引进所要说明的对象或范围,常跟后面的"看"、"说"、"而论"等相呼应。例如:

就目前银行推出的消费信贷品种来看,一般有以下途径。

就专业知识来说,我远远不如你。

就气候而论,冬天去南方是最好不过的。

七、仍

副词。相当于"仍然"、"仍旧"。多用于书面语。

(1)表示动作、行为继续不变。常用于表示转折的后一小句中,前面常有"可是、但是、却"。例如:

保险业取得了巨大的成绩,但仍存在不少令人担忧的隐患。

今天,波士顿城仍保留着昔日众多值得自豪的历史遗址。

虽然本周市场情况不佳,但一些有着长线眼光的投资者仍在把握着市场的每一个投资机会。

(2)经过短时间的改变以后,恢复原来状况。例如:

出院以后,他仍担任公司的董事长。

八、日益

副词。意思是一天比一天更加。例如:

我们的生活日益改善。

审计工作的威慑力在经济运行中,日益得到显现。

市场在促进就业工作中的调节作用日益突出。

九、按

介词。依据、依照、按照。例如:

按现在的速度,我们下星期就能完成任务。

利息按中国人民银行同期贷款利率计算。

辨析:"按"和"按照"

两者意思相同,在用法上,如果后边是单音节名词时,多用"按";如果是双音节名词时,则用"按"和"按照"都可以。例如:

我们一定按时完成这项艰巨的任务。

交易会按期举行。

作为国家的公务员,应该按/按照政策来办事。

辨析:"按"和"据"

"按"指根据规定或样子照着去做。例如:

房子建成时,他还按当地风俗,请周围邻居喝了顿"喜酒"。

按本市的消费水准,这个价格还是比较便宜的。

"据"表示以某种事物作为结论的前提或语言行动的基础,常搭配的词语有"观察"、"分析"、"研究"、"介绍"、"报道"、"了解"、"调查"、"估算"等。例如:

据介绍,目前已经有上万人预约参观这个大型展览。

据估算,开馆一小时内,入场观众至少在千人以上。

据记者了解,这个问题不光存在于内蒙古自治区,在其他许多地方也似乎都成了惯例。

十、显现

动词。显露、显现、表现出。例如:

大雾散了以后,秀美的景色显现了出来。

十一、完全

形容词。指应有尽有;齐全。例如:

他的话没有说完全。

用作状语。全部、根本。例如:

让买卖双方直接见面,完全按市场规律操作。

只要实行水资源的优化配置,目前的困难是完全可以应对的。

十二、只不过

副词。仅仅是、就是。例如:

我不能给你答复,我只不过是一个小职员。

这次降价只不过是把以前销售商向消费者的让利措施正式公布了一下。

十三、避免

及物动词。设法不使某种情形发生,防止。例如:

由于抢救及时,避免了一场灾难。

企业之间应加强协调,努力做到合理竞争,避免竞相杀价。

分数与倍数的表达(二)

1. 百分数与百分点

百分点也是一种百分数,但通常是指不同时期以百分数形式表示相对指标(如:速度、指数、构成等)的变动幅度。例如:由于调整产业结构,我国国内生产总值中,第一产业所占比重由1992年的20.8%下降到1993年的18.2%。这时,通常说"下降了3.6个百分点",很少说"下降了3.6%"。

2. 以10为分母的分数表达法

中国传统使用以10为分母的分数表示法,常见的有以下三种:

(1)"折":通常用来表示商品价格下降的幅度,"X折"意思是现价是原价的十分之X。例如,某商品原价100元,现在打八折,那就是说现在只卖80元。

(2)"成":通常用来表示增加或减少的幅度。例如:

今年蔬菜产量比去年增加了三成。(增加十分之三)

国家质检总局近日对酸乳饮料产品进行抽查,发现有近三成产品不合格。

(3)"分":通常用来表示商业利润或贷款利息的比率,如,"三分利"表示"百分之三的利息(或利润)"。有时,也可以用在其他方面。例如:

喝酒时六分醉是最好的;吃饭的时候,七分饱的满足感是最舒服的;爱一个人的时候也是一样,爱到八分绝对刚刚好。

注意,表示商品价格下降幅度,只能用"折",不能用"成"和"分";表示产量(尤其是农产品产量)增加或减少的幅度,只能用"成",不能用"分"或"折";表示利润或利息的比率,通常用"分",不能用"折",一般也不用"成"。

3. 翻番

"翻 X 番"是 20 世纪 50 年代以后流行开来的倍数表达法,它也表示增加的倍数。然而,"番"和"倍"意思并不完全相同。"增加一倍"是增加 100%;"翻一番"也是增加 100%。但除了"一倍"与"一番"相当外,"两倍"与"两番"以上,数字含义就不同了。而且数字越大,差距越大。例如,假定基数为 100 元,"增加两倍"为 300 元,是增加 200%;而"翻两番",则为 400 元,是增加 300%(先翻一番为 200 元,再翻一番为 400 元)。照此类推,翻三番就是 800 元,增加了 700%。例如:

北京 2000 年 GDP 总量为 2460 亿元,到 2020 年翻两番就是一万亿元,人均 GDP 将突破一万美元。

不过,在日常生活中,毕竟不是每一个人都那么具有精确的数学头脑,有时也有人会把"番"和"倍"的用法混淆起来。所以,当你听到有人对你说"翻 X 番"的时候,最好询问一下,他讲的"翻 X 番"究竟是什么意思。两种不同的算法,最后得出的结果是会让你大吃一惊的。

综合练习

一、用正确的语调朗读下面的句子。

1. 随着我国市场经济的渐趋成熟,普通百姓一般都有了些余钱。

2. 当然,纯粹的负债是不行的,因为这要以严重牺牲现在的生活质量为代价。

3. 目前许多城市物价指数仍呈负增长。

4. 随着国家扩大内需、刺激消费政策效应的日益显现,明年物价指数可能会上涨 3 个百分点。

5. 用明天的钱,提前圆了今天的汽车梦。

6. 贷款买"生活",提前实现"家庭现代化"。

7. 对借款人来说,此项贷款成本并不高。

8. 您的"损失"只不过是把存款的利息"消费"了。

二、给下列词语选择正确的解释。

1. 何乐而不为（　　）　　A. 顺应时机而产生
2. 应运而生（　　）　　　B. 向银行贷款消费
3. 市场经济（　　）　　　C. 每月以相同的额度偿还贷款
4. 分期付款（　　）　　　D. 把未到期的定期存单抵押在银行再向银行贷款
5. 按月等额（　　）　　　E. 付首期款项后，约定分期分批支付剩余款项
6. 物价指数（　　）　　　F. 为什么不做呢
7. 负债消费（　　）　　　G. 两个不同时期物价总水平的变动
8. 小额质押贷款（　　）　H. 由市场进行调节的国民经济

三、从所给的词语中，选出最合适的填入句中的括号内。

> 纯粹　有效　显现　严重　避免　相当
> 认可　完全　提前　日益　扣除　扩大

1. 外语片译制在香港（　　）是商业行为，由谁来译制是由市场来决定的。
2. 银行降息作用（　　），两天内共有6700万资金从交行上海分行进入股市。
3. 我国实施（　　）内需政策，有效地确保了经济稳定增长。
4. 如果住房面积（　　）不符合同规定，那么买房人可以获得双倍的赔偿。
5. （　　）变动较大的汽车项目，一月份美国零售销售数字实际攀升1.2%，创下将近两年来的最大涨幅。
6. 由于员工跳槽现象日益严重，某证券公司将商讨建立（　　）合理的报酬体系问题。
7. 北京经济已具备（　　）实力，人均GDP突破3000美元。
8. 根据银行有关规定，定期储蓄（　　）支取只能按活期利率计算利息。
9. 网络大学文凭能否得到社会的（　　），是网络大学生们最关心的问题。
10. 据专家预测，未来几十年内，全球进一步变暖是必然趋势，是不可（　　）的。
11. 近几年，上海楼市越来越热，楼价持续走高。在这种大气候下，二手房交易也（　　）活跃。
12. 在中国东部沿海地区，不少家庭的生活已（　　）达到了小康水平。

四、下面四组词语意义或用法相近,很容易混淆,请把它们区别开来。

1. 严重／重要

   A. 空调使用时间集中,导致用电高峰时段电网压力大,电力供应（　　）不足。

   B. 以住宅为主的房地产市场不断发展,对拉动经济增长和提高人民生活水平发挥了（　　）作用。

   C. 在未来相当长一个时期内,城市地下空间将作为一种（　　）资源,开发力度将会不断加大。

   D. 老戴的身体越发虚弱,整日无精打采,记忆力（　　）衰退,视力也在减退。

2. 途径／方式

   A. 对市政环保基础设施的投资力度将持续加大,这些项目投资期长,回报安全,也是解决负债的有效（　　）。

   B. 广大种养户也要及时掌握市场动态,提高种养技术,同时也要注重销售（　　）,讲究产销结合,才不至于被动。

   C. 从政府企事业单位到家庭、个人、社会结构的各个阶层,都在以不同的（　　）积极参与保险业的发展。

   D. 在收费点不营业的情况下,市民还可通过网上银行、电话银行或预付费的（　　）交纳电话费。

3. 纯粹／纯正

   A. 大多数人简单地认为,召回对企业和产品而言,（　　）是一件蒙羞的事情,甚至是一个毁灭性的打击。

   B. 北京铭万是一家（　　）的互联网技术公司,过去的主要业务是给中国企业网等互联网服务企业提供应用软件和软件产品。

   C. 它具有牛奶浓郁奶香的同时兼备啤酒的（　　）麦香,填补了国内奶制饮品市场的空白。

   D. 对于很多想说一口（　　）流利的英语口语的中小学生来说,真是难得的英语学习机会。

4. 按／据

   A. 据园林部门提供的价位数显示,（　　）现行次票价位算,如一次性游完10个公园,须花费58元。

   B. （　　）国家邮政局权威人士介绍,此次销毁邮票旨在保持集邮业务的健康发展。

C. (　　)初步规划,整个食品工业城建成之后,占地面积在 5 平方公里左右。

D. (　　)了解,近年来中国中医药产业发展迅速,去年中国中医药工业产值达到 600 多亿元。

五、用所给的词语改写下列句子。

1. 中国加入 WTO 以后,人们对未来市场竞争的关注程度也在迅速升温。(随着)

2. 您的"损失"只是把存款的利息"消费"了。(只不过)

3. 我们要通过科技奔赴小康。(靠)

4. 房地产价格涨幅还是居高不下。(仍)

六、指出划线的词语在句子中的意思。

1. 他们这么做<u>纯粹</u>是为了给企业做广告。(　　)
   A. 不容置疑   B. 值得怀疑   C. 很复杂   D. 可能性大

2. 长城是在海外上市最大的民营汽车企业,一个<u>纯粹</u>的民族自主品牌,代表了中国国内民营汽车造车水平。(　　)
   A. 真正   B. 主要   C. 重要   D. 纯洁

3. 这个消息<u>靠不住</u>,因为他也是从别人那儿听说的。(　　)
   A. 信得过   B. 信不过   C. 能接近   D. 能凭借

4. 6 年中老戴把八九十万元的家产全变卖了,家徒四壁,只能<u>靠</u>亲戚朋友资助。(　　)
   A. 依靠   B. 接近   C. 可信   D. 倚靠

5. 我市人均 GDP 在全国的各省、市、自治区中也是比较<u>靠</u>前的。(　　)
   A. 依靠   B. 接近   C. 可信   D. 倚靠

6. 最南侧的泉眼喷起的水柱达十米左右,真是气势惊人,船根本<u>靠</u>不上去。(　　)
   A. 依靠   B. 挨近   C. 可信   D. 倚靠

7. 照片显示,一身玉女装扮的洛佩兹惬意地<u>靠</u>在汽车车门旁。(　　)
   A. 凭借   B. 接近   C. 可信   D. 倚靠

8. 日本<u>日益</u>强劲的经济前景促使日本公债收益率上升。(　　)
   A. 一天比一天更加   B. 一年比一年更加
   C. 一天比一天减少   D. 一年比一年减少

9. 本市对外旅游业呈现出持续、快速发展的良好势头,旅游业已成为国民经济新的增长点。(　　)
   A. 发现　　　B. 显现　　　C. 陈列　　　D. 表达
10. 刚归队不久的姚明体能并未完全恢复,所以全场比赛他只上场了15分钟左右。(　　)
　　A. 齐全　　　B. 全部　　　C. 部分　　　D. 完成

七、用正确的语序把所给的词语排列成句子。
1. 规划　我们　要　设计　靠　来　美好的城市
2. 目前　物价指数　仍　城市的　呈　许多　负增长
3. 简历　个人　广告　相当于　个人
4. 电脑　只不过　涨价　是　暂时现象
5. 经济的发展　随着　改善　百姓的生活　极大的　有了
6. 一种　这是　破坏　严重　的　行为　世界遗产　的
7. 采取　本期　按月分段的　国债发行　发行方式
8. 成功　他　自己　今天的　打拼的　是　靠

八、请根据"折／成／分"的不同用法,给下列各题填空。
1. 由于市场不景气,有些商品价格落到五(　　),还是无人问津。
2. 两杯白酒下去,他已经有了三(　　)醉意。
3. 这批产品中,大约有七(　　)是不合格的,我们怎么能要?
4. 他这个人很谨慎,没有八(　　)的把握,是不会去干的。
5. 今年春天雨水太多,粮食产量比去年减少了两(　　)。
6. 小李的话不能全信,至少得打个八(　　)。

九、造句。
1. 随着——
2. 只不过——
3. 避免——
4. 相当于——
5. 日益——
6. 完全——

阅读材料

理财就是善用钱财

生 词

1. 增值　zēngzhí（动）　　价值增加。
2. 意识　yìshi（名）　　人的头脑对于客观物质世界的反映，是感觉、思维等各种心理过程的总和。
3. 忽略　hūlüè（动）　　疏忽，不在意；没注意到。
4. 恰恰　qiàqià（副）　　正好；正。
5. 轻而易举　qīng ér yì jǔ（成）　　不需要做多大的努力就能办到或对付。
6. 贬值　biǎnzhí（动）　　货币的购买力下降，现也泛指事物的价值降低，与"升值"相对。
7. 事半功倍　shì bàn gōng bèi（成）　　意为只用一半的功夫，而收到加倍的功效。形容用力小而收效大。
8. 忌讳　jìhuì（名、动）　　因风俗习惯而对某些不吉利的语言或举动有所顾忌。
9. 捉襟见肘　zhuō jīn jiàn zhǒu（成）　　衣服破烂，拉一下衣襟就露出胳膊肘儿，比喻生活困难或处境窘迫。
10. 诀窍　juéqiào（名）　　关键性的好办法。

课 文

在金融业日趋市场化的今天，人们的金融意识开始发生转变。其中，最为突出的是人们对资金增值的要求从无意识变为有意识，投资理念逐步走向家庭。在经济脉搏快速跳动的今天，股票、债券、期货、储蓄、外汇、保险……这些投资工具所涵盖的生活范围日益扩大。由此,个人财务的管理将成为一种时尚,越善于个人理财的人,生活越丰裕轻松。

事实上,个人理财并非是今天才有的事,它无时无处不存在于日常生活中。在您拿到第一份工资,在您缴纳每月的水电开支,在您准备购置一台彩电时,理财便由此开始。但真正的理财绝不仅此。它的好坏将直接影响您的生活。然而,理财却常常被人们忽略,究其原因,有的人认为自己没有足够的资产,谈不上理财。实际上,穷人比富人更需要理财,因为资金的减少对富人来说影响不是很大,而对穷人来说则恰恰相反。有的人认为现有的财务已处理得很好,并没有出现什么问题,但在投资金融繁杂的经济社会,投资决策并非轻而易举,资产贬值随时可能发生;有的人认为工作繁忙,无暇顾及个人财务,但如能科学地理财,便能事半功倍,轻松享受人生;有的人认为理财常常是对疾病、失业、风险而言的,这些是生活忌讳。但"人无远虑,必有近忧"[1],倘若在急切需要用钱时,捉襟见肘,岂不是更加困窘吗?有的人认为理财常常要请教专家,十分麻烦,其实,如果您能及时得到准确的理财讯息,往往能挽回不必要的损失。

理财的诀窍是开源、节流,争取资金收入[2]。所谓节流,便是计划消费、预算开支。成功的理财可以增加收入,可以减少不必要的支出,可以改善个人或家庭的生活水平,享有宽裕的经济能力,可以储备未来的养老所需。所以,从今天开始认识理财,理财将伴随您的一生。

(文章来源:《人民日报》2001-02-08,作者:粤文)

注 释

1. 人无远虑,必有近忧

一个人如果没有长远的考虑,那一定会出现眼前的忧患。

2. 理财的诀窍是开源、节流,争取资金收入

"开源、节流"比喻在财政经济上增加收入,节省开支。

思考和练习

一、根据课文内容,给下列各题选择正确的答案。

1. 以下哪一组有文中没有提到的理财工具?(　　)
   A. 股票、债券和期货
   B. 债券、外汇和保险
   C. 储蓄、保险和期货
   D. 国债、集邮和基金

2. 作者认为,理财的好坏(　　)。
   A. 对生活没有影响
   B. 对生活有直接影响
   C. 对生活有间接影响
   D. 根本无法预测

3. 但如能科学地理财,便能事半功倍。这里"事半功倍"的意思是(　　)。
   A. 任何事情只要做一半就行了
   B. 即使做一半的事情也要下工夫
   C. 花费的劳力少,收到的成效大
   D. 花费两倍的工夫才能做好事情

4. 倘若在急切需要用钱时,捉襟见肘,岂不是更加困窘吗?此处"困窘"的意思是(　　)。
   A. 为难　　B. 穷困　　C. 难为情　　D. 疲倦

二、根据课文内容,判断下列各题的正误。

1. 人们的金融意识最为突出的转变是人们对资金增值的要求从有意识变为无意识。(　　)
2. 投资理财的观念只是限于各个行业,还没有走向家庭。(　　)
3. 个人理财并非是今天才有的事,它无时无处不存在于日常生活中。(　　)
4. 富人比穷人更需要理财,因为资金的减少对富人来说影响很大。(　　)
5. 如果现有的财务已经处理得很好,那就不需要理财。(　　)
6. 理财的诀窍是开源节流,争取资金收入。(　　)

7. 成功的理财,可以改善人们的生活条件。( )

8. 理财非常重要,但是最好等到有了一定的资产后再进行。( )

三、指出划线的词语在句子中的意思。

1. 理财却常常被人们<u>忽略</u>,究其原因,有的人认为自己没有足够的资产,谈不上理财。( )

   A. 领略　　　B. 关注　　　C. 省略　　　D. 疏忽

2. 因为资金的减少对富人来说影响不是很大,而对穷人来说则<u>恰恰</u>相反。( )

   A. 完全　　　B. 正好　　　C. 根本　　　D. 正在

3. 但在投资金融繁杂的经济社会,投资决策并非<u>轻而易举</u>,资产贬值随时可能发生。( )

   A. 容易办到　　　　　B. 容易拿起
   C. 轻易改变　　　　　D. 轻易决定

4. 有的人认为工作繁忙,<u>无暇</u>顾及个人财务。( )

   A. 没有坏处　　　　　B. 没有假期
   C. 没有时间　　　　　D. 没有精力

5. 倘若在急切需要用钱时,<u>捉襟见肘</u>,岂不是更加困窘吗?( )

   A. 敞开衣襟　B. 生活艰难　C. 生活悠闲　D. 生活富裕

6. 理财的<u>决窍</u>是开源、节流,争取资金收入。( )

   A. 问题　　　B. 条件　　　C. 决心　　　D. 关键

四、根据课文内容,回答下面的问题。

1. 在现实生活中,人们为什么会忽略理财?
2. 为什么说穷人比富人更需要理财?
3. 如何理解开源、节流?
4. 成功的理财会给人们带来什么好处?
5. 谈谈你对理财的看法。

第二单元

第4课

从假日经济看扩大内需的潜力[1]

生　词

1. 火爆　huǒbào　（形）　　　　形容场面热闹。
2. 人头攒动
   réntóu cuándòng　（成）　　形容很多人拥挤在一起。攒动,拥挤在一起晃动。
3. 魅力　mèilì　（名）　　　　　特别吸引人、感动人的力量（多用于积极方面,说明美好的、值得倾慕的人或事物）。
4. 赋予　fùyǔ　（动）　　　　　交给、给予（重大任务、使命等）。
5. 个性　gèxìng　（名）　　　　人或事物所特有的性质。
6. 多元化　duōyuánhuà　（动）　变得丰富多样。
7. 寄托　jìtuō　（动）　　　　　把理想、希望、感情等放在（某人或某物上）。
8. 青睐　qīnglài　（动）　　　　喜爱、重视。
9. 铸　zhù　（动）　　　　　　　把熔化了的固体物质（如金属、塑料等）浇入模具中,从而制成特定形状的器物。

10.	生肖	shēngxiào （名）	代表十二地支而用来记人的出生年的十二种动物,即鼠、牛、虎、兔、龙、蛇、马、羊、猴、鸡、狗、猪。如子年生的人属鼠,丑年生的人属牛等。也叫属相。
11.	庙会	miàohuì （名）	原是设在寺庙里边或附近的集市,在节日或规定的日子举行。后来春节期间某些集市(并不设在寺庙里边或附近)也叫做庙会,如"文化庙会"。
12.	中意	zhòngyì （动）	符合自己的心意;满意。
13.	观光	guānguāng （动）	到外地或国外参观游览。
14.	度假村	dùjiàcūn （名）	供游人休息度假的宾馆、别墅等(一般修建在风景优美的地方)。
15.	固定资产	gùdìng zīchǎn	单位价值在规定限额以上,使用期限在一年以上,能作为劳动资料或其他用途的财产,如企业中的厂房、机器设备等(跟"流动资产"相对)。
16.	拉动	lādòng （动）	用强力牵引使跟着变动。
17.	强劲	qiángjìn （形）	强大有力的。
18.	势头	shìtóu （名）	事情发展的状况和趋势。
19.	崛起	juéqǐ （动）	某些重要的人、事物或现象突然兴起,一下子引起广泛的注意。
20.	合同	hétong （名）	两方面或几方面在办理某事时,为了确定各自的权利和义务而订立的共同遵守的条文。
21.	欺诈	qīzhà （动）	用狡猾奸诈的手段骗人。
22.	规范	guīfàn （动）	使符合约定俗成或明文规定的标准。
23.	配套	pèitào （动）	把若干相关的事物组合成相互配合的一整套。
24.	设施	shèshī （名）	为进行某项工作或满足某种需要而建立起来的机构、系统、组织、建筑等。

25. 换代更新 huàn dài gēng xīn （成）		旧的产品或用品为新的产品或用品所代替，也说"更新换代"。
26. 主体　zhǔtǐ　（名）		本义指物体的主干部分，引申为事物的主要部分。

课　文

　　大洋网讯　刚刚过去的春节黄金周，旅游景区景点全面火爆，城乡商场人头攒动，消费需求大幅增长。消费亮点频闪的假日经济再次展现出其独特的魅力，展现出扩大内需的潜力。

　　新春佳节，既是亲朋好友欢庆的日子，也是度假旅游的大好时光。七天长假赋予春节这一中国人传统的节日以新的时代内容[2]，老百姓在吃、喝、玩、乐上有了更多个性化、多元化的选择，形成内容丰富、形式多样的消费特色。

　　过去贺岁拜年走亲戚，拎着点心匣子、水果盒子，现在人们吃、穿、用样样不缺，寄托情感的鲜花成为人们青睐的礼品。春节期间，北京主要花卉市场日销售鲜花近2000万枝，盆花十万盆。一些地方，贺岁黄金礼品，如贺岁金条、金银对牌，还有纯金铸成的生肖都成为抢手的礼品。逛庙会也逛出新花样，北京亚运村汽车交易市场的"汽车文化庙会"上，围着一辆辆新车，人们盘算着自己中意的车型。

　　今年春节，旅游出现了"几少几多"的特点：休闲旅游的多了，匆匆观光的少了；自己开车的多了，乘车出门的少了；住度假村的多了，参加旅游团的少了。出国出境游更是全线爆满，尽管价格比平时上调许多，但各大机场、车站，背双肩包、脚蹬旅游鞋的旅游大军随处可见。新春市场出现的新的消费热点，说明扩大内需潜力巨大，必须抓住机遇，让消费这驾"马车"跑得更快。自1998年以来，积极的财政政策在扩大内需中发挥了重要作用，固定资产投资连年增长，平均每年拉动经济增长1.5至2个百分点[3]。经过多年经济的高速发展，我国居民的消费能力得到很大提高。相对投资的强劲势头而言，消费需求对经济增长的拉动还有很大潜力。从社会消费水平来看,彩电、冰箱、洗衣机等在城市家庭普及后,社会消费结构加快升级,通信、汽车、住房消费正迅速崛起。假日经济正在成为新的经济增长点[4]。但是,相对人们的需求,在产品创新方面,在服务管理方面,仍存在提升改进的空间。

促进消费,要提供更加细致的服务。如在一些大商场,室内温度很高,顾客只能抱着厚厚的衣服购物;一些商场顾客休息处被商品占满,人们很难找到休息的地方。这些细微之处,体现出管理与服务水平的不足。促进消费,要创造更好的消费环境。如今,改善住房条件,拥有自己的住房成为许多人的需求,春节期间,许多人坐上看房班车,去寻找自己未来的新居。但是合同欺诈、虚假广告、违法中介等方面问题阻碍了百姓购房的积极性,尤其是相比百姓收入,商品房价格偏高,所提供产品不能满足市场需求,住宅市场面临调整结构、规范服务等问题,都成为有关部门今年的重要任务之一。促进消费,要不断进行产品的换代更新。在食、住、行、游、购、娱等方面,购物、娱乐显得薄弱,休闲度假产品不能满足需求。一些地方尤其是中西部地区,旅游产品不够成熟,配套设施不够完善,旅游服务服务质量有待改进。

促进消费,更需要增加农民收入。我国人口的百分之六十以上在农村,农民的生活水平明显低于城镇居民。加快发展农村经济,千方百计增加农民收入,将为假日经济和整个经济发展引入更庞大的消费主体[5]。

消费是最终需求,是经济增长的主要动力。去年底召开的中央经济工作会议指出,扩大投资需求要同扩大就业、改善人民生活、促进消费结合起来,实现投资和消费双拉动。如今,中国老百姓每年的假期达110多天,因此,扩大假日经济的消费有很多文章可做[6]。

(文章来源:新华网,2003年2月9日,新华社记者 孙玉波)

注 释

1. 从假日经济看扩大内需潜力

在中国,劳动节(5月1日)、国庆节(10月1日)、春节(农历正月初一)这三个节日放假的时间特别长,连同前后两个周末,有连续7天的时间。人们把这连续7天的长假称为"黄金周"。由于放假时间长,人们往往利用这段时间走亲访友、外出旅游或娱乐、购物等,商家也都充分利用这个机会进行促销,消费市场十分兴旺。这一现象引起了经济学家的注意,称之为"假日经济"。

标题中的"内需"指国内市场的消费需求,"潜力"指还没有发挥出来的潜在的能力。作者从假日经济这一现象着眼,分析如何进一步扩大国内市场的消费潜力的问题。

2. 七天长假赋予春节这一中国人传统的节日以新的时代内容

以前,中国人习惯在家过春节,方式也比较单调,通常就是亲人团聚,吃团圆饭、放鞭炮、相互拜年等。现在情况有了很大的变化,不少人上饭店吃年夜饭,甚至利用长假外出旅游等,所以说有了"新的时代内容"。

3. 自1998年以来,积极的财政政策在扩大内需中发挥了重要作用,固定资产投资连年增长,平均每年拉动经济增长1.5至2个百分点

"积极的财政政策"指采取增发国债、降低税收等手段来刺激经济发展的财政政策,又叫"扩展性财政政策"。从1998年开始,中国连续5年实施积极的财政政策扩大内需。到2002年为止,共发行长期建设国债6600亿,带动投资3.2万亿元,拉动经济增长每年1.5~2个百分点,累计创造就业岗位750万个。但国债的大幅度增加也在某种程度上带来了财政风险。所以,2003年起,国债发行量开始减少。据专家预测,财政政策可能会有所改变。

4. 假日经济正在成为新的经济增长点

在任何时期,社会经济的发展都是不平衡的。有些方面增长较快,有些方面增长较慢,有些方面没有增长或出现负增长。那些相对增长较快的方面就称为"增长点"。最近几年,在我国节假日期间,市场总是十分兴旺。假日经济有很大的发展潜力,所以,它成了新的经济增长点。

5. 加快发展农村经济,千方百计增加农民收入,为假日经济和整个经济发展引入更庞大的消费主体

在消费过程中,消费者处于主动地位,所以,称为"消费主体"。中国人口众多,其中,农业人口占了很大的比重。所以,作者主张加速发展农村经济,提高农民的生活水平,这样,就可以进一步扩大市场的消费需求,从而带动整个经济的发展。

6. 扩大假日经济的消费有很多文章可做

7天的长假使得人们的消费需求增加了,但是,如何利用假日来促进消费,政府有关部门的工作以及商家所提供的商品或服务等方面,还存在许多需要改进的地方。

"做文章"原来的意思是"(动脑筋)撰写文章"。在这儿表示利用某一事实,想尽各种方法予以发挥,扩大这件事情的影响力,从而实现自己的目的。

预 习 题

一、根据课文内容,给下列各题选择正确的答案。

1. 第一段的主要意思是(　　)。
    A. 旅游景区景点全面火爆
    B. 城乡商场人头攒动
    C. 消费需求大幅增长
    D. 扩大内需有很大潜力

2. 第二段和第三段的主要意思是(　　)。
    A. 新春佳节有了新的时代内容
    B. 新春佳节是亲朋好友欢庆的日子
    C. 新春佳节是度假旅游的大好时光
    D. 新春佳节逛庙会的人盘算着买车

3. 第四段的主要意思是(　　)。
    A. 假日经济正在成为新的经济增长点
    B. 彩电、冰箱、洗衣机等在城市家庭普及
    C. 休闲旅游和住度假村的人越来越多
    D. 出国出境游已经全线爆满

4. 第五、第六、第七这三段的主要意思是(　　)。
    A. 促进消费,要提供更加细致的服务
    B. 促进消费,更需要增加农民收入
    C. 消费是最终需求,是经济增长的主要动力
    D. 扩大假日经济的消费有很多文章可做

5. 这篇文章的主要意思是(　　)。

A. 春节黄金周,消费亮点频闪
B. 扩大内需很有潜力,但不少问题有待解决
C. 扩大内需,农民问题不容忽视
D. 春节旅游,出现一系列新的特点

二、根据课文内容,判断下列各题的正误。

1. 以前中国人贺岁过年,喜欢送鲜花。(　　)
2. 生活水平提高了,很多人打算买汽车。(　　)
3. 因为出国旅游全线爆满,所以,大部分人去了度假村。(　　)
4. 中国城市中绝大部分家庭都已经有了彩电、冰箱、洗衣机等家电用品。(　　)
5. 现在一些大商场,在管理和服务等方面存在不少问题。(　　)
6. 不少房产公司开设了班车,以便于消费者能去实地看房。(　　)
7. 尽管商品房的价格还可以,但是合同欺诈、违法中介等问题的存在,严重阻碍了消费者的购房积极性。(　　)
8. 由于最近几年政府千方百计增加农民收入,所以,假日经济越来越红火。(　　)
9. 扩大投资可以提高老百姓的生活水平,老百姓生活水平提高了,消费的需求自然就增加了。(　　)
10. 扩大内需还有很大的潜力,所以,应该多写文章,宣传假日经济,促进消费。(　　)

三、根据课文内容,回答下面的问题。

1. 今年的春节市场跟往年有哪些不同?
2. 春节黄金周外出旅游的人多不多? 旅游的方式有哪些改变?
3. 为什么说消费需求对经济增长的拉动还有很大潜力?
4. 目前一些大商场,在管理和服务方面存在哪些问题?
5. 目前的住宅市场,结构是否合理? 服务是否规范?
6. 增加农民收入和促进消费有何联系?
7. "实现投资和消费双拉动"这句话是什么意思?
8. 请学生结合本国的情况,谈谈投资和消费的关系问题。

词 汇 例 释

一、展现

及物动词。把原来不太容易直接看到的事物明显地表现出来。例如：

《惊涛骇浪》这部电影展现了1998年抗洪斗争的英雄事迹,令人非常感动。

以凶猛著称的拳王泰森,和儿子相处的时候,却展现出了温柔的一面。

二、形成

及物动词。

通过发展变化而成为具有某种特点的事物,或者出现某种情形或局面。例如：

这边热闹非凡,那边冷冷清清,形成了鲜明的对比。

谈判的时候,双方谁也不肯让步,形成了僵持的局面。

三、寄托

1. 及物动词。

（1）托付,把属于自己的人或物暂时放在别的地方。例如：

因为工作太忙,所以,把孩子寄托在姥姥家里。

（2）把理想、希望或情感放在某人或某事物上。可以说"在某处寄托了理想、希望或情感",也可以说"把理想、希望或情感寄托在某处",例如：

① 父母在你身上寄托了很大的希望,你一定要好好努力。

② 父母把希望都寄托在你身上了,你一定要好好努力。

2. 名词。

理想、情感或希望所寄托的人或物。例如：

离婚以后,孩子成了她惟一的精神寄托。

四、盘算

及物动词。在采取某种行动之前仔细地考虑。例如：

他盘算着如何才能把那家店铺买下来。

五、蹬

及物动词。

1. 脚向下用力,如"他一蹬脚,跳了过去"。

2. 踩,踏。如"蹬在窗台上擦玻璃"。

3. 在北方方言里,也可以表示"穿"。如"脚蹬运动鞋"意思就是"脚上穿着运动鞋"。

六、普及

及物动词。

1. 在某一范围内普遍传播,后面带处所宾语,如"这本书已经普及全国"。

2. 普遍推广某物,使之大众化,宾语表示所推广之物,如"普及文化知识"、"普及初中教育"。

七、崛起

动词。本义指山峰高高凸起后,后常用来比喻某些重要的人、事物或现象的突然兴起,一下子引起广泛的注意。例如:

乌鲁木齐市北郊将崛起一座高校云集、人烟繁盛的大学城。

进入羊年以后,随着国际局势的进一步紧张,低价H股板块和石油概念及具有一定战略题材的资源股纷纷快速崛起,为投资者提供了羊年"第一桶金"。

年轻的中国男排以极其稳健的步伐走向成功,再度崛起指日可待。

用作主语或宾语,如"中国的崛起"、"低价H股板块的崛起"等。

八、促进

及物动词。促使事物向前发展,后面必须带宾语。如"促进生产"、"促进团结"、"促进祖国统一"等。

九、体现

及物动词。某种性质或现象在某一事物上具体地表现出来,一般要带宾语。例如:

这些年轻人的身上体现着社会潮流的变化。

如果所体现的性质或现象由主语表示,则不带宾语。但动词后面通常要有趋向补语"出来"。例如:

他的决心是通过行动体现出来的。

十、阻碍

1. 及物动词。阻止、妨碍,使之不能顺利通过或发展。如"阻碍交通"。
2. 名词。起阻碍作用的事物。如"毫无阻碍"。

十一、面临

及物动词。

1. 面对、临近。如"面临深渊"。
2. 遇到某种比较重要的情况或问题。例如:

住宅市场面临调整结构、规范服务等问题。

十二、调整

及物动词。重新调配整顿,使之适应新的情况和要求。如"调整价格"。

十三、显得

及物动词。显示出某种情形。例如:

由于股市不景气,平时人头攒动的证券交易所,这两天也显得冷冷清清的,很少有人光顾。

> 辨析:"显得"和"看来"

这两个词语意义相近,但"看来"带有推测意味,"显得"却没有这种意思。例如:

那个公司严重亏损,看来要维持不下去了。

十四、有待(于)

及物动词。需要并等待着某种处理,后面的宾语通常表示某种行为动作,而前面的主语通常表示该行为动作所处理的对象。例如:

(1) 旅游服务服务质量有待改进。
(2) 这个问题还有待于你来解决。

十五、达

及物动词。本义为"到"、"通往",后面带处所宾语,如"火车直达北京"。也可表示达到某种标准或者在数量上达到某种程度,例如:

如今,中国老百姓每年的假期达110多天,因此,扩大假日经济的消费有很多文章可做。

重动句

及物动词后面有宾语,如果再要加上补语,往往需要把动词再重复一遍,这种在谓语部分重复使用同一动词的单句格式,就叫重动句。例如:"等钱等得真心焦"。

重动句内部的语义关系常见的有以下几种:

1. 补充说明关系

前面的动宾词组限定谈论的范围,其作用相当于一个话题,后面的动词重复部分对此话题做出具体说明。例如:

① 他唱流行歌曲唱得很好。

② 我等车等了半个小时。

在例①里,"唱得很好"这个评论局限于"唱流行歌曲",至于其他歌曲唱得好不好,就不知道了。例②也同样如此,"等了半个小时"是对"等车"的补充说明。

2. 动作结果关系

前面的动宾词组表示某种行为动作,后面的动词重复部分说明该动作所引起的结果。例如:

③ 洗衣服洗得满头大汗。

④ 炒股炒成了股东。

⑤ 喝咖啡喝上了瘾。

⑥ 没想到吃饭吃出这么多麻烦事来。

3. 动作方式关系

前面的动宾词组表示某种经常性的活动,后面的动词重复部分表示活动方式的变化。例如:

⑦ 逛庙会也逛出了新花样。

4. 假设关系

前面的动宾词组表示某种假设的活动,后面的重复部分说明如果进行这

种活动,将会如何。例如:

⑧ 买车就得买名牌车。

这句话的意思是"如果买车,就得买名牌车",所以,这类重动句前后两个动词词组之间有假设关系,实际上是假设复句的紧缩形式。

综合练习

一、用正确的语调朗读下面的句子。

1. 刚刚过去的春节黄金周,旅游景区景点全面火爆,城乡商场人头攒动,消费需求大幅增长。

2. 新春佳节,既是亲朋好友欢庆的日子,也是度假旅游的大好时光。

3. 过去贺岁拜年走亲戚,拎着点心匣子、水果盒子,现在人们吃、穿、用样样不缺,寄托情感的鲜花成为人们青睐的礼品。

4. 逛庙会也逛出新花样,北京亚运村汽车交易市场的"汽车文化庙会"上,围着一辆辆新车,人们盘算着自己中意的车型。

5. 自1998年以来,积极的财政政策在扩大内需中发挥了重要作用,固定资产投资连年增长,平均每年拉动经济增长1.5至2个百分点。

6. 从社会消费水平来看,彩电、冰箱、洗衣机等在城市家庭普及后,社会消费结构加快升级,通信、汽车、住房消费正迅速崛起。

二、给下列词语选择正确的解释。

1. 寄托(　　)　　A. 普遍推广某物,使之大众化

2. 盘算(　　)　　B. 通过发展变化而成为具有某种特点的事物,或者出现某种情形或局面

3. 展现(　　)　　C. 把理想、希望或情感放在某人或某事物上

4. 普及(　　)　　D. 重新调配整顿,使适应新的情况和要求

5. 形成(　　)　　E. 形容很多人拥挤在一起

6. 促进(　　)　　F. 把原来不太容易直接看到的事物明显地表现出来

7. 崛起(　　)　　G. 对事情的过程或结果进行仔细而从容的考虑

8. 调整(　　)　　H. 某些重要的人、事物或现象突然兴起,一下子引起广泛的注意

9. 体现（　　）　　　　I. 促使事物向前发展
10. 人头攒动（　　）　　J. 某种性质或现象在某一事物上具体地表现出来

三、用正确的语序把所给的词语排列成句子。

1. 更大　赋予　权力　联合国　核查人员　的　了。
2. 青睐　外商　对　高档　住宅楼　特别　徐家汇　的。
3. 崛起的　惊讶　60年代　在经济上　令　十分　亚洲四小龙　西方世界。
4. 逛街　一身的　逛出了　没想到　麻烦。
5. 喝酒　他们　喝出了　新花样。
6. 大道　一条　眼前　他　宽广的　展现在。
7. 得到了　在　基本上　电脑　大城市　里　普及　已经。
8. 还　这些　进一步　管理水平　提高　有待于　企业的。

四、从所给的词语中，选出最合适的填入句中的括号内。

| 寄托 | 盘算 | 展现 | 普及 | 形成 | 促进 | 崛起 | 调整 |
| 体现 | 阻碍 | 有待 | 拉动 | 赋予 | 中意 | 青睐 | 显得 |

1. 面对强大的对手，申花队把主力集中在中场，（　　）了一道坚固的防线。
2. 最近两年，政府在西部投入了大量资金，以（　　）西部地区的经济发展。
3. 为了防止艾滋病的传染，我们有必要从中学开始（　　）性知识。
4. 有人认为，房地产业的腾飞可以（　　）整个国民经济向前发展。所以，政府应该在这方面加大投资力度。
5. 上海，一度被称为"远东的巴黎"，正在（　　）出雄厚的实力。今后的10年里，上海的经济地位很可能会超过香港。
6. 他把所有的希望都（　　）在联通A股上面，如果能高开高走，他前几天输掉的钱就可以一下子赚回来。
7. 我国改革开放取得了突破性的进展，市场经济体制已初步建立，但在市场经济秩序方面仍存在一些问题，（　　）继续整顿和规范。
8. 80年代中期，乡镇企业的（　　）给经济体制改革注入了新的活力。

9. 欧洲央行理事会表示,欧洲央行目前的基准利率和欧元的升值并没有( )经济的复苏。

10. 我得好好( )一下,到底买哪一个股好。

11. 对民营企业,凡是具备条件的都要( )外经贸权,鼓励和支持民营企业开展对外贸易。

12. 中国内地已成为亚太区商务旅行的首选目的地,同时,中国取代新加坡成为2002年最受商务人士( )的地区。

13. 年轻人结婚总是喜欢讲排场,迎新车最好是"奔驰",宴席至少也得五六桌,否则,就( )有点儿没面子。

14. 最近,市场情况变化很大,咱们的营销计划也得及时作出相应的( )。

15. 改革开放以来,市场上商品的种类越来越丰富,这充分( )出了市场经济的优越性。

16. 顾客总是希望能挑到自己( )的商品,这时,营业员的耐心就显得格外重要了,千万不可因为顾客挑了半天不买而给顾客脸色看。

五、用重动句的形式改写下面的句子。

例:李娜很善于唱歌。

—— 李娜唱歌唱得很好。

1. 张明很善于游泳。
2. 王晓力很善于画画。
3. 老李炒股,结果被套牢,人们都取笑他,说他成了那个公司的股东。
4. 小王玩电脑,经验越来越丰富,人们都说他成了电脑专家。
5. 莉莉去饭店吃饭,没想到惹出了许多麻烦。
6. 晓华去商店买东西,没想到遇上不愉快的事情,生了一肚子的气。
7. 他们想出了新的花样来玩牌。
8. 她们逛街有了新的花样。
9. 老张喜欢喝咖啡,上了瘾。
10. 他常常抽烟,上了瘾。

六、造句。

1. 寄托 ——
2. 盘算 ——
3. 普及 ——

4. 显得——
5. 促进——

阅读材料

假日办负责人点评羊年春节黄金周

生　词

1. 透露　tòulù　（动）	通常指报道一些暂时不适合公开或未经证实的消息。
2. 花费　huāfèi　（动、名）	（精神、力量、东西等）因使用或受损失而渐渐减少；消耗的钱。
3. 呈现　chéngxiàn　（动）	显现；展示出。
4. 丰富多彩　fēngfù duō cǎi　（词组）	形容种类、花色非常多。
5. 周边　zhōubiān　（名）	周围。
6. 放射　fàngshè　（动）	由一点或一处向周围射出。
7. 热点　rèdiǎn　（名）	指某时期引人注目的地方或问题。
8. 隐患　yǐnhuàn　（名）	潜藏或不易发现的危险或祸患。
9. 常抓不懈　cháng zhuā bú xiè　（成）	经常重视某项工作，不放松。
10. 投诉　tóusù　（动）	把自己遇到的不公平或不满意的事情告诉有关部门寻求合理的解决。

课　文

中新网北京2月11日电 全国假日办执行主任王军今天在此间透

露,黄金周期间,全国共接待旅游者5947万人次,比去年春节黄金周增长15.3%;实现旅游收入257.6亿元,比去年春节增长13%;旅游者人均花费支出433.2元。

王军指出,今年春节黄金周,呈现出如下三大特点:

首先,出游规模进一步扩大,旅游过年成为新的时尚。全国各地的许多人家一改过去在家团圆的过年传统,或举家出游,或亲朋结伴出游。

其次,春节旅游产品更加丰富。一是各地迎春活动丰富多彩,如北京举办了"迈进2003民族大联欢"、"民间花会比赛"等活动;南京推出了"烟花爆竹节"和众多以群众文化活动为主的舞台演出;成都举办了"花灯大拜年"等活动。

再次,今年春节旅游仍是"一南一北两头热"[1],其他各大中城市,则是周边旅游火热。今年春节黄金周最热的地区,仍是海南、云南、广西、广东、福建等南方省市和黑龙江、吉林、辽宁东北三省;海南、云南和广西是热点中的热点。同时,以各主要城市为中心,形成了放射状的短线客流潮和城郊客流潮[2]。

王军认为,今年春节黄金周也暴露出了旅游市场的一些不足,有待完善。

一是旅游安全隐患仍然较多,必须常抓不懈。春节黄金周期间,尽管未发生重大旅游安全事故,但各种旅游安全隐患仍然较多,特别是地方旅游运营车辆,越来越多地由个人承包、承运,使旅游安全制度落实到人的工作抓起来有些困难[3]。

二是旅游经营服务不规范的问题仍然存在,旅游市场整顿和行风建设工作应长期坚持并不断深化。从春节黄金周期间全国假日办收到的175起投诉看,投诉旅行社的有101起(其中多数是因交通、住宿和景区景点原因造成),投诉饭店的有17起,投诉景区(点)的有15起,直接投诉交通运输单位的有42起。

三是假日旅游的长效工作机制还需要从体制、编制上来保障和完善。

(文章来源:中国新闻网,2003年2月11日,作者:佚名)

注释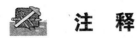

1. 今年春节旅游仍是"一南一北两头热"

人们选择旅游线路时,或者选择海南、云南、广西、广东、福建等最南边的省份,或者选择黑龙江、吉林、辽宁等最北边的省份,所以说"一南一北两头热"。

2. ……形成了放射状的短线客流潮和城郊客流潮

连续不断的向前移动的人群称为"人流",由旅客构成的人流就称为"客流"。"客流潮"指旅客很多,像潮水一样。旅客以城市为中心,向四周移动,形成放射状。"短线客流潮"指短途旅游的游客潮流,"城郊客流潮"指去郊区旅游的游客潮流。

3. ……特别是地方旅游运营车辆,越来越多地由个人承包、承运,使旅游安全制度落实到人的工作抓起来有些困难

"落实到人"是指布置任务的时候,把任务直接布置给具体执行的人,让他清楚地知道应该怎么做,并承担责任。以前,中国的交通运输业都是国家经营的,管理比较方便。改革开放以后,部分交通运输方面的业务允许个人经营,管理部门和具体经营的人之间的关系跟以前不一样了,所以,管理不像以前那么方便。

思考和练习

一、根据课文内容,给下列各题选择正确的答案。

1. 这篇文章的主要意思是(　　)。
   A. 春节期间,旅游业十分兴旺,但也暴露出不少问题
   B. 今年春节,外出旅游的人特别多,旅游产品也非常丰富
   C. 春节期间,人们喜欢去南北两头旅游
   D. 春节期间,尽管未发生重大旅游安全事故,但隐患不少

2. 以前,人们过年的时候喜欢(　　)。
   A. 举家出游
   B. 亲朋好友一起出游
   C. 在家团聚
   D. 在家聊天

3. 春节旅游,最受欢迎的地方是(　　)。
   A. 黑龙江、吉林、辽宁
   B. 海南、云南、广西
   C. 广西、广东、福建
   D. 其他城市的周边地区
4. 旅游安全隐患较多的主要原因是(　　)。
   A. 旅游经营服务不规范
   B. 不少旅游运营车辆是个体承包的
   C. 交通、住宿和景区景点令游客不满意
   D. 去南北两头旅游的人太多

二、根据课文内容,判断下列各题的正误。

1. 旅游者人均花费支出比去年同期增加了13％。(　　)
2. 北京举办了"迈进2003民族大联欢"、"烟花爆竹节"等各种群众文化活动。
3. 以前,中国人过年很少外出旅游。(　　)
4. 今年春节,去海南、云南、上海等地旅游的人特别多。(　　)
5. 人们对旅行社的服务质量往往不太满意。(　　)
6. 要提高假日旅游的质量,最关键的,是不能让个人承包交通运输。(　　)

三、根据课文内容,回答下面的问题。

1. 今年春节黄金周,旅游市场呈现出哪些新的特点?
2. 目前的旅游市场,还存在哪些不足之处?应该如何改进?
3. 请学生谈谈本国的旅游业状况。

第 5 课

申城便利店 相煎莫太急[1]

生 词

1. 便利店 biànlìdiàn （名） 小型便民商店。
2. 春笋 chūnsǔn （名） 春季的竹笋。比喻新生事物长得快。
3. 大街小巷 dà jiē xiǎo xiàng （成） 大大小小的街道胡同，泛指城里的各处地方。
4. 分店 fēndiàn （名） 基层门市部。
5. 购物中心 gòuwù zhōngxīn （短） 集中销售各种商品的大型商场。
6. 客源 kèyuán （名） 客户的来源。
7. 闹市 nào shì （名） 市面繁华的街区。
8. 大张旗鼓 dà zhāng qígǔ （成） 比喻声势和规模很大。
9. 分布 fēnbù （名、动） 指在一定地区或区域内散布。
10. 亲密无间 qīnmì wú jiàn （成） 指感情非常好，关系非常密切。
11. 走访 zǒufǎng （动） 访问，拜访。
12. 部门 bùmén （名） 大机构下面设立的一些分支机构。
13. 后起之秀 hòu qǐ zhī xiù （成） 新成长起来的优秀人物。
14. 缩影 suōyǐng （名） 本义指大的物体缩小以后的样子，引申为具有代表性的事物。

15. 饱和 bǎohé （形、名）	比喻事物达到最大限度。
16. 两败俱伤 liǎng bài jù shāng （成）	争斗的双方都受到损失。
17. 例会 lìhuì （名）	依据约定的惯例每隔一定期限举行一次的会议。
18. 度 dù （名）	课文里指限度。
19. 削弱 xuēruò （动）	力量、势力减弱；使变弱。
20. 利润 lìrùn （名）	生产、交易等的赢利。
21. 幅度 fúdù （名）	数量变化的程度。
22. 采访 cǎifǎng （动、名）	调查访问。
23. 提倡 tíchàng （动）	提出建议，希望大家都这么做。
24. 威胁 wēixié （动、名）	用威力逼迫吓唬使人屈服。
25. 批准 pīzhǔn （动）	上级对下级的意见、建议或请求表示同意。
26. 巨头 jùtóu （名）	指经济、政治界势力大的首脑人物。
27. 胃口 wèikǒu （名）	比喻对某事的兴趣。
28. 蓝图 lántú （名）	本义指建筑图纸，引申为长远的行动计划或规划。
29. 你死我活 nǐ sǐ wǒ huó （成）	形容斗争十分激烈，关系到双方的生死存亡。

课　　文

"忽如一夜春风来，千树万树梨花开"[2]。仿佛真的就像是一夜之间的事，各种品牌的便利店如雨后春笋般布满了申城[3]的大街小巷。从1997年到2000年底，上海便利店零售业用了4年时间，才发展到4个品牌，1000多家分店。而从2001年初至今的两年时间，便利店零售业就达到了9家公司，3000家分店的规模。

上海的9家便利店公司无疑是看准了便利店将成为零售业中继超

市和购物中心(大卖场)之后的又一主力业态后面所蕴藏的巨大的商业价值,现在的快速发展也正像当初股市兴起时那样在争抢"跑道",迅速做大做强。于是,在客源丰富的闹市区、居民集中地,各种品牌的便利店大张旗鼓地进行着"圈地运动"[4],平均两三天就有一家便利店开门营业;因此出现了很多诸如一条街道上有五六家便利店的情况。常言道,有钱大家赚,但有些地方便利店如此高密度的分布,倒让人有些看不懂了:便利店如此"亲密无间"的背后究竟会有多大的市场呢?带着这些疑问,记者连日来走访了20多家不同地点不同品牌的便利店和有关部门,希望能找到一个答案……

分布不均:旱的旱死,涝的涝死[5]

作为一名后起之秀,好德便利店的成长正是上海便利店零售业快速发展的缩影。但在求快的同时,也出现了一些问题,最明显的除了从业人员培训不足之外,就是门店的分布不均导致相对过剩。

据有关专家预计,上海市区比较合理的便利店保有量应该在3000至4000个之间。现在的3000个分店,按说应该还没有达到饱和程度。但愚园路的便利店过于集中的现象在市区许多地方并不少见,在相当程度上制约了便利店的发展。便利店本来就是薄利,靠的是客流;如果分布过于集中,对大家都很不利,到最后只能是两败俱伤。

可的便利公司总经理邱源在今年2月的一次便利店例会上就说:"竞争带来进步,但是行业的发展应该有个度。门店迅速发展,有的店与店距离过近,带来经营成本上升、租金增加等问题,削弱了利润空间。"上海市连锁商业协会的一份资料也显示,在去年本市便利店数量大幅度上升的同时,有的公司单店平均销售额却有下降的趋势。

上海市商业经济研究中心高级经济师齐晓斋在接受采访时认为,这种几家便利店开在一块儿的现象不值得提倡,因为便利店主要是方便居民,一个区域有一到两家就足够了。这不是南京东路商厦林立,可以让顾客挑挑拣拣。现在的便利店相互之间在价格上没什么优势,服务项目类似,开在一起只能是分流了顾客,结果大家都无法赚到钱。因此行业间应该考虑制定一些相应的措施来保证分布的平衡;这样既能保护先开的便利店,又能保护后开的,从而有利于整个行业的发展。

外资涌入：真正的"肉搏战"才开始

　　加入世贸组织，使国际连锁便利店巨头源源涌入，中国便利店企业的潜在威胁将变成事实。2001年8月30日，全球最大连锁便利店7-ELEVEN在广州同时新开11间店。这是目前国内第一家得到政府部门正式批准的外资连锁便利店合作项目。以7-ELEVEN这样的国际巨头的"胃口"，光是广州深圳的市场是远远不能够满足的，这也许只是个"探路石"6。上海这个极具市场潜力和商业价值的"黄金宝地"，必然早已纳入其扩张的蓝图。

　　也许一年，也许两年，本地便利店企业和外资便利店企业的正式交锋就要打响，那才是一场你死我活的真正的"肉搏战"7。无论是坐着上海头一把交椅的"联华便利"8，还是近来势头正猛的"好德便利"，以及其他便利店"兄弟们"，留给自己发展的时间和机会其实已经不多了。真正的竞争和考验即将来临。

（新闻来源:《新民晚报》，记者季颖）

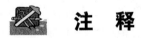

注　释

1. 相煎莫太急

　　出自成语"相煎太急"。传说三国时期，魏国皇帝曹丕嫉妒弟弟曹植，故意为难曹植，命令他在很短的时间里作一首诗，否则就杀了他。悲愤的曹植很快就完成了。原诗是这样的："煮豆燃豆萁，豆在釜中泣。本自同根生，相煎何太急。"意思是，我和你本来是亲兄弟，为什么要这样迫害我呢？以后，"相煎何急"也说"相煎太急"就从一句诗变成了一个成语。用来比喻兄弟或同伴之间一方对另一方的迫害。

2. 忽如一夜春风来，千树万树梨花开

　　这原本是一首唐诗中的名句。它描写的是新疆地区寒冬时节"北风吹，雪花飞"的壮美景色。诗人用"忽"字写大雪来得很急，强调季节变化，雪片像盛开的梨花，景色突然改观。后来，人们借用这两句诗形容好的事物发展迅速，变化突然。

3. 申城

　　上海市的别称。中国的不少城市都有自己的别称。比如：广州又称羊城、花城,成都又称蓉城,昆明又称春城,南京又称石头城,哈尔滨又称冰城,济南又称泉城。

4. 各种品牌的便利店大张旗鼓地进行着"圈地运动"

英国资本主义的发展是从纺织业开始的。在英国资本主义发展早期,为了获得更多作为原材料的羊毛,资本家就在英国农村大量圈占耕地用来养羊,而原来在这些土地上劳动的农民只得流入城市,成为廉价劳动力。历史学家就形象地称之为"羊吃人"的圈地运动。在这里比喻各种品牌的便利店极力通过建立门店划定各自的销售范围。

5. 分布不均:旱的旱死,涝的涝死

有的地方由于雨水太少使得庄稼旱死,有的地方由于雨水太多使得庄稼涝死。这句话在文章中用来比喻上海的便利店分布严重不均衡的状况。上海市区比较合理的便利店保有量应该在3000至4000个之间(保有量就是拥有的数量)。以现在的数量看,应该说没有饱和。上海便利店目前存在的问题不是数量过多,而是分布不均。有的地方过于集中,店与店距离过近,客源严重不足;相反,有的地方却过于稀疏,居民购物极不方便。作者通过这两个反差极大的对比形容便利店的分布严重不均。

6. 这也许只是个"探路石"

这是一种比喻的说法。探路石是用来探索前面未知的道路的石块儿。在这里是借指全球最大连锁便利店7-ELEVEN为了以后大举进入中国市场而在广州设立便利店,以获得在中国经营的经验的带有试探性的举动。

7. 也许一年,也许两年,本地便利店企业和外资便利店企业的正式交锋就要打响,那才是一场你死我活的真正的"肉搏战"

"肉搏战"本义是指敌对双方接近时用枪刺、枪托等乃至徒手进行的格斗,也叫白刃战,是战争进行到最后阶段时最激烈、最残酷的战斗。这句话把本地便利店企业和外资便利店企业间的竞争比喻为一场战争,认为这场战争在短时期内就要爆发,其竞争的激烈程度不亚于最残酷的肉搏战。

8. ……坐着上海便利店头一把交椅的的"联华便利"

交椅是古代的椅子,腿交叉,能折叠。中国古代民间帮会的首领聚会时,根据各自地位的高低排列坐位,中间的一把椅子就是"第一把交椅",是最高首领的坐位。后来,"坐头一把交椅"就成了熟语,意思是同一群体、行业中地位最高、实力最强,无人可比。由于民间帮会中最高领袖称为"龙头老大",所以,有时候也可以用"龙头老大"来比喻行业中实力最强者。

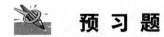 预 习 题

一、根据课文内容,给下列各题选择正确的答案。

1. 对于上海便利店的快速发展,作者持(　　)态度。
   A. 同情　　　B. 担忧　　　C. 反对　　　D. 惊喜

2. 作者认为上海便利店(　　)。
   A. 门店集中会加速行业间的竞争,有利于整个行业的发展
   B. 发展速度太快,导致数量绝对过剩
   C. 数量相对过剩,门店分布不均
   D. 数量过剩,已没有发展的空间

3. 下列哪些观点,课文中没有提到?(　　)
   A. 上海便利店发展迅速
   B. 上海便利店行业竞争激烈
   C. 上海便利店门店的数量还没有达到饱和的程度
   D. 上海便利店的门店数量在全国首屈一指

4. 对于上海便利店的分布,作者认为(　　)。
   A. 分布基本合理
   B. 分布过于集中
   C. 分布不均衡
   D. 闹市区分布不均

二、根据课文内容,判断下列各题的正误。

1. 便利店将成为上海零售业中继超市和购物中心之后的又一主力业态。(　　)
2. 上海便利店零售业目前有4个品牌,1000多家门店。(　　)
3. 上海市降雨量分布不均:旱的旱死,涝的涝死。(　　)
4. 好德、可的都是外资连锁便利店合作项目。(　　)
5. 好德便利店目前存在的问题之一是从业人员培训不足。(　　)
6. 联华和好德的老板不是兄弟。(　　)
7. 便利店是薄利,赚不了钱。(　　)
8. 中国便利店面临的最大挑战是外资的涌入。(　　)

三、根据课文内容,回答下面的问题。

1. 上海便利店发展迅速的同时存在哪些问题?
2. 可的便利店的总经理对便利店的发展有什么看法?
3. 便利店分布过于集中有什么不利因素?
4. 外资涌入上海是看准了什么?
5. 作者为什么说"申城便利店相煎莫太急"?

词 汇 例 释

一、好像

副词。

(1) 有些像。例如:

他们俩一见面就好像是多年的老朋友。

他的身材又细又高,好像一根竹竿。

(2) 似乎。例如:

屋子里静悄悄的,好像没有人。

他低着头不做声,好像在想什么心事。

辨析:"似乎"、"仿佛"和"好像"

这两个词也都是副词,与"好像"意思相近。而"好像"是一个更为一般的用语,它包含了"似乎"和"仿佛"两个意思,有时它等同于"似乎",表示一种不太肯定的估计。例如:

她似乎理解了这个字的意思,但是又讲不出来。

今天似乎要下雨。

有时又等同于"仿佛",即"有些像",表示比喻。这时,它们的区别只在于,"好像"是口语,"仿佛"是书面语,更多用于文学作品中。例如:

叶子出水很高,仿佛亭亭的舞女的裙。

"仿佛"除了作副词以外,还可以作动词,表示"差不多"、"变化不大"等意思,例如:

他的模样还和十年前相仿佛。

"好像"和"似乎"都只能作副词,不能作动词。

此外,动词"像"前面可以加程度副词"好",表示"十分相像"的意思,如

"你儿子跟你好像啊"。这时候,"好像"是一个词组,跟副词"好像"不同,要注意区别。

二、诸如

举例用语,书面语。放在所举的例子前面,表示不止一个例子。有列举的意思。例如:

这里出现了很多诸如一条街道上有五六家便利店的情况。

他很关心学生,做了不少好事,诸如询问学生的生活情况、去医院探望生病的学生,等等。

辨析:"如"、"诸如"、"比如"和"例如"

"如"是动词,在古汉语中,本义是"跟从"、"跟随",特指女子出嫁从人。后引申出"相似"、"比得上"等义项。后来,又引申出举例的意思。

在"如"这个动词的基础上派生出来的"诸如"、"比如"、"例如"等也都表示举例。其中,"比如"、"例如"表示举例时,后面可以有明显的语音停顿,但在书写时,只有"例如"后面可以用逗号或冒号,"比如"后面一般不用逗号和冒号。"诸如"与后面的宾语关系十分紧密,即使在口语中,后面也不能有明显的语音停顿。此外,"诸如"构成的动宾词组缺乏独立性,一般只能在名词前面作定语。例如:

田径运动的项目很多,例如跳高、跳远、百米赛跑等。

有些方面已经作出决定,比如招多少学生、分多少班,等等。

诸如招多少学生、分多少班等方面,都已经作出决定了。

"如"的用法比较灵活,后面一般不停顿,这时,其意义和用法接近于"比如"。如果停顿,则需要使用冒号,这时,它的意义和用法又接近于"例如"。

三、导致

及物动词。引起(不良的后果)。例如:

吸烟、饮酒过度将会导致许多疾病的发生。

医生的疏忽大意导致病人的病情加重。

四、过

及物动词。

1. 从一个地点或时间移到另一个地点或时间。例如:

他走过来了。

这条河我们过不去。

日子越来越好过了。

2. 从甲方转移到乙方。例如：

他们已经办了过户手续。

3. 超出(某个范围和限度)。例如：

这袋牛奶已经过期了。

由于劳累过度他昏倒在讲台上。

五、按说

插入语。按照情理来说。但所述情况往往与实际情况不符合。例如：

五一节都过了,按说该穿单衣了,可是一早一晚还离不了毛衣。

股市处于熊市已经一年了,按说也该回升了。

> **辨析："按说"和"据说"**

"按说"和"据说"都是插入语,但意思不同。"据说"是引述传闻的消息,说话人对该消息的真实性持谨慎态度。例如：

据说,他已经死了。(说话人不保证该消息一定真实)

"据说"的中间可以插入具体的人名或组织机构名,以指明消息来源,如：

据老张说,这件事只有你一个人知道。

六、本来

1. 形容词。原有的。例如：

衣服让他洗得已经没有了本来的颜色。

历史终于恢复了它本来的面目。

2. 副词。

(1) 原先、先前。例如：

他本来打算去美国,后来,因为发生了"9·11"事件,没去成。

(2) 表示后面的判断或评论是根据客观事实或大家都公认的道理所做出,应该这样,带有强调意味。例如：

台湾本来就是中国的领土。

你本来就不应该抽烟。

> **辨析："本来"和"原来"**

作为形容词,"原来"和"本来"意思相同。作为副词,"原来"除了表示"原先"、"先前"的意思外,还可以表示发现事实真相。例如:

难怪我在学校里看不见他,原来他一直躲在网吧里。

但没有表示理应如此的用法。

七、扩张

及物动词。扩大(势力、疆土等)。例如:

超级大国不断向外扩张它的势力。

辨析:"扩张"和"扩大"

"扩大"也是及物动词,表示使范围、规模等比原来大,其适用范围比"扩张"更广。例如:

我们学校要扩大招生了。

八、考验

及物动词。通过具体事件、行动或困难环境来检验是否坚定、忠诚或正确。例如:

让时间来考验他们之间的感情吧。

也用作主语或宾语。例如:

留学国外对任何人来说都是一种新的考验。

辨析:"考验"和"检验"

"检验"也是及物动词、名词,意思是按一定的标准检查机器、理想、愿望、理论等,看看是不是符合标准或事实。例如:

这台电视已经检验过了,质量合格。

这一理论还需要实践的检验。

九、倒(倒是)

副词。

1. 表示跟意料相反;反而;反倒。例如:

妹妹倒比姐姐高。

没吃药,这病倒好了。

2. 表示事情不是那样,有反说的语气。用于"得"字句,动词限于"说、

想、看"等,形容词限于"容易、简单、轻松"等。主语限于第二、三人称。有责怪的语气。例如:

你说得倒容易,你试试看!

他想得倒简单,事情哪儿有那么好办!

3. 表示让步。

我跟他认识倒是认识,就是不太熟悉。

4. 表示催促或追问,有不耐烦的语气。

你倒说呀!(你快点儿说!)

连 动 句

两个或两个以上的动词性成分连用,中间没有明显的语音停顿,这种词组称为连动词组。由连动词组充当谓语的句子,就是连动句。典型的有以下三种:

1. 连贯关系

表示时间上前后相继的一连串动作,可以由两个动词性成分构成,也可以是两个以上的动词性成分连用。例如:

① 张总抬起头看着我。

② 她放下笔走过去把书拿了过来。

这类连动句的表达重心在后面,因此,最后一个动词可以带各种体态助词,而前面的动词则表示为实行这一行为的自然过程,常常带趋向补语,一般不带体态助词。

2. 相对时间关系

后一个动词性成分表示要做的事情,前一个动词性成分表示什么时候做这件事情。例如:

③ 急什么呀,吃完饭再走吧。

④ 小李说他下了班就过来。

这类连动句的表达重心在前面,要做什么是会话双方已知的,说话人需要说明的是什么时候做。前一个动词要求带体态助词"了"、"过"(注意:不能带

"着")或其他表示完成的语法成分(如"完"、"好"等结果补语),以表示明确的时间。后一个动词前面往往有"就"、"才"、"马上"等副词,以强调两个动作之间的相对时间关系。

3. 方式——目的关系

前一个动词性成分表示方式、手段或原因,后一个动词性成分表示目的或结果。表达重心比较灵活,如果后面的动词带体态助词,则突出活动的目的或结果。例如:

⑤ 去年,他贷款买了一栋豪华的小别墅。

有时,后一个动词之前插入趋向动词"来"也可以对行为目的加以强调。例如:

⑥ 行业间应该考虑制定一些相应的措施来保证分布的平衡。

如果体态助词出现在前面,则突出动作的方式或手段。例如:

⑦ 他投入了二十万资金炒股,结果输了个精光。(强调所投入的资金)

注意,这类连动句中也不能用"着"。此外,如果前后两部分都不带体态助词,表达重心视语境而定。例如:

⑧ A. 家里什么都没有,我还得上街买菜呢。(重点在"买菜")

B. 下这么大的雨,我还得上街买菜呢。(重点在"上街")

除了上述三种典型的连动句之外,汉语中还有四种特殊的连动句,下面做一些简单的介绍。

1. 伴随关系:在这类连动句中,前后两个动作是同时发生的,没有先后之分。前面一个动词(或形容词)要求带体态助词"着"(有时也可以用"了"),表示伴随性的动作或状态,后面一个动词则表示主要动作,如"骑着车走了"、"红着脸笑了"等等。

2. 处所关系:后面的动词表示主要动作,前面部分是一个带处所补语的述补结构,表示动作所发生的场所,如"站在舞台上唱歌"、"躺在床上睡觉"等等。

3. 正反互补:前后两部分从正反两方面表达同样的意思,如"坐着不动"、"揪住不放"等等。

4. 说明有无:前面部分用动词"有"引出,如"有权利反对"、"没有理由不去"、"有饮料喝"、"没有衣服穿"等等。

此外,上一篇课文中介绍的"重动句",也可以看做一种特殊的连动句。

综合练习

一、用正确的语调朗读下列句子。

1. 忽如一夜春风来,千树万树梨花开。
2. 上海的9家便利店公司无疑是看准了便利店将成为零售业中继超市和购物中心(大卖场)之后的又一主力业态后面巨大的商业价值,现在的快速发展也正像当初股市兴起那样在争抢"跑道",迅速做大做强。
3. 有些地方便利店如此高密度的分布,倒让人看不懂了:便利店"亲密无间"的背后究竟有多大的市场?
4. 竞争带来进步,但是行业的发展应该有个度。
5. 这种几家便利店开在一块儿的现象不值得提倡,因为便利店主要是方便居民,一个区域有一到两家就足够了。
6. 据有关专家预计,现在的3000个分店,按说应该还没到饱和程度。但愚园路的便利店过于集中的现象在市区许多地方并不少见,在相当程度上制约了便利店的发展。
7. 这是目前国内第一个得到政府部门正式批准的外资连锁便利店合作项目。
8. 无论是坐着上海便利店头一把交椅的"联华便利",还是近来势头正猛的"好德便利",以及其他便利店"兄弟们",留给自己发展的时间和机会其实不多了。

二、给下列词语选择正确的解释。

1. 大张旗鼓(　　)　　A. 食欲
2. 亲密无间(　　)　　B. 按照规定定期举行的会
3. 后起之秀(　　)　　C. 一起
4. 两败俱伤(　　)　　D. 比喻声势和规模很大
5. 大街小巷(　　)　　E. 人与人之间的关系无丝毫隔阂
6. 肉搏战　(　　)　　F. 指斗争的双方都受到损失
7. 涌入　　(　　)　　G. 后来的优秀者
8. 一块儿　(　　)　　H. 城市里的街巷
9. 缩影　　(　　)　　I. 古代的一种折叠椅
10. 例会　　(　　)　　J. 同一类型的缩小的人或事物
11. 胃口　　(　　)　　K. 大量进入

12. 交椅（　　）　　　　　　L. 白刃战

三、从所给的词语中,选出最合适的填入句中的括号内。

> 快速　于是　至今　作为　本来　涌入　以　按说
> 倒　以及　导致　资料　即将　诸如　究竟

1. 从我们初次相识（　　）已经有整整二十年了。
2. 在客源丰富的闹市区、居民集中地出现了很多（　　）一条街道上有五六家便利店的情况。
3. 他（　　）是什么人呢?
4. （　　）一个经济特区,深圳的发展正是整个中国经济（　　）发展的缩影。
5. 经济（　　）就不景气,这样一来更是雪上加霜了。
6. 最新的（　　）显示,今年上半年北京市经济发展仍呈上升趋势。
7. （　　）他现在的实力,完全可以战胜所有的对手。
8. 园子里种着苹果、桃、李（　　）其他一些果树。
9. 股市处于熊市已经一年了,（　　）也该回升了。
10. 既然你已经把话说到这儿了,那我（　　）要和你好好理论理论了。
11. 吸烟、饮酒过度将会（　　）许多疾病的发生。
12. 真正的竞争和考验（　　）来临。
13. 听天气预报说今天有雨,（　　）我带上了雨衣。
14. 灾民们像潮水一样（　　）城市。

四、下面四组词语意义或用法相近,很容易混淆,请把它们区别开来。

1. 好像／仿佛

    A. 他们俩一见面就（　　）是多年的老朋友。
    B. 她（　　）理解了这个字的意思,但是又讲不出来。
    C. 叶子出水很高,（　　）亭亭的舞女的裙。
    D. 他飞快地跑向前方,（　　）一支离弦的箭。

2. 按说／据说

    A. 股市处于熊市已经一年了,（　　）也该回升了。
    B. （　　）,他还活着。
    C. （　　）,张明已经好几天没回宿舍了。

D. 他已经走了一个小时了,( )也该到了。

3. 本来／原来

    A. 我到处找你找不到,( )你在这里。

    B. 他( )打算去美国,后来,因为发生了"9·11"事件,没去成。

    C. 你( )就不应该抽烟。

    D. 我就说屋里怎么这么热,( )没开空调。

4. 考验／检验

    A. 这些产品都已经经过( )了,质量全部合格。

    B. 灾难发生时每个人都要接受生和死的( )。

    C. 她总是想出各种办法( )小伙子对她是不是真心。

    D. 这一理论还需要实践的( )。

五、用所给词语改写下列句子。

1. 短短几年时间这个城市的便利店发展很快,数量增长很快。(雨后春笋)

2. 这几家企业的实力基本差不多。(相当)

3. 他们是感情非常好,关系非常密切的朋友。(亲密无间)

4. 这几位年轻运动员是我们运动队新成长起来的优秀人物。(后起之秀)

5. 这场战争使争斗的双方都受到损失。(两败俱伤)

六、指出划线的词语在句子中的意思。

1. 你<u>倒</u>是快一点儿呀!( )

    A. 表示跟意料相反　　　B. 表示事情不是那样

    C. 表示让步　　　　　　D. 表示催促或追问

2. 你说得<u>倒</u>容易,可做起来并不容易。( )

    A. 表示跟意料相反　　　B. 表示事情不是那样

    C. 表示让步　　　　　　D. 表示催促或追问

3. 我想去<u>倒</u>是想去,就是没时间。( )

    A. 表示跟意料相反　　　B. 表示事情不是那样

    C. 表示让步　　　　　　D. 表示催促或追问

4. 本想省事,没想<u>倒</u>费事了。( )

    A. 表示跟意料相反　　　B. 表示事情不是那样

C. 表示让步　　　　　　D. 表示催促或追问

七、用正确的语序把所给的词语排列成句子。

1. 外资　"可的"　不是　合作项目　连锁便利店
2. 是　挑战　中国企业　最大　外国产品的　涌入　面临的　大量
3. 了　各种品牌　大街小巷　布满　春城　的　的　服装专卖店
4. 我们　有钱　大家　说　赚　经常
5. 整个　发展　的　这样做　有利于　行业
6. 度　有个　行业的　应该　任何　发展　都
7. 昏倒在　过度　由于　他　讲台　上　劳累
8. 了　手续　他们　办　过户　已经

八、把下列句子改成连动句。

1. 李秘书去上海了,他在那儿参观了不少企业。
2. 老张到北京去了,他去参加一个重要会议。
3. 我去广州坐的是飞机。
4. 我想看小说,我明天要到图书馆去借一本。
5. 昨天,我去友谊商店,在那儿买了一件很好看的衬衫。
6. 他站在阳台上,朝我们挥了挥手。
7. 他紧紧地抓住这个机会,不肯放手。
8. 我有批评你的权利。
9. 那个服务员脸红了,对我说了声对不起。
10. 有些孩子喜欢睡觉的时候把灯开着。

九、造句。

1. 导致——
2. 按说——
3. 考验——
4. 涌入——
5. 大张旗鼓——

经营之道：价格营销的误区

生　词

1.	激化	jīhuà （动）	变得尖锐或激烈。
2.	施展	shīzhǎn （动）	发挥；运用。
3.	担忧	dānyōu （形）	感到忧虑和不安。
4.	片面	piànmiàn （形、副）	不全面的。
5.	讲究	jiǎngjiu （形、动）	注重，力求完美。
6.	着力点	zhuólìdiǎn （短）	用力的地方。
7.	实践	shíjiàn （名、动）	指改造社会和自然的有意识的活动。
8.	违背	wéibèi （动）	不遵守。
9.	严峻	yánjùn （形）	严厉，严格。
10.	规格	guīgé （名）	规定的标准、要求或条件。
11.	心态	xīntài （名）	心理状态。

课　文

　　目前，国内市场需求不振，市场竞争日趋激化，各类企业都在想方设法施展价格营销策略，以求在竞争中占据有利的地位，但令人担忧的是，不少企业在价格营销过程中已走入种种误区。

一、片面夸大价格在营销中的作用

　　不少企业认为价格低廉的商品一定好销售。因此，面对激烈的市场竞争不是千方百计地提高企业的技术水平，讲究促销策略，只把市场竞争的着力点放在价格竞争上，一味打价格牌。实践证明，一个企业如果没有适销对路的产品及良好的整体营销策划,单一的价格策略是难于使企业达到市场营销的目标的。

二、无度削价竞销

在我国各地削价产品随处可见:季节性、时令性的衣服削价,无季节性的化妆品、日用品、家电削价,食品削价,建材产品更是竞相压价。这种无度削价的现象违背了价值规律,误导市场的供求。过分的削价竞争于商家和消费者都会造成损害。不少被迫参与降价竞销的中小企业只得降低产品和服务质量以降低成本,往往直接损害消费者利益。有些行业因无度削价竞销,企业不但无法扩大再生产,而且连生存都面临严峻的考验。

三、定价过高,以价论质

某些名、特、优、新的产品,当市场需求强劲时,可以采取适当的"高价策略",以增加收益,但一些商家往往在新产品上市时,对消费者的承受能力和支付能力认识不足,定价过高,结果往往销售量不足,导致企业亏损。这里存在两种状况,一是价高,并不完全意味质高。如消费者尝试你的新产品感到质与价不对应后,不会再回头购买。二是即使产品质量好,规格高,还必须了解目标市场的需求量和消费力。

四、吊价销售

在一些市场上,会发现每当一笔生意成交,其叫卖价会高出成交价成倍乃至好几倍。这种"吊价"现象,在一些地方,生产、流通、消费环节都有出现,厂商家从"吊价"市场上购进原材料,生产出产品,然后又在"吊价"市场上卖出,同时,又再从"吊价"市场上购回原材料。这样,"吊价"会渗透到再生产的全过程,形成恶性循环,"吊价"销售存在极大的弊端,它产生了买主对卖主的不信任心态,消费者往往看不准售价而怕上当受骗,不敢随便购买。这种对商家的不信任心态,实际上影响了商品销售。

(文章来源:"梦工厂"http://www.cgmgc.com,作者:佚名)

思考和练习

一、根据课文内容,给下列各题选择正确的答案。

1. 这篇文章的主要意思是（　　）。
   A. 价格营销的重要性
   B. 价格营销的弊端
   C. 企业应该重视价格营销
   D. 企业在价格营销中存在的四种误区

2. 作者认为价格营销（　　）。
   A. 不值得如此重视
   B. 在市场营销中的作用不大
   C. 在市场营销中的作用非常大
   D. 应该和适销对路的产品、良好的整体营销策划统一起来

3. 对于无度销价竞销的弊端,下列哪一条是错的？（　　）
   A. 对消费者有好处
   B. 损害商家的利益
   C. 损害中小企业的利益
   D. 违背了价值规律,造成市场供求方向不明

4. "吊价"销售最大的弊端是（　　）。
   A. 造成买主对卖主的不信任心态,影响商品销售
   B. 造成销售量不足,导致企业亏损
   C. 增加削售环节,浪费时间
   D. 降低产品和服务质量

二、根据课文内容,判断下列各题的正误。

1. 价格低廉的商品一定好销。（　　）
2. 无度削价值得提倡。（　　）
3. 新产品应该采取适当的"高价策略"。（　　）
4. 价高与质高是等同的。（　　）
5. 质量好、规格高的产品也不可盲目追求"高价策略"。（　　）
6. 过分的削价往往直接损害消费者的利益。（　　）

三、指出划线的词语在句子中的意思。

1. 不少企业只把市场竞争的着力点放在价格竞争上，<u>一味</u>打价格牌。（　　）

   A. 一直　　　B. 一个味道　　　C. 单纯地　　　D. 总是

2. 有些行业<u>无度</u>削价竞销。（　　）

   A. 没有节制　　B. 没有度数　　　C. 不随便　　　D. 没有期限

3. 这些产品的市场需求日益<u>强劲</u>。（　　）

   A. 严重　　　B. 利害　　　C. 增加　　　D. 强大

4. "吊价"会<u>渗透</u>到再生产的全过程。（　　）

   A. 液体相互混合　　　　　　B. 气体液体相互混合

   C. 逐渐进入　　　　　　　　D. 快速进入

四、根据课文内容回答下面的问题。

1. 目前国内不少企业在价格营销方面存在哪些问题？
2. 无度削价竞销对哪一方有好处？为什么？
3. 从这篇课文中，你获得了什么启示？

第 6 课

什么是电子商务？

生 词

1. 电子商务 diànzǐ shāngwù 英文 E-commerce 或 E-business 的意译词,指通过网络进行的商务活动。

2. 概念 gàiniàn （名） 反映事物根本属性的思维形式,人们在认识过程中对事物的共同要素进行的抽象综合。

3. 专家 zhuānjiā （名） 对某一方面有深入研究,具有某种专长的人。

4. 精确 jīngquè （形） 十分细致准确,非常正确。

5. 定义 dìngyì （名） 对事物本质属性的确切表述,使它可以和别的事物区分。

6. 争论不休 zhēnglùn bù xiū （短） 不停地争论。

7. 服务 fúwù （名、动） 在社会生活领域内,有偿或无偿地为一定的对象工作,使该对象得到某种便利或享受。

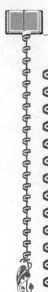

8.	信息	xìnxī （名）	英文 information 的意译词,指与当前工作任务有关的各种资料和消息等。
9.	共享	gòngxiǎng （动）	和别人共同拥有,享用。
10.	失误	shīwù （名、动）	由于不仔细或处理不当产生的错误。
11.	先驱	xiānqū （名）	某一事业的开创者。
12.	浏览器	liúlǎnqì （名）	英文 browser 的意译词,用于在互联网上查找或阅读信息的软件,如微软公司 IE。
13.	核心	héxīn （名）	事物中最主要主导的部分,比"中心"的意思更进一层。"核"原来指果实中心坚硬的东西。
14.	运行	yùnxíng （动）	按一定方式前进或运转。
15.	模式	móshì （名）	标准的结构或样式。
16.	业务	yèwù （名）	个人的或某个机构的专业工作。
17.	巨额	jù'é （名）	非常大的数量,额度(常指钱财方面)。
18.	开销	kāixiāo （名、动）	为了某种特定的用途而付出的费用。
19.	伙伴	huǒbàn （名）	同伴,共同从事某种活动的人。
20.	专利	zhuānlì （名）	某种技术的发明者在一定时期内独自拥有并受法律保护的对该项技术的使用权。
21.	网站	wǎngzhàn （名）	英文 website 的意译词,指互联网上将各种信息分类,图像化的系统。用户可以用浏览器浏览、阅读、下载等。
22.	膨胀	péngzhàng （动）	迅速扩张扩大。
23.	软硬件	ruǎnyìngjiàn （名）	"硬件"（hardware）和"软件"（software）的缩略语。"硬件"是电脑运算、存储等装置的统称。"软件"指控制硬件工作的指令、程序等。
24.	意味着	yìwèizhe （动）	有……的意思,其结果是……

课 文

大多数人是解释不清楚电子商务(E-commerce)这个概念的,专家们也在为它的精确定义而争论不休。简单地讲,电子商务是指两方或多方通过计算机和某种形式的计算机网络(直接连接的网络或互联网等等)进行商务活动的过程。

电子商务包括企业和企业之间的商务活动、网上的零售业和金融企业的数字化处理过程[1]。一些专家甚至认为电子商务包括商业活动中的所有内容,从广告发布到打印发票以及客户服务。英文 E-commerce 和 IBM 提出的 E-business 经常是交换使用的,它们指的是相同的概念。当然,你也可以把它翻译为电子交易或电子商业等等。

电子商务这个概念起源于 20 世纪 70 年代。当时一些大公司通过建立自己的计算机网络,实现各个机构之间、商业伙伴之间的信息共享,这个过程被称为 EDI(电子数据交换)[2]。EDI 通过传递标准的数据流可以避免人为的失误,降低成本,提高效率。据估计在世界 1000 个最大的企业中,有 95% 以上在使用这一技术。它过去是,现在也是电子商务的基础。

今天互联网为电子商务带来了飞速的增长。EDI 技术已经摆脱了以前旧式的昂贵的公司独立网络,逐渐融于互联网,而越来越多的企业则干脆直接采用 WEB 技术来进行企业之间的商务活动。

现在,您每天从收音机、电视、报纸和网络上听到看到的电子商务概念,实际上包括两个概念——"网上购物"和 B2B 企业级电子商务[3]。

"网上购物"是指通过 WEB 技术将产品、服务和信息销售给顾客。"网上购物"起源于 1995 年,它的先驱是那些不从事传统零售业的网络公司,如亚马逊,但今天像沃尔玛这样的超市也建立了自己的网上商店[4]。在发达国家,您只要拥有计算机、浏览器、互联网连接和信用卡,就可以从网络上购买到书本、CD、鲜花、飞机票、电视甚至汽车。而明天您能购买到什么,就没有人能知道了,因为宇宙是无限的。

B2B 企业级电子商务是电子商务更核心的部分,其市场潜力比零售业大一个量级。企业级电子商务一般被简称为 B2B 电子商务过程,它是一个将买方、卖方以及服务于他们的中间商(如金融机构)之间的信息交换和交易行为集成到一起的电子运作方式。而这种技术的使用不但会改变企业传统的计划、生产、销售和运行模式,甚至会改变整个产业社会的基本生存方式[5]。

B2B 电子商务主要是指企业间的产品批发业务,因此也称为批发电子商务。传统上,基于 EDI 技术的 B2B 电子商务由于其巨额的开销,成为大企业、大银行以及大的合作伙伴之间的专利。但是,目前基于互联网的 EDI 技术的出现,以及各种网络支付手段的建立与完善,使得中小型企业进入这一领域成为可能。

在美国,大多数企业已经建立起自己的网站来介绍和销售他们的产品。并且更显著的是网上商店的销售额在剧烈膨胀,1996 年是 6 亿美元,到 1998 年则达到 24 亿美元。1999 年参与网上购物的家庭已经超过 700 万,几乎是 1998 年的两倍。主要热点包括计算机软硬件、书本、音乐 CD、鲜花等等。

几乎所有的专家都预测在未来的几年内,电子商务会飞速发展。eMarket 认为公司和公司之间的电子商务贸易额将会从 1997 年的 56 亿美元发展到 2002 年的 2680 亿;个人网上购物将会从 1997 年的 18 亿发展到 2002 年的 260 亿。在发达国家,电子商务技术和电子商务市场已经发育成熟[6]。现在,如果放弃电子商务领域,就意味着放弃一种重要的商务手段。

(文章来源:威肯企业管理网 www.5sjit.com,2004 年 6 月 27 日,作者:佚名)

注　释

1. 电子商务包括企业和企业之间的商务活动、网上的零售业和金融企业的数字化处理过程

这里列举了电子商务所包括的内容。"企业与企业之间的商务活动"指诸如贸易谈判、交易或商业信息共享等活动。"网上零售业"指借助网络来开展业务的零售商店。"金融企业"指银行、保险公司、证券期货公司等。"数字化处理"指通过计算机把各种信息转化成数据,并通过网络来处理或传送这些数据资料。上述各种活动都属于电子商务的范畴。

2. 电子商务这个概念起源于 20 世纪 70 年代……这个过程被称为 EDI

(电子数据交换)

"电子商务"这个名称是在 1970~1980 年间被提出来。当时正是计算机及网络开始发展的时期。数据线的连接形成了网络,而企业的数字化的数据就在这些网络上传输,与这个企业相关的单位都可以接收到这些数据,而不用使用传统的纸质或者口头传输等渠道,不仅快速、便捷、节约,而且准确无误。EDI 是英文 Electronic Data Interchange 的缩写,意思是"电子数据交换"。

3. B2B 企业级电子商务

"B2B"是英语"Business to Business"的缩略语,指企业与企业之间的商务活动。

4. "网上购物"起源于 1995 年,它的先驱是那些不从事传统零售业的网络公司,如亚马逊,但今天像沃尔玛这样的超市也建立了自己的网上商店

亚马逊(www.amazon.com)是全球著名的网络书店,它没有采用传统的有形商店来销售图书,而是全部通过网络来进行销售。

沃尔玛是全球最大的零售企业,营业额在 2002 年位居世界 500 强的第一位。与亚马逊不同,沃尔玛基本上采用有形商铺的方式进行销售。它在全球有 4688 家分销店。但近两年它也开始在互联网上建立起了自己的主页。

5. 这种技术的使用不但会改变企业传统的计划、生产、销售和运行模式,甚至会改变整个产业社会的基本生存方式

在企业内部,通过电子商务的应用可以使企业原本割裂的各部门通过网络这种更为先进可靠的工具连接起来,而部门间信息的传递则变得更为迅速和可靠。如果各个企业都采用这种技术,那么,整个产业社会就彻底变样了。

6. 在发达国家,电子商务技术和电子商务市场已经发育成熟

"发育成熟"本义是指人由孩子到成年的生理和心理上的变化过程,在这句话里,作者用了拟人的修辞手法,意思是"电子商务技术和电子商务市场的发展已经比较完善了"。

预 习 题

一、根据课文内容,给下列各题选择正确的答案。

1. 第一段和第二段的主要内容是( )。

    A. 说明了大多数人对电子商务概念解释不清

    B. 简单地提出了电子商务的定义

C. 讨论了专家们争论不休的原因

D. 讨论了通过网络进行商务活动的全过程

2. 下列有关EDI的错误选项是（　　　）。

   A. EDI可以有效避免人为失误

   B. 建立EDI的目的之一是为了信息共享

   C. EDI是一个属于大公司网络管理下的部门

   D. 现在EDI是电子商务的基础

3. 下列有关"网上购物"的错误选项是（　　　）。

   A. "网上购物"通过WEB将服务和产品销售给顾客

   B. "网上购物"起源于1995年

   C. "网上购物"的先驱是沃尔玛一样的零售业公司

   D. "网上购物"一般需要用电脑和互联网

4. 下列有关"B2B电子商务"的错误选项是（　　　）

   A. B2B是指企业级的电子商务

   B. B2B与"网上购物"一起构成电子商务的概念

   C. 大企业，大银行首先使用了B2B电子商务

   D. B2B的发展潜力不是很大

二、根据课文内容，判断下列各题的正误。

1. 70年代的电子商务基本上是建立在公司自己的计算机网络基础上的。（　　　）

2. 电子商务只是企业和企业之间用计算机进行的商务活动。（　　　）

3. 在未来，B2B是电子商务的一个重要部分，其规模会超过"网上购物"。（　　　）

4. 电子商务的发展不仅对企业之间的商务活动有影响，而且对普通消费者也有影响。（　　　）

5. 以前中小企业不能进入B2B领域，是因为大企业和银行有B2B使用专利权。（　　　）

6. 电子商务销售的产品与传统零售业销售的产品完全不一样。（　　　）

7. 从事有形商店销售的零售商没有必要建立网上商店。（　　　）

8. 放弃电子商务就意味着企业放弃了一种先进的商务手段。（　　　）

三、根据课文内容,回答下面的问题。

1. EDI 为什么最先起源于大企业?
2. 网上购物一般需要具备什么基本条件?
3. B2B 和网上购物的异同点是什么?
4. 为什么专家都预测电子商务在未来会飞速发展?
5. 请结合课文内容,谈一谈你们国家电子商务的发展情况。

词 汇 例 释

一、是……的

1. 表示说话人的看法、见解和态度。在句子中主要起肯定判断或加强语气的作用。例如:

所有的分歧都是可以通过协商妥善解决的。

否定式是把"是……的"中间的部分改成否定形式。例如:

这样过分的条件本公司是不会考虑的。

2. 强调某一已完成、实现的动作的时间、处所和方式等,可用这种格式。否定式为"不是……的"。例如:

她是前天坐船从香港来上海的。

她不是从国外来的。

3. 强调施事者或强调产生结果的行为和原因。例如:

这个项目是我们公司负责的。

是董事长签署的协议。

她的眼睛又红又肿,肯定是哭过的。

二、通过

1. 及物动词

(1) 表示经过、穿过,后面带处所宾语。例如:

游行的队伍从学校门前通过。

汽车通过了长江大桥。

(2) 表示决议等得到同意而成立。例如:

向海外派兵的决议没有通过。

2. 介词,表示动作的媒介或者手段、方式。后面可以接名词,也可以接动词或句子。例如:

通过网络,我们可以得到更多的知识。

通过学习汉语,我了解了中国的文化。

三、处理

及物动词。

(1) 解决问题,安排事物。例如:

这个棘手的案件很难处理。

(2) 指减价或变价出售。例如:

库存的服装只能降价处理。

用作主语或宾语,表示对事务处理的结果。例如:

公司的不良资产得到了妥善的处理。

四、甚至

1. 副词。强调特别突出的事例。可以和"连……也"、"都"、"也"结合使用。例如:

这道题很难,甚至连老师也不知道怎么做。

2. 连词。用于几个并列部分的最后一项,加强这一项。例如:

这种产品的网上价格很低,有1500元、1400元,甚至1000元的。

五、发布

及物动词。向外界广泛地宣布、发表(命令、法规、新闻等)。例如:

气象台发布了今明两天的天气预报。

总经理在记者招待会上发布了一个重要的消息。

六、以及

连词。表示联合的关系,可以接名词、动词和小句子等。大多用于书面语。例如:

学校附近的超市经销水果、蔬菜以及生活用品。

七、当然

1. 形容词。表示应该这样的。一般用作谓语,常常和"是……的"结构连用。例如：

同学们对这个问题有不同的看法是理所当然的。

2. 副词。加强语气,表示肯定没有怀疑。回答问题时,还可以单独使用。例如：

不努力学习当然得不到好成绩。

八、起源

1. 动词。开始发生,由某事物发展而来,后面要加上介词"于"才可以带宾语。例如：

财富起源于想像和劳动。

2. 名词。事物发生发展的本原、根源。例如：

科学家们研究生命的起源。

九、逐渐

副词。慢慢地。例如：

他逐渐适应了国外的留学生活。

天气逐渐冷起来了。

> 辨析："逐渐"和"逐步"

指缓慢自然的变化用"逐渐",而强调按步骤有意识的变化用"逐步"。例如：

人们逐步认识到实践的重要性。

人们的生活水平得到了逐步的提高。

此外,"逐步"只能修饰动词,不能修饰形容词。"逐渐"则既可以修饰动词,又可以修饰形容词。

十、摆脱

动词。挣脱、脱离(困境等不利的局面和影响)。例如：

由于大家的努力,公司摆脱了经济危机的影响。

注意："摆脱"的宾语一般是不利的情况,一般不能加"不"表示否定。

十一、干脆

1. 形容词。(说话办事)直截了当、爽快。例如：

老赵说话办事一向很干脆。

2. 副词。后面部分表示采取的爽快果断的行动,有时可用"索性"替换。例如:

既然主任不能去,那么干脆你代替他去吧。

十二、只要

连词。表示必要条件,即具备这个条件就可以了。例如:

只要明天的天气好,我们就去春游。

只要你愿意,你就可以去。

辨析:"只要"和"只有"

"只要"表示充分条件,即前一分句的条件实现,后一分句的相应结果就能产生,通常表示要满足该条件并不太难。后面常常和副词"就"或"便"一起使用。例如:

只要明天不下雨,我们就出去玩。

只要你愿意,便可以参加今天的晚会。

"只有"表示必要条件,即前一分句的条件不可缺少,如果缺少则后一分句的相应结果就不可能产生,语气比"只要……就……"更强,往往表示要满足这一条件并不容易,后面往往跟副词"才"搭配。例如:

只有努力学习,才能取得好成绩。

十三、基于

介词。表示依据,书面语。例如:

基于这个理由,我答应了他的请求。

十四、开销

不及物动词。为了某种用途而支付费用。例如:

这点钱还不够我一个人开销的。

也可以用作主语或宾语,表示所支付的费用。例如:

他的两个孩子在国外留学,所以家里的开销很大。

十五、手段

名词。

1. 为达到某种目的而采取的具体方式、方法和措施。例如:

充分发挥员工的积极性,是提高工作效率的根本手段。

2. 本领,本事,能耐。例如:

董事长融资的手段很高明。

3. 待人处世的方法(通常为贬义)。例如:

他总是玩弄手段,为自己谋求不正当的利益。

十六、完善

1. 形容词。表示完备、齐全、良好。例如:

这个公司的设备相当完善。

2. 动词。使完备良好。例如:

不断完善安全生产责任制。

十七、几乎

副词。

1. 表示非常接近,差不多。例如:

几乎所有的人都参加了运动会。

2. 表示就要发生而最终并没有发生,差点儿。例如:

他的变化太大了,我几乎没有认出来。

辨析:"简直"和"几乎"

"简直"也表示非常接近,差不多,但是语气更夸张,程度更强一些。例如:

他居然做出这样的事,简直不是人。

十八、放弃

及物动词。丢弃原来可以得到或原来所拥有的东西。例如:

公司最后放弃了那个工程项目的竞标。

他放弃了出国培训的机会。

"把"字句

1. "把"字句的一般特点

介词"把"的作用是引进受事,即动作所影响的对象,后面的谓语动词表示对该对象加以某种处理。例如:

① 最终计算下来,实际贷款利率约为 3.7% 左右,与存款利率相差不多,您的"损失"只不过是把存款的利息"消费"了。

使用"把"字句要注意以下几点:

(1) "把"字句中的谓语动词一般要求是能带受事宾语的及物动词。构成"把"字句的时候,由于该受事成分已经出现在"把"的后面,所以,谓语动词后面不再有受事宾语,如上例。

(2) "把"字句通常带有"处置"意味,即行为者对某个对象进行某种处理,因此,谓语部分必须对处理的结果或方式作出说明,动词前后总有一些其他成分,同时,往往要求带体态助词"了"。例如:

② 经过一番激烈的争论,他终于把董事长说服了。(说明处理结果)

③ 为了弄清事实真相,他把那个账本又仔仔细细地看了一遍。(说明处理方式)

(3) 句子中出现否定副词或助动词时,要放在"把"的前面,例如:

④ 我们应该把这些优良传统好好继承下来。

⑤ 看来,你并没有把我的话记在心里。

2. "把"字句中的动词类型

"把"字句带有"处置"意味,谓语部分可以对处理方式予以说明,如例③,但这种用法数量不太多。大部分"把"字句是告知处理结果的。以下动词或动词性词组都包含结果意义,可以构成"把"字句:

(1) 本身隐含结果意义的动词,如"杀"、"烧"、"擦"、"撕"、"淹"、"毁"、"扔"、"丢"、"卖"等等。

(2) 动结式复合词或词组,如"突破"、"击穿"、"更新"、"克服"、"提高"、"缩短"、"打破"、"摔坏"等等。

(3) 带趋向补语的及物动词,如"扔出去"、"搬进来"、"抬上去"等等。

(4) 带处所补语的及物动词,如"扔在这里"、"搬到那儿"、"放在桌子上"

等等。

（5）某些情态补语表示动作所影响对象的情态变化,由这类情态补语构成的述补词组也包含结果意义,如"把敌人打得狼狈不堪"、"把她吓得脸色发白"等等。

（6）带双宾语的述宾结构,如"交给他一本书"、"告诉他一件事情"等等。

（7）"当作"、"认作"、"看作"、"作为"等表示心理处置的动词。

前两类词语构成"把"字句的时候,一般要求带体态助词"了",例如：

⑥ 他把黑板上的字全都擦了。

⑦ 张小姐一不小心把杯子打碎了。

后面五类词语构成"把"字句时,不一定要用"了",例如：

⑧ 快把那些商品撤下来。

⑨ 他把那份合同放在张总的办公桌上。

⑩ 他每天很早上班,把店面打扫得干干净净的。

⑪ 你别把公司里的事情告诉别人。

⑫ 张总收留了一个孤儿,把他认作自己的干儿子。

综合练习

一、用正确的语调朗读下面的句子。

1. 一些专家甚至认为电子商务包括商业活动中的所有内容,从广告发布到打印发票以及为客户服务。

2. EDI 通过传递标准的数据流可以避免人为的失误,降低成本,提高效率。据估计在世界 1000 个最大的企业中,有 95% 以上在使用这一技术。

3. EDI 技术已经摆脱了以前旧式的昂贵的公司独立网络,逐渐融于 Internet,而越来越多的企业则干脆直接采用 WEB 技术来进行和企业之间的商务活动。

4. 现在您天天从收音机、电视、报纸和网络上听到看到的电子商务概念,实际上是两个概念"网上购物"和 B2B 企业级电子商务。

5. 传统上,基于 EDI 技术的 B2B 电子商务由于其巨额的开销,成为大的企业、大的银行以及大的合作伙伴之间的专利。

6. 1999 年参与网上购物的家庭已经超过 700 万,几乎是 1998 年的两倍。

主要热点包括计算机软硬件、书本、音乐 CD、鲜花等等。

二、给下列词语选择正确的解释。

1. 失误（   ）　　　A. 可让人仿效的格式或形式
2. 先驱（   ）　　　B. 和别的人一起参加、使用、经受
3. 共享（   ）　　　C. 令人关注、十分敏感的地方
4. 膨胀（   ）　　　D. 用于在互联网上搜索，查询信息的工具
5. 争论不休（   ）　E. 由于举措不当而造成的差错
6. 领域（   ）　　　F. 某种学科或社会活动的范围
7. 浏览器（   ）　　G. 某些事物扩大或增长
8. 热点（   ）　　　H. 观点不同的人互相辩论
9. 模式（   ）　　　I. 按既定要求和程序进行
10. 运行（   ）　　 J. 首先倡导的人

三、用"是……的"改写下面的句子。

1. 什么都无所谓的想法很危险。
2. 他妥善处理了这件事。
3. 比尔一年前来到中国。
4. 这件事很难处理，但不是完全不可能的。
5. 谁打碎了花瓶？
6. 经理昨天从香港回来。

四、从所给的词语中，选出最合适的填入句中的括号内。

| 避免 | 融于 | 采用 | 争论不休 | 放弃 | 意味着 | 共享 |
| 发布 | 起源 | 摆脱 | 处理 | 开销 | 手段 | 完善 | 运行 |

1. 国务院（   ）了一条重大利好消息，股价随之迅速飙升。
2. 电子商务（   ）于七十年代的美国大企业。
3. 中国经济（   ）了亚洲金融风暴的影响，继续保持高速的增长。
4. 公司的当务之急是，尽快（   ）不良资产，保证资金的正常周转。
5. 股民们各持己见，对股市的走势（   ）。
6. 公司的规模急剧膨胀，相应的各项（   ）也大大增加了。
7. 为了提高市场份额，各大空调公司在销售旺季用尽了各种促销

（　　）。

8. 有关室内装修的法律法规还很不（　　），给一些不法商家提供了可乘之机。

9. 新产品的研发已经投入了大量资金，被寄予厚望。现在进入了关键时期，即使遇到挫折，也决不能（　　）。

10. 销售额的增长并不一定（　　）利润的增长。

11. 公司建立了内部网络系统后，各部门可以（　　）有关的数据，极大地提高了工作的效率。

12. 经济形势不断好转，各项经济指标（　　）良好。

13. 在签订合同的时候，一定要慎重考虑，（　　）以后出现不必要的纠纷。

14. 随着改革开放的深入，中国的经济与世界经济逐渐（　　）一体。

15. 由于技术改造以后（　　）了更先进的工艺，公司的主打产品更受欢迎了。

五、用所给的词语改写下列句子。

1. 网友们都说各自的学校好，为了网上的大学排名你争我抢，吵个不停。（争论不休）

2. 安娜终于和男朋友分手了，从此再也不会被他纠缠了。（摆脱）

3. 小卖部的老板没什么生意，没人来买东西的时候索性自己打游戏了。（干脆）

4. 三班的一个学生因为考试的时候作弊，被学校取消了考试资格。（因此）

5. 对自费出国留学的中国学生来说，学费、吃饭和住宿需要花很大的一笔钱。（开销）

6. 因为妈妈生病了，小红决定留下来照顾妈妈，不再去美国留学了。（放弃）

六、用正确的语序把所给的词语排列成句子。

1. 今天　信息与通信技术　基于网络的　远程学习　在　越来越发达的　已经变得　越来越重要

2. 预测　降价　都会跟进　几乎所有的　专家　车型　五一节期间

3. 2005年　将比两年前　来中国学习的　估计　留学生　据　翻一倍

4. 想到　解决掉　抓住了要领　一下子　问题　把　一个巧妙的办法　就可以　只要

5. 得到　消费者的利益　了　更好的　汽车召回制度　意味着　可以　保护

6. 随着　走向灭绝　北极熊、海象等物种　将使得　地球气候变暖　北极冰川的融化　在本世纪中期

7. 今天　签署　第六期国际奥委会全球合作伙伴　宣布　正式　在北京　与国际奥委会　合作协议　联想集团　成为

8. 销售产品　戴尔　采用　适合　为了　中国国情　分销和直销结合的办法　干脆

七、把下列句子改成"把"字句。

1. 我预习好下一课的生词了。
2. 请你分析分析这个句子。
3. 你们给老师作业本子了没有？
4. 请你带给他这件礼物，谢谢他对我的关心。
5. 老大娘抱起孩子来就走了。
6. 请你谈一谈访问工人家庭的情况。
7. 请你给我们介绍一下这个工厂的情况。
8. 那本书他放在抽屉里了。

八、造句。

1. 甚至——
2. 当然——
3. 通过——
4. 只要——
5. 采用——

假期销售旺盛，电子零售商乐观

生　词

1. 不景气　bù jǐngqì　（短）　　（经济,生意等）萧条,不繁荣。
2. 抛在脑后　pāo zài nǎo hòu　（短）　完全不顾,完全忘了。
3. 点击　diǎnjī　（动）　　按动电脑鼠标的动作。
4. 鼠标　shǔbiāo　（名）　　英文 mouse 的意译词。计算机的一种输入设备。
5. 市场调查　shìchǎng diàochá　（短）　对消费者的购买动机、倾向,以及关于产品价格、质量的调查。
6. 蜂拥而至　fēng yōng ér zhì　（成）　像蜂群一样拥挤着到来,指来的人很多。
7. 采购　cǎigòu　（动）　　成批量地购买（通常指企业单位）。
8. 习以为常　xí yǐ wéi cháng　（成）　已经习惯了,看成是平常一般的事。
9. 资深　zīshēn　（形）　　资历深,资格老。
10. 车水马龙　chē shuǐ mǎ lóng　（成）　来往的车辆很多。
11. 琳琅满目　línláng mǎn mù　（成语）商品很丰富很好,满眼都是。
12. 送货　sòng huò　（动）　　把货物运送到某一地方。

专　名

1. 尼尔森公司 Ní'ěrsēn Gōngsī　Nielsen 的中文译名,全称为"尼尔森市场有限公司",是一家著名的市场调查公司。
2. 感恩节 Gǎn'ēn Jié　即 Thanksgiving Day。在美国是每年十一月的第四个星期四,加拿大是每年十月的第二个星期一,本意是感谢上帝赐予丰收和

健康的节日。

3. 雅虎购物 Yǎhǔ Gòuwù　指雅虎网络商店(Yahoo Shopping)。

4. 美国在线 Měiguó Zàixiàn　即America online,美国著名的网络服务提供商。

课　文

欧美消费者把不景气抛在脑后,在年终购物旺季放手点击鼠标[1]。最新公布的市场调查报告反映,网上消费额跃升多达三成。

感恩节第二天的那个星期五(11月29日)传统上象征年终购物旺季的开始,购物者除了蜂拥而至实体商店外,到在线零售店采购的也大有人在。互联网市场调查公司尼尔森公司的数据显示,29日当天,互联网购物的流量比上周其他日子的均量增加18%。

美国在线说:11月25日到12月1日期间,购物者在美国在线的消费额总计达到10.9亿美元,比一年前增加26%。在感恩节假期那周,美国在线会员多半上网采购。并指出,方便和避免到购物中心人挤人是他们上网购物的主要原因。"这些年来,我们的顾客对上网交易已变得习以为常。今年因为感恩节和圣诞节隔得较近,采购礼物的日子少了六天,所以上网购物的便利优势比以往更加明显,"美国在线资深商务副总裁Patrick Gates说。

其他提供购物服务的门户网站也是"车水马龙"。MSN商店说,11月份该网站的到访人次大增50%。雅虎购物的品牌经理P. K. Van Deloo说,雅虎购物的每项畅销商品,如电脑、电子装置、玩具、花卉和珠宝等,订单都增长20%以上。"今年销售旺季大家都在寻找物美价廉之物,毕竟经济仍然低迷,"[2]Van Deloo说。

然而,消费者逐渐习惯上网购物,并不意味着电子零售商不费工夫,顾客就会捧着钱自动上门来[3]。今年销售旺季的促销活动琳琅满目,优惠措施包括免费送货等。"免费送货是重要的促销手段,在线零售商视之为排除消费者一大购物障碍之良策,"[4]ComScore副总裁Dan Hess说。

Hess还说:"消费者对上网购物的疑虑已逐渐消散。一旦熟悉互联网,人们对上网购物的观念愈来愈安心且有自信。其中的一大因素是网络零售优质品牌让消费者感受到稳定性和高品质。这要归功于亚马逊、eBay和其他成功的跨渠道零售商5,如Best Buys、Sears 和Nordstroms。"

(文章来源:摘自慧聪商务网-电子商务视界,作者:佚名)

注　释

1. 欧美消费者把不景气抛在脑后,在年终购物旺季放手点击鼠标

最近几年,欧美国家的经济普遍萧条,但是到年终的时候一是因为有传统的感恩节和圣诞节,二是因为商店在这个时候都大打折扣,三是因为这是公司年底发薪的时候,因此人们会比平时加大采购量。上网购物一般需要通过电脑,使用鼠标进行选择,因此,作者在这里用"放手点击鼠标"来形容人们增大他们的购物量。"放手"的意思是不再顾虑,不再受限制,与"把不景气抛在脑后"相呼应。在这里"旺季"是指营业销售旺盛的时期,与之相反的是"淡季",指营业销售不景气,不旺盛。

2. 今年销售旺季大家都在寻找物美价廉之物,毕竟经济仍然低迷

虽然人们的购物量增加了,但是因为经济仍然较萧条,人们的总体收入水平并没有增长,所以人们会倾向于购买价格相对便宜的商品。

3. 消费者逐渐习惯上网购物,并不意味着电子零售商不费工夫,顾客就会捧着钱自动上门来

这里"不费工夫"意思是不需要花费很大的力气或者说不需要想很多的办法。"捧着钱自动上门来"用的是比喻的手法,意思是说"顾客会主动来这些电子商务网站购物"。这句话的意思是虽然消费者已经习惯了上网购物,但如果电子零售商不去想很多办法促销的话,顾客是不会主动光顾网站来购物的。

4. 免费送货是重要的促销手段,在线零售商视之为排除消费者一大购物障碍之良策

在线购物的步骤是上网选择虚拟的商品,用信用卡付款或商品送到后付款,由物流系统将真实的货品送到消费者手中。消费者所支付的货款中一般都包括网站收取的运送商品的费用,如果购买商品较少,或金额较少,运送商品费用就会显得比较多,从而对消费者进行网上购物产生消极的心理影响。"排除……障碍",指在线零售商认为采用免费送货的促销手段可以打消消费者的顾虑,使消费者多购物。"视之为"意思是"把……看作……","良策"指比较好的办法。

5. 跨渠道零售商

渠道指的是商品从生产者到达消费者所经过的路径。批发是一种渠道，零售也是一种渠道，网络商店也是一种渠道。跨渠道零售商是指这些零售商既从事实体商店的经营，又从事网上商店的销售，通过两种或两种以上方式把商品传递到消费者手中。每一种方式就是一个渠道。

思考和练习

一、根据课文内容，给下列各题选择正确的答案。

1. 第一段和第二段的主要意思是（   ）。

    A. 年终是销售旺季

    B. 网上购物比较方便

    C. 购物中心比较拥挤

    D. 网上购物激增

2. 习惯上网购物的人越来越多，主要是因为（   ）。

    A. 网上的商品比传统商店多

    B. 网上购物比传统商店购物放心

    C. 网上购物逐渐成熟，消费者有信心

    D. 网上购物可以免费送货

3. 以下哪一项最可能成为消费者上网购物的障碍（   ）。

    A. 网上的东西物美价廉

    B. 假期短，购物时间少

    C. 网上购物的送货费

    D. 网络零售商的优质品牌

4. 第五段的主要意思是（   ）。

    A. 消费者已经习惯了网上购物，会主动去购物

    B. 消费者已经习惯了网上购物，不需要促销手段

    C. 零售商采取各种促销手段还是很有必要的

    D. 说明免费送货是一种非常重要的促销手段

第 6 课　什么是电子商务？

二、根据课文内容，判断下列各题的正误。

1. 因为经济不景气，欧美消费者很少购物。（　　）
2. 消费者还不习惯网上购物，都喜欢去实体商店。（　　）
3. 避免到购物中心人挤人是人们上网购物的主要原因之一。（　　）
4. 网上的东西质量很好，就是价格很贵。（　　）
5. 免费送货是一种重要的促销手段。（　　）
6. 免费送货的目的是排除消费者上网购物的障碍。（　　）
6. 大部分消费者对上网购物仍然表示怀疑。（　　）
7. 亚马逊、eBay 等电子商务网站都是著名的跨渠道零售商。（　　）

三、指出划线的词语在句子中的意思。

1. 网上消费额跃升<u>多达三成</u>。（　　）

　　A. 超过 3%　　　　　　　B. 达到 3%
　　C. 超过 30%　　　　　　 D. 达到 30%

2. 29 日当天，互联网购物的流量<u>比上周其他日子的均量增加 18%</u>。（　　）

　　A. 上周的总人数比 29 日多 18%
　　B. 上周平均每天的人数比 29 日多 18%
　　C. 29 日那天比上周的总人数多 18%
　　D. 29 日那天比上周平均每天的人数多 18%

3. 购物者除了蜂拥而至实体商店外，到在线零售店采购的也<u>大有人在</u>。（　　）

　　A. 大概有人在　　　　　　B. 大概有人去买东西
　　C. 有很多人　　　　　　　D. 大的商店有人去买东西

4. 其他提供购物服务的门户网站也"<u>车水马龙</u>"。（　　）

　　A. 网站的门前停了很多车和马
　　B. 上门户网站购物的人很多
　　C. 来网站买东西的人开了很多车
　　D. 车多得像水一样，马匹多得像龙一样长

5. 这要<u>归功于</u>亚马逊、eBay 和其他成功的跨渠道零售商。（　　）

　　A. 回到成功
　　B. 亚马逊等零售商成功了
　　C. 把功劳记在亚马逊等零售商的身上

121

D. 把成功还给亚马逊等零售商

四、根据课文内容,回答下面的问题。

1. 年末网上消费额急剧上升的原因有哪些?
2. 网上消费迅速增加表现在哪些方面?
3. 人们对上网购物的观念越来越安心且有自信的一大因素是什么?
4. 你认为网上购物的前景怎么样?为什么?
5. 你有网上购物的经历吗?如果有,请你具体谈一下。

第三单元

第 7 课

郑余庆偷逃税案

生 词

1. 轰动一时　hōngdòng yīshí　（成）　　在某一段时间里,引起公众极大的注意,惊动了许多人。
2. 案情　ànqíng　（名）　　案件发生的过程、情况。
3. 地税　dìshuì　（名）　　地方税。
4. 稽查　jīchá　（动）　　检查,盘查。通常指官方检查走私、偷税、违禁等非法活动。
5. 列　liè　（动）　　安排到某类事物之中。
6. 税种　shuìzhǒng　（名）　　国家征税的种类。
7. 账面　zhàngmiàn　（名）　　账上记载的项目。
8. 凭　píng　（介）　　根据。
9. 依据　yījù　（名）　　作出某种判断或决定时所依靠的根据。
10. 成立　chénglì　（动）　　被法庭确认。
11. 情节　qíngjié　（名）　　事情的变化和经过。
12. 处　chǔ　（动）　　处罚。
13. 徒刑　túxíng　（名）　　刑罚名。将罪犯拘禁于一定场所,剥夺其自由。

14.	拘役	jūyì （名）	短期剥夺犯罪分子人身自由的一种刑罚方法。
15.	出台	chūtái （动）	方针政策等的公布实施。
16.	跨越	kuàyuè （动）	跨过,越过。
17.	刑法	xíngfǎ （名）	关于犯罪和刑罚的法律规范的总称。
18.	透露	tòulù （动）	泄露,通常指传出其一些内情。
19.	聘请	pìnqǐng （动）	邀请某（些）人担任某种职务。
20.	沸沸扬扬	fèifèiyángyáng （形）	形容水沸腾的样子,引申为像沸腾的水一样喧闹。
21.	审理	shěnlǐ （动）	审查并处理(案件)。
22.	定罪量刑	dìng zuì liàng xíng （短）	法庭根据法律来断定所审讯对象有何种罪行,该处以何种刑罚。

课　文

196万元不过是冰山一角

据最新一期《财经纵横》杂志《税收征管体制转型》一文报道,曾经轰动一时的郑余庆偷逃税案终于查清案情。

北京市地税局稽查分局专门人员经过半年多的艰苦工作,终于基本查实:从1996年开始,郑余庆公司采取不列或少列收入、多列成本,进行虚假纳税申报等手段进行偷税,偷逃所得税、营业税、城市维护建设税等多个税种[1]。有消息称,专案组从郑余庆公司账面上查实偷逃税金额196万元。很多财税界人士指出:196万元不过是冰山一角而已,肯定还有很多没有查出的部分。

律师称最多判7年

如果郑余庆果真偷逃了196万元税款,偷逃罪名是否成立？会受到什么刑罚？就此问题,《北京青年报》记者采访了北京中兆律师事务所律师李公卫。

李律师说,仅凭196万这个绝对数字还很难认定偷税罪。按照法律规定,对偷税罪定罪量刑的依据除了偷税的绝对数额,还有其占应纳税总额的比例。偷逃数额占应纳税款的10%以上并且偷逃数额在1万元以上才构成偷税罪[2]。如果郑余庆的应纳税款数额比较大,超过1960万,偷税所占比例不足10%也不能定罪。如果郑余庆偷税的比例超过10%,偷税罪罪名成立,根据情节不同,也有两个量刑档次:偷税数额占应纳税额的10%以上不满30%并且偷税数额在1万元以上不满10万元的,处3年以下有期徒刑或者拘役,并处偷税数额一倍以上五倍以下罚金;偷税数额占应纳税额的30%以上并且偷逃数额在10万元以上的,处3年以上7年以下有期徒刑,并处偷税数额一倍以上五倍以下罚金。

最新出台的涉税案件司法解释规定,偷税行为跨越若干个纳税年度,只要其中一个纳税年度的偷税数及百分比达到刑法规定的标准,就构成偷税罪。李律师个人认为,郑余庆构成偷税罪且被判处3年以上7年以下有期徒刑的可能性比较大。

郑余庆:我在牢中

据权威人士透露,郑余庆及其代理人日前正着手为此案聘请辩护律师,这意味着沸沸扬扬历时近8个月的郑余庆税案将由公安机关交送至检察机关,进入为期一个月左右的审查起诉期[3]。

该人士表示,郑余庆逃税案将很快转至检察机关,近日北京已有律师接到为郑余庆辩护的聘任请求。据了解,此前一位杭州律师曾在郑余庆案件侦查中为其提供法律服务。

此间法律专家、中国人民大学法学院教授陈卫东介绍,聘请辩护律师已表明案件进入审查起诉阶段。按中国法律规定,审查期一般为一个月左右,最多不超过一个半月,然后由检察院移交法院审理,法院通常在一个半月内审结案件。

据一位专案组成员透露,郑余庆目前情绪比较稳定,正在等待即将到来的公诉。他透露看守所与原来想像的不同,"我以前一直认为看守所里面是个很黑暗的地方,现在感觉不是那样。我们可以看电视、看报,还可以买一些方便食品,在押人员的合法权益是能够得到保护的。"

(新闻来源:《文化报》,作者:钟和。收入本教材时,文中主角用了化名)

注 释

1. 从1996年开始……偷逃所得税、营业税、城市维护建设税等多个税种

偷税也称逃税,是指采取伪造、变造、隐匿、擅自销毁账簿、记账凭证,在账簿上多列支出或不列、少列收入,或者进行虚假的纳税申报等手段,不缴或少缴应纳税款的行为。偷税是一种故意采取欺骗性手段逃避纳税义务的行为。

所得税是以所得为征税对象并由获得所得的主体缴纳的一类税。中国的所得税主要包括适用于内资企业的企业所得税、外商投资企业和外国企业所得税、个人所得税。

营业税也称销售税,是以应税商品或劳务的销售收入额为计税依据而征收的一种商品税。

2. 按照法律规定,对偷税罪定罪量刑的依据除了偷税的绝对数额,还有其占应纳税总额的比例

定罪是指依据法律判断某种行为是否构成犯罪、构成何种犯罪。量刑是指在某种行为构成犯罪的情况下,依法确定罪犯应为其犯罪行为承担什么样的责任。

3. 郑余庆税案将由公安机关交送至检察机关,进入为期一个月左右的审查起诉期

按照中国法律的规定,在刑事案件中,公安机关的主要职能是侦查犯罪事实,检察机关的主要职能是在公安机关侦查的基础上进一步查实犯罪事实,并决定是否代表国家向人民法院起诉。

预习题

一、根据课文内容,给下列各题选择正确的答案。

1. 文章标题的意思是(　　　)。

　　A. 196万是个小数目

　　B. 196万是一座冰山的高度

　　C. 196万是个大数目

　　D. 相对郑余庆贪污的数目,196万是个小数目

2. 郑余庆公司没有采用下列哪种方式进行偷逃税犯罪(　　)。
   A. 少列收入　　　　B. 多列收入
   C. 多列成本　　　　D. 不列收入

3. 郑余庆的情况符合下列哪种情况？(　　)
   A. 偷逃数额在 10 万元以下
   B. 偷逃数额占应纳税款的百分比不到 10%
   C. 偷税数额占应纳税额的 10% 以上并且偷税数额在 1 万元以上
   D. 偷税数额占应纳税额的 30% 以上并且偷逃数额在 10 万元以上的

4. 按照中国法律规定，审查起诉程序是由哪个部门承担(　　)。
   A. 公安机关　　　　B. 法院
   C. 检察机关　　　　D. 监察机关

二、根据课文内容，判断下列各题的正误。

1. 郑余庆偷逃税案的案情已完全调查清楚。(　　)
2. 郑余庆偷逃税额总计 196 万。(　　)
3. 郑余庆偷逃税的罪名已经成立。(　　)
4. 偷税行为跨越若干个纳税年度，只有最后一个纳税年度的偷税数及百分比达到刑法规定的标准，才构成偷税罪。(　　)
5. 仅凭某个绝对数字很难认定偷税罪。(　　)
6. 对偷税罪定罪量刑的依据除了偷税的绝对数额，还有其占应纳税总额的比例。(　　)
7. 偷逃数额占应纳税款的 10% 以上并且偷逃数额在 10 万元以上才构成偷税罪。(　　)
8. 按中国法律规定，审查期一般为一个月左右，最多不超过一个半月。(　　)

三、根据课文内容，回答下面的问题。

1. 为什么说"196 万只不过是冰山一角而已"？
2. 如果郑余庆果真偷逃了 196 万元税款，偷逃罪名是否成立？会受到什么刑罚？
3. 对偷逃税罪定罪量刑的依据是什么？
4. 案件由公安机关交送至检察机关意味着什么？
5. 郑余庆对看守所有什么看法？

词汇例释

一、终于

副词。表示经过种种变化或等待之后出现的情况。例如：

试验终于成功了。

经过四年的勤奋学习,我终于以优异的成绩从复旦大学毕业了。

> 辨析："终于"和"总算"

"总算"也是副词,表示经过相当长的时间以后某种愿望终于实现了。相对"终于"而言,"总算"实现愿望的过程更加艰难、勉强一些。此外,"总算"更口语化一些。例如：

这么多作业,我总算做完了。（做完作业后,我已经精疲力竭了。）

一连下了几天雨,今天总算晴了。（盼望已久）

他白天想晚上想,最后总算想出了一个好办法。（这个办法产生得很勉强。）

二、经过

1. 动词。通过一个地方,从这段时间到那段时间。例如：

从北京坐火车到广州要经过武汉。

经过十几个小时的飞行,这架飞机终于到达了首都机场。

我放学回家的路上要经过一片小树林。

2. 名词。一件事从发生到结束的全部过程、内容。例如：

厂长向来宾报告了建厂经过。

他讲了事情的经过。

3. 介词。用某种手段或方式得到一个结果。例如：

经过老师的讲解,我已经基本了解了这个词的用法。

> 辨析："路过"、"通过"和"经过"

"路过"只作动词,指途中走过某个地方,比"经过"的使用范围小,也更随意、口语化一些。例如：

今天我路过超市,进去买了点东西。

"通过"可以作动词和介词。它作介词时的用法和"经过"一样;它作动词时的意思和"经过"相近,从一端或一侧到另一端或另一侧;穿过。使用范围

也比"经过"小,不能表示时间。例如:

部队缓慢地通过沙漠。

路太窄,汽车不能通过。

三、采取

及物动词。表示选择施行某种方针、政策、手段、形态、态度等。通常作谓语,可以带名词、动词或形容词宾语。例如:

采取什么样的方法使谈判双方达到利益最大化,寻求最佳方案就显得非常重要。

对于有业务联系的单位,要采取积极合作的态度。

在这件事上,你应该采取主动。

也可以在名词前面作定语,例如:

谈判中采取的态度要不卑不亢。

采取的手段十分恶劣。

辨析:"采用"和"采取"

"采用"也是及物动词。"采用"和"采取"的区别在于后面宾语的所指对象不同。"采用"的意思是教材、工具、药品、稿件等或方式、方法、技术、经验等被认为合适而被加以利用。它后面的宾语比较具体。例如:

这学期我们决定采用新教材。

他的建议没被采用。

四、就

1. 副词。

(1) 表示在很短的时间之内。例如:

您先走,我就来。

请稍候,饭就好。

(2) 事情发生很快或结束得早。例如:

足球比赛八点开始,球迷们七点就来了。

他在这儿学了半年就退学了。

(3) 表示前后事情紧接着。例如:

想起来就说,想起来就做。

说干就干,说走就走。

(4) 表示事实正是如此。例如：

这人就是他哥哥。

2. 介词。

表示按照、根据。后面是动作的对象、范围等。例如：

老师们就初中一年级的英语听力教学问题进行了讨论。

请大家就这个问题发表一下自己的看法。

五、凭

1. 介词。

（1）依靠。例如：

他凭着自己的聪明才智从一个打工仔成为一名成功的企业家。

（2）根据。例如：

凭票入场。

2. 连词。

跟"任凭"相同。例如：

凭你跑多快，我也赶得上。

六、着手

及物动词。开始做；动手。前边一般不能加"不"否定。后边不能跟体态助词"着、了、过"，不能重叠。例如：

他已经着手编制写作计划了。

提高生产要从改进技术着手。

七、构成

及物动词。

1. 若干成分组合在一起，形成某种整体。例如：

这三名队员构成了巴西队的前锋线。

2. 若干要素组合在一起，事情的性质发生变化，形成某种结果。例如：

他打人致残的行为已构成犯罪。

> 辨析："组成"、"造成"和"构成"

"组成"也是及物动词。不同的多个事物放在一起成为另一个事物。一般说来，由若干人员形成某种组织，用"组成"而不用"构成"。例如：

我们班由十六个同学组成。(一般不说"构成")

表示"形成某种结果"用"构成"而不用"组成"。例如：

他的行为已构成犯罪。

其他情况下，"组成"和"构成"有时可以通用。例如：

这份试卷由五个部分组成。(这儿也可以说"构成")

"造成"也是及物动词，指产生、出现某种不好的局面、情况等。它直接表示因果关系，即 A 导致 B；而"构成"则表示由于事情本身的性质发生变化而形成某种结果。所以，这两个词的用法是不同的。例如：

这次试题泄密事件造成了恶劣的影响。(不能用"构成")

八、意味着

惯用语。由动词"意味"加上体态助词"着"构成，表示"含有某种意义"、"会导致某种结果"等。后边不能再加其他体态助词，也不能重叠。例如：

生产率的提高意味着劳动力的节省。

他缺席会议意味着他放弃了自己的权利。

否定形式用"并不"，不能用"没"。例如：

他今天是没来，但这并不意味着他以后永远不来了。

九、表明

及物动词。把思想、决心、态度、情况等表示清楚。例如：

现在你必须表明你的态度。

上述证据表明他已构成贪污罪。

十、通常

1. 形容词。在一般情况下。例如：

按照通常的情况，春节期间学校图书馆一般不开门。

2. 副词。

他通常六点起床。

> 辨析："通常"与"经常"

"经常"表示行为或情况出现的次数多、频率高，带有习惯性。"通常"没有这种意思。例如：

家乡的春天经常下雨。

明明受到老师表扬是经常的事。

"被"字句

1. "被"字句和"把"字句的异同

介词"被"的作用是引进施事(即动作的发出者),并指明前面的主语是受事。从意义上看,"把"字句表示主动地予以某种处理,"被"字句则表示被动地接受某种处理。

"被"字句和"把"字句有很多共同的特点:首先,后面的谓语动词不能是光杆动词,动词前后总有一些其他成分,而且一般要带"了"。其次,否定副词和助动词必须放在"被"的前面。第三,后面的动词一般是能带受事宾语的及物动词,而且动词本身含有结果意义。

但这两种句式之间也存在着细微的差异:

(1) 有些"被"字句可以表示不满情绪,改变成"把"字句以后,意思略有不同。例如:

① a. 蛋糕他吃完了。(陈述一个事实)

　　b. 他把蛋糕吃完了。(强调他对蛋糕作出了何种处理)

　　c. 蛋糕被他吃完了。(说话人对这件事不太满意)

(2) 在"被"字句中,所遭受的不愉快事件有时可以用不及物动词来表达,这种"被"字句不能改换为"把"字句。例如:

② 这次市政工程投标,又被他们领先了一步。

③ 一不小心,钱包被小偷偷走了。

(3) "被"字句重点表示事件结果对主语所指对象的影响,因此,表示处理方式的"把"字句一般不能变换为"被"字句。例如:

④ a. 他把那个账本又仔仔细细地看了一遍。(对)

　　b. 那个账本又被他仔仔细细地看了一遍。(错)

像b这样的句子,是很少说的。

2. "被"字句和其他被动句式的区别

"为……所……"是古汉语保留下来的被动格式,带有明显的文言色彩,现在也常常说成"被……所……",例如:

⑤ 有些旅游消费者被<u>热情服务的假象</u>所迷惑,不去考察服务者的合法性,最终吃亏上当,落入"陷阱"。

"叫"和"让"都是动词,有时也可以作介词,表示被动。但一般只出现在口语中。

"被"字句口语和书面语中都能用。此外,"被"字后面的施事者有时可以不出现,例如:

⑥ 企业级电子商务一般被简称为 <u>B2B 电子商务过程。</u>

"为……所……"、"叫"、"让"构成的表被动意义的句子中,后面的施事者必须出现,不能省略。

在汉语中,受事名词作主语不一定都要用"被",如上面例①中的 a 句。一般说来,只有在满足以下两个条件的语境中,才需要使用"被"字句:

(1) 由于语境的需要,受事名词被选为话题主语;
(2) 说话人需要强调谓语部分所表示的事件对主语所指对象的影响。

这一点,外国学生在学习汉语的时候,一定要注意。

综合练习

一、用正确的语调朗读下面的句子。

1. 据最新一期《财经》杂志《税收征管体制转型》一文报道,曾经轰动一时的郑余庆偷逃税案终于查清案情。

2. 很多财税界人士指出:196 万元不过是冰山一角而已,肯定还有很多没有查出的部分。

3. 按照法律规定,对偷税罪定罪量刑的依据除了偷税的绝对数额,还有其占应纳税总额的比例。

4. 偷税数额占应纳税额的 10% 以上不满 30% 并且偷税数额在 1 万元以上不满 10 万元的,处 3 年以下有期徒刑或者拘役,并处偷税数额一倍以上五倍以下罚金。

5. 最新出台的涉税案件司法解释规定,偷税行为跨越若干个纳税年度,只要其中一个纳税年度的偷税数及百分比达到刑法规定的标准,就构成偷税罪。

6. 这意味着沸沸扬扬历时近8个月的郑余庆税案将由公安机关交送至检察机关,进入为期一个月左右的审查起诉期。

7. 据了解,此前一位杭州律师曾在郑余庆案件侦查中为其提供法律服务。

8. 我以前一直认为看守所里面是个很黑暗的地方,现在感觉不是那样。

二、给下列词语选择正确的解释。

1. 刑法（　　）　　A. 引起一时极大注意的;一时惊动许多人的
2. 沸沸扬扬（　　）　B. 案件发生的过程、情况
3. 构成（　　）　　C. 方针政策等公布实施
4. 审理（　　）　　D. 关于犯罪和刑罚的法律规范的总称
5. 报道（　　）　　E. 像沸腾的水一样喧闹
6. 轰动一时（　　）　F. 通过报刊、广播电视等向公众报告新闻
7. 情节（　　）　　G. 含有某种意义
8. 透露（　　）　　H. 开始动手进行
9. 着手（　　）　　I. 报道一些暂不宜公开或未经证实的消息。
10. 意味着（　　）　J. 事情的变化和经过
11. 出台（　　）　　K. 审查和处理案件
12. 案情（　　）　　L. 组成

三、从所给的词语中,选出最合适的填入句中的括号内。

> 着手　意味着　表示　通常　表明　报道　轰动一时　移交
> 构成　规定　查清　采访　透露　聘请　提供　沸沸扬扬

1. 队员们纷纷（　　）一定要尽最大的努力夺取冠军。
2. 这个女演员的离婚案闹得（　　）。
3. 婚姻（　　）一种责任。
4. 据新华社（　　）,中国南极科学考察队已经胜利完成任务。
5. 孩子们（　　）喜欢户外活动。
6. 我的当事人（　　）我作为他的辩护律师。
7. 据了解,这个（　　）的贪污巨额公款案已经（　　）高级人民法院进行进一步审理。
8. 他的行为已（　　）轻微伤害罪。

9. 根据证人(　　)的线索,公安人员很快抓住了犯罪嫌疑人。

10. 据有关人士(　　),公安部门已经基本(　　)了这桩建国以来最大的汽车走私案。

11. 我们已(　　)调查此案。

12. 整个案发现场的情况(　　),罪犯是一个经验丰富的老手。

13. 就这个问题,记者(　　)了司法部有关负责人。

14. 按照学校的有关(　　),连续旷课两周以上者应给予开除处理。

四、下面四组词语意义或用法相近,很容易混淆,请把它们区别开来。

1. 终于／总算

　　A. 她多次想说,但(　　)没说出口。

　　B. 你(　　)来了,急死人了!

　　C. 我(　　)把这些家务活儿做完了,真累呀!

　　D. 上星期六,我(　　)去了长城,真是太高兴了。

2. 经过／路过／通过

　　A. 路太窄,汽车不能(　　)。

　　B. 今天我(　　)一个水果店,进去买了点香蕉。

　　C. 这趟车到北京要(　　)天津。

　　D. (　　)十几个小时的运行,列车终于到达了终点站。

3. 采取／采用／采购

　　A. 我们要给公司(　　)一些建筑材料。

　　B. 这学期我们决定(　　)新教材。

　　C. 针对这种情况,我们决定(　　)以下几项措施。

　　D. 他的建议被领导(　　)了。

4. 构成／组成／造成

　　A. 他们俩打架都是你(　　)的。

　　B. 这篇论文由三部分(　　)。

　　C. 司机酒后开车(　　)了这起重大的交通事故。

　　D. 他的行为并没有(　　)犯罪。

五、指出划线的词语在句子中的意思。

1. 请稍等,我<u>就</u>来。(　　)

　　A. 表示在很短的时间之内　　B. 事情发生很快或结束得早

  C. 表示前后事情紧接着   D. 表示事实正是如此

2. 幼儿园<u>就</u>在这个胡同里。（   ）

  A. 表示在很短的时间之内   B. 事情发生很快或结束得早

  C. 表示前后事情紧接着   D. 表示事实正是如此

3. 你怎么说走<u>就</u>走？（   ）

  A. 表示在很短的时间之内   B. 事情发生很快或结束得早

  C. 表示前后事情紧接着   D. 表示事实正是如此

4. 考试九点半<u>就</u>结束了。（   ）

  A. 表示在很短的时间之内   B. 事情发生很快或结束得早

  C. 表示前后事情紧接着   D. 表示事实正是如此

5. 他讲了事情的<u>经过</u>。（   ）

  A. 在去目的地的途中走过一个地方

  B. 从这段时间到那段时间。

  C. 一件事从发生到结束的过程、内容。

  D. 用某种手段或方式得到一个结果。

6. <u>经过</u>调查，我们终于基本查清了这个案件。（   ）

  A. 在去目的地的途中走过一个地方

  B. 从这段时间到那段时间。

  C. 一件事从发生到结束的过程、内容。

  D. 用某种手段或方式得到一个结果。

7. 我放学回家的路上要<u>经过</u>一片小树林。（   ）

  A. 在去目的地的途中走过一个地方

  B. 从这段时间到那段时间。

  C. 一件事从发生到结束的过程、内容。

  D. 用某种手段或方式得到一个结果。

8. <u>经过</u>十几个小时的运行，列车终于到达了终点站。（   ）

  A. 在去目的地的途中走过一个地方

  B. 从这段时间到那段时间。

  C. 一件事从发生到结束的过程、内容。

  D. 用某种手段或方式得到一个结果。

六、用正确的语序把所给的词语排列成句子。

 1. 这个问题 请 自己的 大家 就 看法 发表一下

2. 总是 结婚 东西 采购 不齐 用的
3. 他 着手 写作计划 了 编制 已经
4. 缓慢 部队 地 沙漠 通过
5. 意味着 生产率 提高 劳动力 的 节省 的
6. 必须 现在 你的 表明 态度 你
7. 起床 他 六点 通常
8. 晚上 外资 加班 是 事 公司 经常的

七、把下列句子改成被动句,然后指出变换后句子意思的变化。

1. 他半个小时就把这些作业全部做完了。
2. 丁力把我的录音机借走了。
3. 学校的领导派那个青年教师出国学习去了。
4. 那个同学把我的自行车弄坏了。
5. 他把那把椅子搬到教室外边去了。
6. 爷爷把小孙子接回家了。
7. 大风把那棵小树刮倒了。
8. 他把宿舍打扫得干干净净的。

八、造句。

1. 表明——
2. 着手——
3. 意味着——
4. 表示——
5. 凭——

阅读材料

老板偷税被会计敲诈120万

一、生 词

1. 破获	pòhuò	（动）	侦破并捕获。
2. 敲诈	qiāozhà	（动）	（抓住对方某些弱点）通过各种威胁手段从对方手中非法索取财物。
3. 勒索	lèsuǒ	（动）	以威胁强迫手段非法索取财物。
4. 举报	jǔbào	（动、名）	发现犯罪现象向政府主管部门检举报告。
5. 把柄	bǎbǐng	（名）	原指器物上的便于手拿的部分,喻指进行交涉或要挟的凭证(如借口或机会),也指被别人用来攻击或要挟的过失或错误。
6. 报案	bào'àn	（动）	向公安或司法机关等报告发生的案件。
7. 定时炸弹	dìngshí zhàdàn	（名）	由计时器控制、能在预定时间自动引爆的炸弹。
8. 补缴	bǔjiǎo	（动）	原来应该缴纳而没有缴纳或没有全部缴纳,事后补充上缴。
9. 嫌疑人	xiányírén	（名）	被怀疑的人;尤指有犯罪嫌疑的人。
10. 确凿	quèzáo	（形）	真实;确实。

二、课 文

近日,福田警方成功破获一起重大敲诈勒索案件。犯罪嫌疑人聂某原为深圳某公司会计,自恃自己掌握了公司偷漏税的把柄,辞职后向老板敲诈120万元。近日,警方布控一举将聂某抓获,其所敲诈的120万人民币也被冻结。

今年1月2日,深圳某公司老总王某到天安派出所报案,称该公司已辞职的会计聂某向其敲诈勒索巨款。警方迅速介入调查,发现聂某在去年11月底从该公司辞职后,便写了一封信给老总王某,说她已掌握了公司大量偷税漏税的证据,如果不给她一笔钱的话,便要向税务部门举报。为了让王某相信她的确掌握了证据,聂某还寄来了有关账目材料的复印件。事实上,该公司确实有偷税漏税的把柄被聂抓在手里,这也正是王某迟至1月2日才来报案的原因。

起初,聂某提出勒索150万元,王某虽答应给钱,但推说150万元数额太大,为此双方一直谈不拢。最后,王某思来想去,认为自己偷税漏税的把柄已被聂某抓住,这件事迟早是颗定时炸弹*;于是他一边报案,一边到税务部门补缴了税款。1月4日,警方将犯罪嫌疑人聂某抓获。

在确凿的证据面前,聂某交代了作案事实。目前聂某已被依法刑事拘留,

120万元人民币赃款也已被冻结。目前,此案正在进一步审理中。

(文章来源:《南方都市报》,记者梁永建,通讯员王东、韩宝银)

注 释

* **这件事迟早是颗定时炸弹**

这里是比喻的说法。指一件不愿被他人知道的事情随时有泄露的可能。在本句中指的是王某自己偷税漏税的不光彩行为。

思考和练习

一、根据课文内容,给下列各题选择正确的答案。

1. 聂某的行为属于下列哪种犯罪行为?(　　)

　　A. 偷税、漏税　　　　　　B. 敲诈勒索罪

　　C. 诈骗罪　　　　　　　　D. 偷逃个人所得税

2. 王某迟迟不报案的原因是（　　）。
   A. 他有把柄在聂某手里　　　B. 他和聂某是同案犯
   C. 聂某是他的朋友　　　　　D. 害怕聂某打击报复

3. 王某偷逃的税额有（　　）。
   A. 150 万元　　　　　　　　B. 120 万元
   C. 196 万元　　　　　　　　D. 不清楚

4. 王某最终去报案的真正原因是（　　）。
   A. 维护正义、惩治邪恶
   B. 自己公司有偷税逃税的行为
   C. 知道自己的不合法行为迟早会泄露
   D. 争取主动,恶人先告状

二、根据课文内容,判断下列各题的正误。

1. 王某偷逃税的行为是非法的。（　　）
2. 聂某的行为是合法的,是在惩治犯罪。（　　）
3. 王某不去报案是因为聂某的恐吓。（　　）
4. 聂某寄给王某一颗定时炸弹。（　　）
5. 王某向公安机关报了案并补缴了税款,就没有法律责任了。（　　）
6. 聂某没有得到 120 万元赃款。（　　）

三、指出划线的词语在句子中的意思。

1. 福田警方成功破获一宗重大敲诈勒索案件。（　　）
   A. 破坏　　　　　　　　　　B. 破案
   C. 破案并捕获　　　　　　　D. 获得

2. 其所敲诈的 120 万人民币也被冻结。（　　）
   A. 液体不能流动了　　　　　B. 液体被冰冻住了
   C. 液体遇冷凝结　　　　　　D. 资金被阻止流动或变动

3. 在确凿的证据面前,聂某交代了作案事实。（　　）
   A. 确实　　　　　　　　　　B. 正确
   C. 确切　　　　　　　　　　D. 准确

4. 120 万元人民币赃款也已被冻结。（　　）
   A. 贪污、受贿或盗窃得来的钱
   B. 不干净的、被污染的财物

C. 贪污、受贿或盗窃得来的财物
D. 不干净的、被污染的钱

四、根据课文内容,回答下面的问题。

1. 聂某为什么要敲诈王某？
2. 面对聂某提出的要求,王某为什么没有断然拒绝？
3. 为什么近几年中国的偷逃税案件呈增长趋势？试谈谈你的解决办法。

第 8 课

旅游者的权利

生 词

1. 纠纷　jiūfēn　（名）　　争执不下的事情。
2. 权益　quányì　（名）　　权利。
3. 核实　héshí　（动）　　检验和查证。
4. 颁发　bānfā　（动）　　公布；发布。
5. 执照　zhízhào　（名）　　由政府主管部门正式签发的从事某种活动的许可证件。
6. 经营　jīngyíng　（动）　　管理并运行（某种盈利性的企业）。
7. 迷惑　míhuò　（动）　　心神迷乱，辨不清是非。
8. 陷阱　xiànjǐng　（名）　　比喻使人受骗上当的圈套。
9. 签订　qiāndìng　（动）　　签署（契约或定单）。
10. 知悉　zhīxī　（动）　　知道；了解。
11. 档次　dàngcì　（名）　　按照一定标准分类排列的等级次序。
12. 义务　yìwù　（名）　　依照身份、地位或职业应该做的事情。
13. 心中有数　xīnzhōng yǒushù　（成）　　对于事情比较了解，处理起来已有把握。

14. 提醒	tíxǐng	（动）	唤起忘掉的事或容易遗忘的事。
15. 对应	duìyìng	（形）	针对某一情况；与某一情况相应。
16. 鉴别	jiànbié	（动）	审察辨别。
17. 开具	kāijù	（动）	写出（多指内容分项的单据、信件等）。
18. 擅自	shànzì	（动）	自作主张。
19. 变更	biàngēng	（动）	改变，更改。
20. 强迫	qiǎngpò	（动）	施加压力使服从；迫使。
21. 索要	suǒyào	（动）	向人要，索取。
22. 交涉	jiāoshè	（动）	与他人协商以便对某事得出解决办法。
23. 不当	búdàng	（形）	不妥当，不适当。
24. 滞留	zhìliú	（动）	停留不动。
25. 协商	xiéshāng	（动）	为了取得一致意见而共同商量。
26. 调解	tiáojiě	（动）	劝说双方消除纠纷。
27. 诉讼	sùsòng	（名）	法律名词。诉讼是人民或检察官请求司法官本着司法权作裁判的行为。

课　文

　　参加旅游活动怎样才能减少纠纷，保护自己的利益不受损害？我以为最基本的一条就是旅游消费者要明白自己在旅游活动中的权利。

　　旅游者有旅游商品的知情权。《消费者权益保护法》[1]第八条明确规定："消费者享有知悉其购买、使用的商品或者接受的服务的真实情况的权利。"旅游者如果决定随旅行社出游，第一步就是要选择旅行社，对旅行社的资质进行核实。旅行社业是特许经营的行业，按照有关规定，设立旅行社必须要具有工商行政管理机关颁发的营业执照及旅游行政部门颁发的旅行社业务经营许可证，国务院颁发的《旅行社管理条例》[2]规定，没有旅行社业务经营许可证，不得从事旅游业务。如果旅游者想要出境旅游，还要选择具有经营出境旅游资格的旅行社[3]。有些旅游消费者被热情的服务所迷惑；不去考察服务者提供的经营场所，不核实营业执照和许可证,最终吃亏上当,落入"陷阱"。旅游者不但要选择合法经营的旅行社,还要选择适合自己的旅行社,同一条旅游线路,不同的旅行社提供的服务差别可能是很大的。

旅游者有要求签订合同的权利。选定旅行社及旅游线路后,一定要与旅行社签订书面合同,并有权知悉合同中所涉及的所有情况,包括旅行社所提供的服务的档次、范围、参观游览的线路、景点、日程及双方的权利义务等,对团款所包含的服务内容要心中有数。旅行社提供的日程表是合同的重要组成部分,一定要在签订合同前仔细阅读。要提醒旅游消费者的是,价格与服务是相对应的,不可能有低价位而高档次的服务。

旅游者有修改合同的权利。合同是双方真实意思的表达,旅游者有权对旅行社提供的格式合同提出修改意见,许多旅游者忽视或放弃了这个权利,当出现纠纷时才发现合同中的一些条款不利于自己,后悔莫及。

旅游者有拒绝签约的权利。《消费者权益保护法》第九条规定:"消费者享有自主选择商品或者服务的权利。""消费者在自主选择商品或者服务时,有权进行比较、鉴别和挑选。"这就是说旅游者如果对旅行社所提供的日程、线路、景点、服务档次及价格等不满意,旅游者有权拒绝签约,旅行社不得强买强卖。另外,旅游者支付团款后,有权要求旅行社开具发票,这一点不可忽视。在我们处理旅游投诉的实践中,发票的证据作用是很大的。

旅游者有要求旅行社履约的权利。在旅游过程中,旅游消费者有权要求旅行社按照合同的约定提供交通、住宿、游览、导游等服务,有权拒绝参加计划行程以外的项目,是否购物、是否参加自费项目、支付小费等都是旅游者的自主行为。旅行社有义务按照合同约定的项目、档次提供服务,所提供的服务要达到国家及行业的有关标准。旅行社不得擅自改变活动日程、减少或变更项目,不得强迫旅游者参加自费项目、强迫购物、索要小费。在旅游过程中出现了上述问题,旅游者应根据合同约定向旅行社交涉,如果交涉不成,可以先将游程完成,然后,再解决纠纷。旅游者在旅游过程中应注意保存有关票据、文字材料等,一旦出现旅游质量问题后,可以有根据的向旅行社要求赔偿。旅游者维护自己的权益应该依照法律规定,不应该以旅行社服务质量存在问题,而做出或提出不当的行为和要求。《合同法》第一百一十九条规定:"当事人一方违约后,对方应采取适当措施防止损失的扩大;没有采取适当措施致使损失扩大的,不得就扩大的损失要求赔偿。"比如有些旅游者以旅行社违约为由滞留旅游目的地不归,增加了食宿等费用,使损失扩大,当进行投诉时,扩大部分的损失赔偿要求,不能得到旅游质监部门的支持。

旅游者有要求赔偿的权利。当旅行社有违约行为,旅游者可以要求赔偿。解决纠纷的形式主要有三种:(1)协商解决,即旅游者与旅行社就质量问题进行协商,多数情况旅游者可以得到赔偿;(2)调解解决,即向旅游质量监督管理部门投诉;(3)诉讼解决,即直接向法院提起民事诉讼。

(文章来源:云南旅游资讯网,http://www.66yn.com,作者:佚名)

注　释

1.《消费者权益保护法》

即《中华人民共和国消费者权益保护法》,中华人民共和国八届全国人民代表大会常务委员会第四次会议于1993年10月31日通过,1994年1月1日开始施行。旨在保护消费者的合法权益,维护社会经济秩序,促进社会主义市场经济的健康发展。共有55条。

2.《旅行社管理条例》

是中国旅游业的第一部行政法规,于1996年10月发布并执行。根据条例,国家旅游局还陆续颁发了一系列的细则。目的是为了加强对旅行社的管理,保障旅游者和旅行社的合法权益。

3. 如果旅游者想要出境旅游,还要选择具有经营出境旅游资格的旅行社

旅游一般分境内游和境外游。境内游指的是在中国国内旅游;境外游则是指出国观光旅游。现阶段,中国百姓境外游,一般要通过旅行社组团成行。按国家旅游局最新公布的名单,目前全国特许经营出境旅游业务的旅行社共计528家。

预　习　题

一、根据课文内容,给下列各题选择正确的答案。

1. 怎样才能减少纠纷,保护自己的利益?最基本的是(　　)。

　　A. 选择合适的旅行社　　　　B. 明白自己的权利

C. 保管好票据　　　　　　　D. 向法院投诉
2. 文中讲到的权利中,以下哪一项不是?(　　)
   A. 有要求签订合同的权利　　B. 有拒绝签约的权利
   C. 有取消合同的权利　　　　D. 有要求赔偿的权利
3. 经营旅行社应该具有(　　)。
   A. 营业执照　　　　　　　　B. 经营许可证
   C. 管理条例　　　　　　　　D. 营业执照和经营许可证
4. 解决纠纷的形式,以下哪一组都对?(　　)
   A. 调解、协商和诉讼　　　　B. 仲裁、调解和协商
   C. 仲裁、诉讼和调解　　　　D. 调解、协商和仲裁

二、根据课文内容,判断下列各题的正误。
1. 只要有营业执照,就可以经营旅游业务。(　　)
2. 同样的旅游线路,不同的旅行社提供的服务几乎一样。(　　)
3. 为保护自己的权益,旅行者一定要与旅行社签订合同。(　　)
4. 旅游者应完全按照旅行社提供的格式合同签订。(　　)
5. 旅行社不能强迫游客参加计划行程以外的项目。(　　)
6. 在旅游投诉中,有关票据的证据作用很大。(　　)
7. 一旦出现纠纷,不管哪一方,都应该立即上诉法院。(　　)
8. 所谓协商解决,是指旅游者与旅游质量监督管理部门进行协商。(　　)

三、根据课文内容,回答下面的问题。
1. 旅游者应该明白哪些方面的权利?
2. 当发现旅行社违约后旅游者该怎么做?
3. 在什么情况下,旅游者有权拒绝签约?
4. 举例说明什么是旅行者的自主行为?
5. 解决纠纷有什么形式?

词 汇 例 释

一、权利
　　名词。指每个人都有的、不可以侵犯的合法利益。例如:

公民的合法权利应该受到保护。

你应该运用法律来保护自己的权利。

辨析:"权利"和"权力"

"权力"是指政治上的强制力量或职责范围内的支配力量。例如:

旅行社没有权力强迫游客参加自费项目。

奥委会拥有自主的知识产权和独特的市场权力。

二、明确

1. 形容词。指清晰明白而确定不变。可以和"很、十分、非常"等词一起使用。例如:

老师的话很明确,这些内容不在考试范围之内。

他非常明确地表示了自己的态度。

2. 动词。使清晰明白而确定不变。例如:

这次会议明确了我们今年的任务和今后的发展方向。

三、享有

及物动词。指在社会上取得权利、声誉、威望等。例如:

在我国,男女享有同样的权利。

该品牌在业内一向享有良好的声誉。

云南石林、安徽黄山等地质遗迹,都以独具的特色在世界上享有盛名。

辨析:"具有"和"享有"

"具有"即"有",多用于抽象的事物,是中性词,"享有"是褒义词。例如:

大猩猩们似乎具有小孩子的天性,它们最喜爱的节目是动画片。

自主开发企业同合资企业相比,更具有竞争力。

快餐盒饭由于具有价格便宜、方便快捷等特点,现在已经成为了众多上班族中午进餐的首选。

四、得

1. (dé)动词。用在别的动词前,表示许可(多见于法令和公文)。否定式加"不"。例如:

没有旅行社业务经营许可证,不得从事旅游业务。

2. (děi)助动词。表示需要、应该。否定式为"不用"。例如：

要取得好成绩，就得努力学习。

3. (de)助词。

常用在动词或形容词后边，连接表示结果或程度的补语。例如：

他跑得直喘粗气。

我搬得动这块大石头。

五、从事

及物动词。投身到某种事业中。例如：

打工族最想从事的行业，前2名分别是餐饮服务业和休闲娱乐业。

重安江镇共有5万多人口，主要从事农业和旅游业。

六、损害

及物动词。指使事业、利益、健康、名誉等受到损害。例如：

这个旅行社的所作所为已经严重地损害了旅游者的权益。

但是从长远来看，这种操作方式损害的仍然是国内汽车市场。

> **辨析："伤害"和"损害"**

两者对象不同，"伤害"指使身体组织和思想感情有关的抽象事物受到创伤。例如：

我没权力因为自己的存在而伤害孩子那幼小单纯的心灵。

她还没有走出前次失恋的阴影，她害怕再次受到伤害。

万一遇到意外伤害或重大疾病，自己的积蓄有可能是杯水车薪，难以应付。

七、考察

及物动词。实地观察调查。例如：

科学研究人员进入四川的深山峻岭考察大熊猫的生活习惯。

当时，很多房地产公司都来考察过这个项目，面对1.5亿元左右的后期投入，一些房地产公司纷纷打起了退堂鼓。

> **辨析："考察"和"视察"**

"考察"指细致深入地观察、研究地貌、地形和工程等。"视察"则指上级领导到下级单位去检查工作。例如：

政协常委和委员们来到施工现场,用审视的眼光视察了他们心中的未来"精品小巷"。

昨天,部分市人大常委会组成人员和市人大代表视察了本市郊区工作。

省人大代表一行前往广州大学城进行视察。

八、维护

动词。维持并保护(利益、主权、尊严、和平、自由、环境等),使之不受到破坏。

联合国为维护世界的和平与稳定起到了积极的作用。

公司承诺将尽快完善相关手续,完成此次转让,以维护广大投资者的利益。

为维护资金安全,防范风险,公司将采取积极措施,密切关注此次委托理财事项。

辨析:"维护"和"维持"

"维持"指尽力使现在的情况(生活、生命、秩序等),不再变坏。例如：

旅游业发达,是获得外汇、维持国际收支平衡的重要经济部门。

发生交通事故后,交警率先赶到开始维持秩序并疏导交通。

那位妇女躺在病床上,只能靠输入氧气来维持生命。

九、交涉

不及物动词。与他人协商以便对某事得出解决办法。例如：

一旦工人的合法权益受到侵害,律师就要代表工人同工厂主进行交涉。

在记者协助交涉下,中介公司向小凤及其家人道歉,并陪同她到医院进行检查和治疗。

十、依照

介词。以某事物为根据,照着去做。常用在法律条文中。用于书面语。例如：

2005年和2006年的车展则会依照惯例在一月举行。

至于居民生活用电价格的调整,有关部门将依照法定程序召开价格听证会,广泛听取公众意见。

辨析:"依照"和"依"

在表示"以某事物为根据,照着去做"意思时,两者相同。如果后边是单音节名词或代词,多用"依";如果是双音节名词时,多用"依照",如:"依法惩处"、"依照法律办事"。此外,表示按照某人的看法等意义时,多用"依",例如:

依我看,今天就应该着手办这件事。

依我看,汽车模特业是一个新的领域,它既是一种文化,又是一个市场。

依我看,结果不一定是人们想像的那么轻松。

十一、提供

及物动词。指出并且给需要的人东西(意见、物资、条件、想法等),让他们使用或参考。例如:

他们的实验为进一步的研究提供了宝贵的经验。

在英国大学里,都设有专门的国际学生就业部门,为学生提供假期打工机会。

南方航空的人士解释说,这次与荷航及法航的合作,通过代号共享,将为双方的旅客提供更多的到达点。

十二、防止

及物动词。预先设法制止。例如:

应该采取有效措施防止类似情况的再度发生。

目前正处于雷雨多发季节,人们应采取妥善的避雷措施,防止雷电酿成悲剧。

为了防止在锻炼过程中身体的某些部位受伤,可以先做一些准备活动。

十三、致使

连词。以致;由于某种原因而造成的结果。大多是不好的或说话人所不希望的结果。例如:

由于字迹不清楚,致使信件无法投递。

由于车市"里外受压",致使5月份国内汽车产销量再度大幅下挫。

形式动词"进行"

"进行"也是形式动词,在用法上要注意以下两个方面:

1. 后面的宾语一般要求是双音节动词,如"进行协商"等。有时,也可以是表示活动意义的名词,如"进行调研活动"。

2. 双音节及物动词出现在"进行"后面充当宾语的时候,它的语法作用相当于一个名词,可以受数量词组修饰,如"进行一次比赛"。此外,该动词本身不能再携带宾语。它原先所带的宾语只能以某种形式出现在"进行"之前。大部分情况下,是用介词"对"引出,作为状语。例如:

① 旅游者如果决定随旅行社出游,第一步就是要选择旅行社,<u>对旅行社的资质进行核实</u>。

该双音节动词原先携带的状语,有两种处理方法:其一,是放在"进行"之前作状语;其二,是放在该双音节动词之前作定语。例如:

② 司法机关对这个案件<u>仔细地进行了调查</u>。

③ 司法机关对这个案件<u>进行了仔细的调查</u>。

3. 助动词、否定副词等,要放在"进行"之前。例如:

④ 对那些不合格的企业,必须进行整顿。

⑤ 沃尔玛公司原先并不进行网络销售,如今,也在互联网上建立起了自己的商店。

"进行"和"加以"在用法上十分相似,但也有不同点:

1. "加以"总是涉及两个对象,即"A 对 B 加以某种处置";"进行"则可以是自己对自己作出某种处理。例如:

⑥ a. 他们公司正在进行整顿。(该公司自己在进行整顿)

　b. 他们公司必须加以整顿。(是外部力量对该公司进行整顿)

2. "加以"后面的宾语必须是及物动词;"进行"后面的宾语一般是及物动词,但也可以是不及物动词。例如:

⑦ 越南从 1986 年开始进行<u>革新开放</u>,到 90 年代末期,开始了更快和更高水平的发展。

3. "进行"也可以作实义动词,表示活动的开始或持续。例如:

⑧ 如果伊拉克的巨额债务得不到减免,他们的重建就无法进行。

综合练习

一、用正确的语调朗读下面的句子。

1. 我以为最基本的一条就是旅游消费者要明白自己在旅游活动中的权利。
2. 要提醒旅游消费者的是,价格与服务是相对应的,不可能有低价位而高档次的服务。
3. 在我们处理旅游投诉的实践中,发票的证据作用是很大的。
4. 如果交涉不成,可以先将游程完成,然后,再解决纠纷。
5. 一旦出现旅游质量问题后,可以有根据的向旅行社要求赔偿。
6. 不应该以旅行社服务质量存在问题,而做出或提出不当的行为和要求。
7. 没有采取适当措施致使损失扩大的,不得就扩大的损失要求赔偿。
8. 有些旅游者以旅行社违约为由滞留旅游目的地不归,增加了食宿等费用,使损失扩大。

二、给下列词语选择正确的解释。

1. 营业执照和许可证(　　)　　A. 出国观光旅游
2. 强买强卖(　　)　　B. 除了合同规定以外,须另外付费的项目
3. 出境旅游(　　)　　C. 心里很明白、了解
4. 吃亏上当(　　)　　D. 完全由自己决定的行为
5. 心中有数(　　)　　E. 非常后悔
6. 后悔莫及(　　)　　F. 由主管部门发给的准许营业的凭证
7. 自费项目(　　)　　G. 强迫商家出售,强迫游客购物
8. 自主行为(　　)　　H. 受骗受损失

三、从所给的词语中,选出最合适的填入句中的括号内。

> 明确　享有　强迫　从事　维护　损害
> 交涉　拒绝　防止　提供　考察　签订

1. 海外客商可在福建(　　)除城市总体规划之外的城市规划的编制、咨询活动。
2. 根据《消费者权益保护法》规定,消费者(　　)八项权利。

3. 旅途中要时刻注意饮食卫生，(　　)"病从口入"。
4. 张女士新买的别墅经常漏雨，她多次与物业(　　)也没结果。
5. 中国旅游网可以全面(　　)有关旅行的相关信息。
6. 建设部已经(　　)规定了住宅精装修概念和相应标准。
7. 旅行社不能(　　)游客购买旅游商品。
8. 旅游者在(　　)自己利益的同时，也要履行合同的规定。
9. 有些人名为出国(　　)，实为观光旅游，这是应该坚决杜绝的。
10. 那位负责人(　　)就此事发表任何意见。
11. 它最大的缺陷在于(　　)了资本流动或者说国际资本市场运作的结构。
12. 据悉，整个交易的金额大概在 300 万欧元左右，双方(　　)的合同期约为 5 年。

四、下面四组词语意义或用法相近，很容易混淆，请把它们区别开来。

1. 权利／权力

   A. 以零售为主体的流通业是左右中国经济运行的(　　)中心，它所具有的真正力量就是市场控制力。
   B. 任何用工单位或个人都应该为劳动者提供必要的劳动卫生条件，维护劳动者的基本(　　)。
   C. 客管处拥有管理出租车行业的权力，但这不代表有剥夺出租车公司和司机广告发布的(　　)。
   D. 凡在执业注册地点依法从事执业活动的执业医师，均具有出具处方的(　　)。

2. 考察／视察

   A. 市领导一行(　　)了新建成的瑞康制药公司。
   B. 进行科学研究工作，必须勤于(　　)和思索才能有成就。
   C. 画册的上篇主要选编了邓小平同志 70 年代后期至 90 年代的历次外出(　　)的照片。
   D. 届时，约有 30 名左右主要拥有 EMBA 教育背景的中国新生代企业家将赴新进行为期一周的商务(　　)和高层对话活动。

3. 维持／维护

   A. 我们要正确处理好发展经济与(　　)群众利益的关系，实现大多数群众利益与保护少数群众合法权益的关系。

B. 原先的品牌已经有一定的影响力和用户群,(　　)原汁原味的现状显得更加明智。

C. 在足球比赛中,球迷情绪激动,一名球迷甚至与现场(　　)秩序的安保人员发生了冲突。

D. 他认为统一高考制度不但承担着一定的选拔、教育功能,还肩负着(　　)社会公平与稳定的功能。

4. 损害／伤害

A. 每一个房屋当事人都应增强防范意识,擦亮自己的眼睛,认清房产证的真伪,以免权益受到(　　)时后悔莫及。

B. 这种工薪制度带来的后果是导游员在导游活动中,因利益驱动而忽略服务意识,严重(　　)了游客利益。

C. 本市还将建立一种适应保姆雇佣特点的家政服务综合保险,以专门解决因保姆意外(　　)而发生的赔付问题。

D. 这些学生都是在不经意间,受到紫外线照射致使身体遭受(　　)的。

五、用所给的词语改写下列句子。

1. 出租车司机不能拒绝乘客乘车。(不得)
2. 旅行社提供的线路景点要符合合同的要求。(所)
3. 与会者热烈地讨论了旅游行业的美好前景。(就……进行)
4. 黄金周游客增多,一些人买不到票而滞留外地。(致使)
5. 如果准备就绪,我们就马上开始工作。(一旦)

六、指出划线的词语在句子中的意思。

1. 通过拍卖,可以清楚地了解到自己的车的准确市场价位,让自己卖得清楚明白,不会有<u>吃亏</u>的感觉。(　　)
   A. 幸运　　B. 糊涂　　C. 受损失　　D. 美妙

2. 只有充分地考虑到各方面因素,做到<u>心中有数</u>,自然就能买到物美价廉、爱不释手的笔记本电脑了。(　　)
   A. 心中有把握　　B. 手中有钱
   C. 精明过人　　　D. 精通算术

3. 一些消费者贪图便宜,一般不太在意药品的有效期,很容易<u>上当</u>。(　　)

A. 后悔　　B. 受骗　　C. 妥当　　D. 恰当
4. 曾经有一段真挚的爱情放在我面前,我没有好好珍惜,当失去时我<u>后悔莫及</u>。（　　）
   A. 后悔也来不及　　　　B. 后悔还来得及
   C. 有点后悔　　　　　　D. 一点也不后悔
5. 她要是想走其实是很容易的,就是要<u>放弃</u>很多家产。（　　）
   A. 积累　　B. 花钱　　C. 继承　　D. 丢掉
6. 别墅市场"物以稀为贵",<u>致使</u>房价上扬。（　　）
   A. 导致　　B. 以免　　C. 不免　　D. 以便
7. 无论消费者购买商品价格是高是低,都应及时<u>开具</u>发票。（　　）
   A. 具有　　B. 准备　　C. 写出　　D. 开发
8. 不管遇到多大的困难,你都<u>得</u>按期完成这个研究课题。（　　）
   A. 可能　　B. 应该　　C. 可以　　D. 能够

七、用正确的语序把所给的词语排列成句子。

1. 强迫　旅行社　参加　不得　游客　自费项目。
2. 项目　我们　对　进行了　这个　跟踪调查。
3. 我们　无法想象　遇到　的　是　所　困难　的。
4. 买好　我们　一旦　就　机票　出发。
5. 他　一定　解决　有　这个问题　能力。
6. 观众　他　广大　所熟悉　的　是　老演员。
7. 任何　损害　经济　都　不应该　行为　公共利益。
8. 合同　该　与　借款　招商银行　签订了　公司。

八、用"加以"或"进行"改写下列句子。

（注意：大部分句子既可以用"加以"也可以用"进行"，但有些句子只能用"进行"，不能用"加以"）

1. 据报道,全国越野摩托车锦标赛<u>将于2004年4月至10月举行</u>,设专业80CC组、专业125CCA组等6个赛项。
2. 今年上半年,都江堰市<u>大刀阔斧地改革了农村医疗体制</u>。
3. 昨天,国家环保总局<u>突击查处了40余家污染企业</u>。
4. 在开发新产品之前,必须先<u>细致地调查同类产品的市场</u>。
5. 张总<u>毫不留情地批评了她的失职行为</u>。

6. 如果有什么问题一定要及早处理。
7. 旅游者正在就质量问题与旅行社协商。
8. 地面控制人员近日成功地调整了"勇气"号火星车的飞行方向。

九、造句。

1. 明确——
2. 进行——
3. 从事——
4. 一旦——
5. 提供——
6. 致使——

中国"大步流星"迈向世界旅游强国

生 词

1. 大步流星	dà bù liú xīng	（成）	形容步子迈得大，走得快。
2. 信心十足	xìnxīn shízú	（成）	非常有信心。
3. 毋庸置疑	wúyōng zhìyí	（成）	无需怀疑。
4. 融	róng	（动）	融合、调和。
5. 扮演	bànyǎn	（动）	演员装扮成戏中某一角色演出。
6. 跃居	yuèjū	（动）	跨过某个阶段，跃升为（某个地位）。
7. 目标	mùbiāo	（名）	指想要达到的境地或标准。
8. 输出	shūchū	（动）	从内部送到外部。

课 文

上个月在桂林结束的博鳌亚洲旅游论坛(中国桂林)[1]上,国家旅游局副局长孙钢信心十足地说,到2020年,中国一定能够成为世界旅游强国,旅游业的发展将成为中国全面建设和进入小康社会的主要动力和内容之一[2]。

作为新兴的无烟产业,旅游业正成为中国新的经济增长点[3]。国家旅游局一项统计数字显示,中国旅游业总收入正以年均约12%的速度迅速增长,高于同期国内生产总值约7%的平均增长率。去年我国旅游业总收入为4995亿元,相当于全国国内生产总值的5.2%。旅游业像马力十足的"火车头",带动了商业、交通、餐饮、住宿等相关产业和行业的发展,同时创造了更多的就业机会。最近10年中,劳动密集型的旅游业直接或间接解决了中国3500多万人的就业问题。毋庸置疑,旅游已经融入了中国百姓的社会经济生活中,旅游业在中国经济社会发展中扮演着越来越重要的"角色"。

据国家统计局统计,去年中国入境旅游人数达8900多万人次,比上年增长6.7%。其中入境过夜旅游人数3316万人次,比上年增长6.2%,继续居世界第五位;国际旅游外汇收入达177.92亿美元,比上年增长9.7%,首次跃居世界第五位。据了解,1978年,中国旅游外汇收入为2.6亿美元,1996年为102亿美元,预计今年将达200亿美元,5年后将达300亿美元,这意味着现在只要五六年的时间就能完成过去20年增长100亿美元的目标。世界旅游组织预测,到2020年中国将成为世界第一大旅游接待国和第四大旅游客源输出国。

(文章来源:东方旅游,http://travel.eastday.com,作者:佚名)

注 释

1. 博鳌亚洲旅游论坛

"博鳌亚洲论坛"(英文名:Boao Forum for Asia)是由三位亚太国家的前政要,即菲律宾前总统拉莫斯、澳大利亚前总理霍克和日本前首相细川护熙于1998年共同发起倡议的。基于中国的国际地位、巨大的市场潜力和海南省独特的自然生态环境,发起人建议将"论坛"总部设在中国海南博鳌。这是一个非官方、非赢利、定期、定址的开放性的国际组织。

2002年11月在桂林举办的"博鳌亚洲旅游论坛"则是由中国国家旅游局、博鳌亚洲论坛和亚洲合作对话组织联合主办,桂林市人民政府承办的。论坛围绕亚洲地区的旅游发展、旅游合作、旅游资源开发与可持续发展、工农业旅游的发展、旅游与消除贫困、旅游与扩大劳动就业等议题展开了讨论。

2. 旅游业的发展将成为中国全面建设和进入小康社会的主要动力和内容之一

"小康"本义是指中等的生活水平。全面建设"小康社会"则是中国政府于2002年提出的发展目标,即要在本世纪头二十年,集中力量,全面建设"经济更加发展、民主更加健全、科教更加进步、文化更加繁荣、社会更加和谐、人民生活更加殷实"的更高水平的小康社会。"小康社会"是一个综合性的指标,包括了经济、政治、文化发展的各方面,有关部门参照国际上常用的衡量现代化的指标体系,考虑中国国情,认为全面建设小康社会的基本标准包括了以下十个方面:人均国内生产总值超过3000美元;城镇居民人均可支配收入1.8万元;农村居民家庭人均纯收入8000元;恩格尔系数低于40%;城镇人均住房建筑面积30平方米;城镇化率达到50%;居民家庭计算机普及率20%;大学入学率20%。每千人医生数2.8人;城镇居民最低生活保障率95%以上。

3. 作为新兴的无烟产业,旅游业正成为中国新的经济增长点

所谓"无烟产业",意思是指不会产生废气的产业。如旅游业、会展业和房地产业并称为21世纪的三大无烟产业。

思考和练习

一、根据课文内容,给下列各题选择正确的答案。

1. "旅游业像马力十足的'火车头'",在这句话里,"火车头"比喻旅游业的(　　)。
   A. 强大作用　　　　　　　B. 带动作用
   C. 先进作用　　　　　　　D. 鼓动作用

2. 中国旅游业总收入年均的增长速度约为(　　)。
   A. 7%　　B. 12%　　C. 9.7%　　D. 6.7%

3. 去年中国国际旅游外汇收入(　　)。
   A. 首次跃居世界首位　　　B. 首次跃居世界第五

C. 继续居世界首位　　　　D. 继续居世界第五
4. 课文的主要内容是(　　)。
   A. 旅游业是一种无烟产业　　B. 旅游业可以增加国家外汇收入
   C. 旅游业可以创造就业机会　　D. 中国的旅游业正在快速地发展

二、根据课文内容,判断下列各题的正误。
1. 进入小康社会是旅游业发展的主要动力。(　　)
2. 旅游业带动了商业、交通、餐饮、住宿等各个产业和行业的发展。(　　)
3. 旅游业直接解决了中国3500多万人的就业问题。(　　)
4. 旅游业在中国经济社会发展中的作用越来越大。(　　)
5. 去年中国入境旅游人数达8900多万人次。(　　)
6. 预计5年后旅游外汇收入将比今年增加300亿美元。(　　)
7. 到2020年中国将成为世界最大的旅游客源输出国。(　　)

三、指出划线的词语在句子中的意思。
1. 国家旅游局副局长孙钢<u>信心十足</u>地说,到2020年,中国一定能够成为世界旅游强国。(　　)
   A. 很有信心　　　　　　B. 比较有信心
   C. 有点信心　　　　　　D. 没有信心
2. 作为新兴的<u>无烟产业</u>,旅游业正成为中国新的经济增长点。(　　)
   A. 不生产香烟的产业　　B. 生产香烟的产业
   C. 没有污染的产业　　　D. 污染严重的产业
3. 中国旅游业总收入正以平均约12%的速度<u>迅速</u>增长。(　　)
   A. 非常快　　　　　　　B. 比较快
   C. 非常慢　　　　　　　D. 比较慢
4. 同时创造了更多的<u>就业</u>机会。(　　)
   A. 创立业绩　　　　　　B. 得到职业
   C. 提升职位　　　　　　D. 成就事业
5. <u>毋庸置疑</u>,旅游已经融入了中国百姓的社会经济生活中。(　　)
   A. 值得怀疑　　　　　　B. 毫无疑问
   C. 值得讨论　　　　　　D. 毫无意义
6. 到2020年中国将成为世界第一大旅游接待国和第四大<u>旅游客源输出</u>

国。(　　)

A. 中国人到国外旅行　　　　B. 外国旅客来中国旅行

C. 中国人在国内旅行　　　　D. 外国旅客在本国旅行

四、根据课文内容,回答下面的问题。

1. 举例解释什么是无烟产业?

2. 为什么说旅游业正成为中国新的经济增长点?

3. 旅游业在中国经济社会发展中扮演着什么样的角色?

4. 为什么说现在只要五六年的时间就能完成过去 20 年增长外汇 100 亿美元的目标?

5. 你认为目前中国旅游业最需要改进的是什么?

第 9 课

加入 WTO 首年看海关

一 生 词

1. 世贸组织 Shìmào Zǔzhī （专名） 世界贸易组织(WTO)的简称。
2. 关税 guānshuì （名） 国家的一种商品税,征税对象为进出口商品。
3. 税率 shuìlǜ （名） 征收税额的比率。
4. 挑战 tiǎozhàn （动） 主动要求对方与自己战斗或竞争。
5. 税收 shuìshōu （名） 征税所得的收入。
6. 打私 dǎsī （动） 打击走私。
7. 首年 shǒunián （名） 第一年。
8. 总署 zǒngshǔ （名） 行政机关的名称,通常是在某一方面的主要负责机构。
9. 感慨 gǎnkǎi （动） 心灵受到某种感触而慨叹。
10. 惊心动魄 jīng xīn dòng pò （成） 形容内心震动极大。
11. 征收 zhēngshōu （动） 政府依法向人民收取或上级按规定向下属收取。

12. 履行	lǚxíng	（动）	实行（诺言、协议、职责、义务等应做之事）。
13. 承诺	chéngnuò	（动、名）	答应下来；答应下来的话。
14. 税则	shuìzé	（名）	税的原则、法则。
15. 税目	shuìmù	（名）	税的项目。
16. 降税	jiàngshuì	（动）	降低税率。
17. 进度	jìndù	（名）	进展的速度；进行工作的先后快慢的计划。
18. 一线	yīxiàn	（名）	前线；最接近具体工作任务的岗位。
19. 估价	gūjià	（动）	对商品的价值进行估计。
20. 完税价格	wánshuì jiàgé		海关认定的作为计征关税基础的价格。
21. 申报	shēnbào	（动）	向上级或有关部门提出书面报告。
22. 成交	chéngjiāo	（动、名）	买卖双方达成一项或一笔交易。
23. 举证	jǔzhèng	（动）	提出证据。
24. 环节	huánjié	（名）	相互关联的许多事物中的一个。
25. 预算	yùsuàn	（动、名）	事先计算；国家机关、团体和事业单位等对于未来的一定时期内的收入和支出的计划。
26. 趋势	qūshì	（名）	事物或局势发展的动向。
27. 把关	bǎguān	（动）	把守关口，比喻按标准检查，防止出错。
28. 便捷	biànjié	（形）	方便快捷。
29. 联网	liánwǎng	（动）	把两个以上的供电、电讯、计算机等网络联接起来，形成更大的网络。
30. 监管	jiānguǎn	（动）	监视看管。
31. 试点	shìdiǎn	（动、名）	全面开展工作前，先在一处或几处试做；正式进行某项工作之前，做小型试验的地方。
32. 看重	kànzhòng	（动）	重视，或者对人或事情估计过高。

33. 推进　tuījìn　（动）　　　推动前进。
34. 违法　wéifǎ　（动）　　　违反法律。
35. 守法　shǒufǎ　（动）　　　遵守法律。
36. 优化　yōuhuà　（动）　　　使变得更好。
37. 透明度　tòumíngdù　（名）　比喻事情公开的程度。

课　文

2002年是我国加入世贸组织的第一年,关税税率[1]降低,市场进一步开放,中国海关面临的挑战也是前所未有的。税收压力空前,打私形势复杂。这一年间,海关的管理理念、工作模式都在发生着巨大的变化。

说起中国海关在加入WTO首年经历的考验,海关总署署长牟新生感慨颇多,他用了四个字——"惊心动魄"。

加入WTO对中国的挑战是多方面的,而海关工作中受影响最直接的就是税收。为履行加入世界贸易组织承诺的2002年关税减让义务[2],自去年1月1日起中国政府对关税税率进行了调整。调整后,2002年进口税则中总税目数增加到7316个,其中5332个税目的税率有不同程度的降低。降税后,中国关税总水平从15.3%下降到12%。这对海关税收影响特别大,甚至超过了政府部门和专家的估计。2002年上半年海关税收只有1136亿元,同比下降近92亿元,与计划进度相比,少收近64亿元。这种情况以前是没有过的。许多一线的关员告诉牟新生,从来没有像现在这样感到肩上的压力巨大。

加入世贸组织以后,海关还必须执行世界贸易组织的估价协议[3]。什么叫估价协议?简单地说,就是海关确定进出口货物完税价格的一个协议。没有加入世界贸易组织以前,按照我国的规定,在估价方面,海关处在主动的地位。加入世界贸易组织后则不同了,海关在确定进出口货物的海关完税价格时是以进出口商申报的实际成交价格为基础的[4]。完税价格高,则征税多,反之,则征税少。就这一点而言,对海关来说是冒很大风险的。如果对申报价格有怀疑,海关可以依法举证[5],但必须做大量的工作,必须有依据。

海关税收是一个方方面面都很关注的问题,最后的结果是令人满意的。全年征收关税和进口环节税净入库2590亿元,比年初财政预算计划多收190亿元,比历史上最高的2001年多收了98亿元,再创历史新高。而为达到这一目标,海关上上下下所付出的努力确实是难以言说的。

牟新生说,海关很早就注意到贸易量迅速增长的趋势。在对外开放不断扩大、外贸进出口大量增加的情况下,海关如果一味强调把关是很被动的。2002年,作为现代海关制度中心环节和突破口的通关作业改革[6]得到全面实施。"快速通关""便捷通关""无纸通关""联网监管"、出口加工区试点等各项配套改革稳步推进。同时海关总署还及时协调推广了上海"大通关"[7]经验。

重新认识海关与企业的关系是一个非常重要的问题。这也是加入世贸组织以来海关管理思想的变化。海关与企业,既是管理与被管理的关系,也是服务与被服务的关系,现在海关把这定位为一种合作伙伴关系。牟新生说,因为我们感到,外商现在到中国投资,特别看重通关环境。世界500强中400多家企业都在中国设厂,有一些把研发中心设在中国。都看好中国,为什么呢?调整通关环境,通关效率高,这对外商吸引力很大。比方说,有一个台商在深圳最早建了一个富士康厂,后来在苏州、在北京又分别建了一个,就是因为通关环境好。但是我跟富士康的老板开过玩笑:"我把丑话说在前面,你守法,我为你服务,如果你要走私违法的话,我们不客气,专门找你的麻烦。"这也是大家经常说的"守法便利"。

牟新生认为,通关环境是否优化已经成为外商来中国投资的一个重要先决条件。衡量通关环境,一是看通关是否快捷便利、成本低;二是看是否依法办事、透明度高;三是有关部门是否服务热情。中国去年的外贸进出口,用中央和国务院领导同志的话来说,有将近20%的增长,这是原来没有预料到的,在这里面海关也作出了自己应有的贡献。

(文章来源:海湾信息网,http://www.hebgccgst.com.cn,作者:佚名)

注 释

1. 关税税率

各国海关对进出口货物课征关税的税率,称海关税率。

2. 关税减让义务

世贸组织成员关税方面的基本义务主要有两项:(1) 非歧视性地征收关税;(2) 降低并约束关税。

3. 估价协议

为了实施多种贸易政策措施,特别是征收从价税,需要对商品的价值加以评估。进口商应缴纳此类关税的金额取决于关税税率和对进口商品的估价。海关估价协议的目的是制定一项公平、统一和中性的海关对商品的估价制度,既符合商业实践的要求,又可避免武断或虚构的海关估计。

4. 海关在确定进出口货物的海关完税价格时是以进出口商申报的实际成交价格为基础的

"实际成交价格"是一般贸易项下进口或出口货物的买方为购买该项货物向卖方实际支付或应当支付的价格。海关根据规定,以实际成交价格为基础确定税率,税后的价格就是"海关完税价格"。

5. 依法举证

依照法定程序提供诉讼证据。

6. 通关作业改革

实行通关作业改革,就是按照集约化、信息化、规范化、专业化的要求,建立审单系统、物流监控、职能管理三大系统,形成新的业务管理体制和通关管理模式。

7. 大通关

为了提高上海口岸工作效率,改善贸易投资环境,上海市政府于2000年6月启动"提高口岸工作效率工程",简称"大通关"。

预 习 题

一、根据课文内容,给下列各题选择正确的答案。

1. 第一段的主要意思是( )。

A. 2002年中国海关的管理理念、工作模式都在发生着巨大的变化

B. 2002年是我国加入世贸组织的第一年

C. 2002年中国海关关税税率降低,市场进一步开放

D. 2002年中国海关税收压力空前,打私形势复杂

2. 第二段和第三段的主要意思是(　　)。

　A. 加入WTO后,中国海关履行了关税减让义务,这对海关税收影响特别大

　B. 加入WTO后,2002年进口税则中总税目数增加了

　C. 加入WTO后,2002年进口税则中税目的税率降低了

　D. 加入WTO后,许多一线的海关关员感到肩上的压力巨大

3. 第四段和第五段的主要意思是(　　)。

　A. 加入WTO后,在估价方面,海关处在主动的地位

　B. 加入WTO后,完税价格高,则征税多,反之则征税少

　C. 加入WTO后,如果对申报价格有怀疑,海关可以依法举证

　D. 加入WTO后,中国海关执行了估价协议,结果令人满意

4. 第六段的主要意思是(　　)。

　A. 海关很早就注意到贸易增长的趋势

　B. 通关作业改革是海关制度的中心环节和突破口

　C. 在贸易量增长的趋势下,通关作业改革得到了全面实施

　D. 海关总署及时协调推广了上海"大通关"经验

5. 第七段和第八段的主要意思是(　　)。

　A. 海关与企业互相管理

　B. 海关与企业的关系及通关环境的重要性

　C. 世界500强都看好中国

　D. 衡量通关环境要有三看

二、根据课文内容,判断下列各题的正误。

1. 中国加入世贸组织后,海关经历的考验令人感慨。(　　)

2. 中国政府对海关税率进行调整后,进口税则的总税目数和税率都增加了。(　　)

3. 降税后,中国关税总水平比计划进度下降了3.3%。(　　)

4. 在估价方面,海关始终处于主动地位。(　　)

5. 完税价格低的话,征税就少。(　　)

6. 由于海关的努力,海关税收再创新高。(　　)

7. 在对外开放不断扩大、外贸进出口大量增加的情况下,海关已经不需要强调把关。(　　)

8. 海关和企业的关系的定位一直没有变化。(　　)

9. 外商守法意味着投资的便利。(　　)

10. 通关快捷、便利能吸引更多的外商来中国投资。(　　)

三、根据课文内容,回答下面的问题。

1. 加入WTO后,中国海关面临的挑战表现在哪些方面?
2. 为什么说海关工作中受影响最直接的就是税收?
3. 什么叫估价协议?
4. 为什么说执行估价协议后,海关冒很大风险?
5. 在贸易量迅速增长的情况下,海关需要做什么工作?
6. 怎样衡量通关环境?
7. 中国外贸进出口量增长的原因是什么?

词 汇 例 释

一、空前

形容词。以前没有过的,表示程度、情况等很不一般,形容极不平常的事情。可以在形容词前面作状语,也可以在名词前面作定语。例如:

春节期间,市场空前繁荣。

去年夏天,洪水让农民遭受了空前的损失。

二、颇

副词。很,相当地。

1. 后接单音节形容词。例如:

最近受寒流影响,感冒的同学颇多。

提及最近的国际形势,他感慨颇多。

大家对他的评价颇好。

2. 后接双音节形容词时,或者是否定式,或者加"为"再接双音节形容词。例如:

最近我的心情颇不舒服。

临近考试,我的心情颇为紧张。

三、影响

1. 名词。对人或事物所起的作用。可以作主语或宾语。例如:

这种影响不是很快就能看清楚的。

这篇文章很有影响。

2. 动词。对思想或行为等产生(好的或坏的)作用,可带"了、着、过",可带宾语或兼语。例如:

这样做已经影响了他的健康。

他的模范行为影响着周围的同学们。

这些事从来没影响过我的工作。

四、满意

形容词。感到已经足够。可带"了、过",也可跟在"使"、"令"、"让"后面,不带宾语,可受程度副词修饰。例如:

有这样的条件,我已经很满意了。

在这次运动会上,我校同学取得的成绩不太令人满意。

五、风险

名词。比喻难以预料的不平常的危险。常跟在"冒"、"有"等动词后面。例如:

这次军事行动要冒很大风险。

从事股票投资会有很大风险。

六、依据

1. 及物动词。根据某种前提得出结论或者根据某种情况作为语言行动的基础。例如:

依据群众的意见,咱们再把这个问题研究一下。

2. 名词。作为依据的事物。例如:

你说话要有依据。

这些出土文物是我们研究秦代文化的重要依据。

辨析:"依据"和"根据"

"依据"和"根据"都指以某一事物作为言论行动的根据。"依据"强调论断或言行的凭据,多用于法令、文件等,为书面语。"根据"强调论断或言行的根本来源,兼用于口语和书面语。

七、关注

及物动词。关心并重视。例如:

目前,世界各国都在关注着中国的经济发展情况。

全社会应该对青少年的身心健康问题予以更大关注。

随着经济的发展,人们对精神生活的关注已超过了对物质生活的关注。

辨析:"关注"和"关心"

"关注"比"关心"程度重,是特别注意和重视的意思,多用于事物,有时也用于人,带有郑重色彩,常用于书面语。

"关心"泛指常放在心上,表示对事情的注意、重视,对象较广。例如:

市民对城市下一步的规划很关心。(若改用"关注",程度不同。)

此外,"关心"还可作为名词。例如:

他对孩子的关心超过了一般的父亲。(不能用"关注")

八、履行

动词。做自己答应或者应该做的事。后接名词。

辨析:"履行"和"执行"

"履行"和"执行"都是行动、做事的意思,但行动的依据、目的稍有不同。"履行"侧重的是按照职责、义务做应该做的事。"执行"是指按指令、要求做事。例如:

军人要履行保卫国家的职责。

去年夏天,我到新疆执行任务。

以上两句,"履行"和"执行"不能互换。

九、一味

副词。表示不顾其他,专注于某事;或单纯地只顾自己的要求或愿望,不考虑别人的想法或客观条件。用于书面。多用于贬义。例如:

一味追求数量,只能使质量降低。

他并不是一味迁就别人的人。

辨析:"一味"和"总是"

"总是"在用法上:

(1)动作、行为、状态从过去到现在一直如此,很少例外。有强调的意味。例如:

桂林的风景总是那么美丽宜人。

学校的老师总是那么热情、耐心、细致、周到。

(2)表示事情和情况必然会如此,相当于"终归",常用于条件句中。有强调的意思。例如:

不管条件好坏,他总是提前完成工作任务。

只要肯下功夫,总是学得会的。

"总是"多用于口语,而"一味"多用于书面语。

十、推进

动词。

1. 推动事业或工作,使发展前进。例如:

把两国关系推进到一个新的阶段。

我这样做完全是为了推进工作。

2. (作战的军队)向前进;(战线)向前挪。例如:

我军逐步向纵深推进。

战线推进到敌军城下。

辨析:"推进"和"推动"

都有用力使事物前进的意思。"推进"侧重于使事物前进或使加速前进,多用于抽象事物。例如:

我们决心把教育改革推进到一个新的阶段。

科学理论的研究有利于推进生产的提高。

"推动"侧重于使事物从静止状态开始运动,可用于具体或抽象事物,使用范围较广。例如:

只要稍微推动一下,玩具车就向前跑去。

在科学发明的推动下,生产工具越来越先进了。

他们在农村深入宣传,以便推动工作的开展。

此外,"推动"没有推进的第 2 种用法。

十一、协商

动词。为了取得一致意见而共同商量。可直接作谓语,也后可接动词、表示时间的状语等。常用于书面语,比较庄重。

从意义上看,"协商"是多指动词,必须要两个或两个以上的主体。例如:

贸易争端需要<u>大家</u>共同协商。("大家"表示群体概念)

就如何解决环境污染问题,<u>公司和环保部门</u>协商了一个多月。(主语是联合词组)

这件事情你去<u>跟老张</u>协商一下吧。(用介词结构引入协商对象)

但从语法上看,"协商"的主题必须出现在动词之前,只能说"A 和 B 协商",不能说"A 协商 B"。"协商"可以带宾语,宾语表示协商的内容,例如:

他打算跟对方公司再协商一下那个合同的事情。

辨析:"协商"和"协调"

"协调"也是动词,主要有以下两种用法:

(1) 调配适当。例如:

农业、轻重工业要互相协调,才能顺利发展。

(2) 调配协和。例如:

协调好生产和销售的关系很重要。

"协商"和"协调"都是动词,都有共同配合的意思。"协商"侧重指共同商量以便取得一致意见,重在商量。"协调"侧重于彼此配合适当、默契,步调一致,多用于关系、动作等。例如:

滑冰时强调动作协调。

关于那些问题请你们协商解决。

上述两句中,"协商"和"协调"不可互换。

十二、难以

副词。

1. 不容易;不易于。主要用在动词前。多用于书面语。例如:

资料不多,难以下笔。

事情太复杂,目前还难以下结论。

2. 后可接别的词,构成惯用语。如难以自拔、难以启齿等,多用于消极意义。例如:

他承受着难以言说的痛苦。

他把事情说得这么奇怪,真是令人难以置信。

这个人恶劣的品行实在难以形容。

当时的情景使同学们心情难以平静。

> 辨析:"难以"和"难于"。

"难于"构成比较句,意思是"比……难",跟"难以"意思完全不同。例如:

今年的考题难于往年。

十三、反之

连词。从相反的方面说。用在两个小句、句子段落中间,起转折作用,引出同上文相反的另一主要意思。"反之"后有停顿。

1. 引出与上下文相反的内容或结果,可换成"否则"。例如:

对于你明白的,我就少讲一点儿,反之,你不明白的,我就多讲一点儿。

2. 引出与上下文不同的另一侧面,说明同一个道理,得出同一个法则、规律,后多跟"亦然"。例如:

如果一出戏把所有的细节都表现出来,会使人感到乏味。反之亦然。

名词和量词的重叠

一、名词的重叠

在汉语中,有些名词可以重叠。单音节名词重叠为"AA"形式,如"人人"、"家家"、"年年"、"月月"、"天天";双音节名词重叠为"AABB"形式,如"方方面面"等重叠后表示全体、所有的、每一个。重叠后只能作主语或状语,不能作定语。此外,谓语前一般要用"都"。例如:

① 海关税收是一个<u>方方面面</u>都很关注的问题。

此外,还有一种情况,就是两个近义或对义的单音节名词形成并列词组,然后,用"AABB"的方式重叠,重叠后表示泛指。例如:

家家户户(近义并列重叠)——泛指每一户人家。

花花草草(对义并列重叠)——表示很多各种各样的花草。

男男女女(对义并列重叠)——表示所有的人。

有些单音节方位名词也可以用这种方式重叠,重叠后表示"每一个地方"或"每一个方面"等。例如:

② 李姐很能干,里里外外真是一把好手。(指工作和家务等各个方面)

③ 为达到这一目标,海关上上下下所付出的努力确实是难以言说的。(表示从上级领导到普通员工每一个人)

④ 他前前后后共用了十年时间,终于写完了这部巨著。(指撰写这部著作所花费的所有的时间)

二、量词的重叠

1. 名量词重叠

量词可以用"AA"形式重叠,跟数词"一"组合之后,又可以重叠为"一AA"、"一A一A"或"一A又一A"形式,如"一个个"、"一个一个"、"一个又一个"等。重叠后可以表示以下几种意思:

(1) 表示"每一",即群体中的任何一个,如"他们(一)个个身强力壮"。(常用"AA"或"一AA"形式。)

(2) 表示"逐一",即按先后顺序每一个,如"一本本看过去"、"一个一个仔细检查"。(常用"一AA"或"一A一A"形式。)

(3) 表示数量多,如"造起了一幢幢新房子"、"收到一批(又)一批来信"。(上述三种形式都可以)

2. 动量词重叠

动量词也可以用类似的方式重叠,重叠后表示反复多次的意思。值得注意的是,动量词一般出现在动词后面作补语,但重叠以后却有所变化。"一AA"和"一A一A"只能出现在前面作状语,后面可以用"地"。例如:

⑤ 他一次次(地)来看你,你却从来没有去看望过他。

⑥ 我一遍一遍地教他,教了半天,他还是不会,真没办法。

"一A又一A"可以在前面作定语,也可以在后面作补语。例如:

⑦ 我一次又一次地问他,他就是不吭声。

⑧ 因为这笔钱数目太大了,她数了一遍又一遍,总觉得不放心。

综合练习

一、用正确的语调朗读下面的句子。

1. 2002年是我国加入世贸组织的第一年,关税税率降低,市场进一步开放,中国海关面临的挑战也是前所未有的。

2. 加入WTO对中国的挑战是多方面的,而海关工作中受影响最直接的就是税收。

3. 降税后,中国关税总水平的下降对海关税收影响特别大,甚至超过了政府部门和专家的估计。

4. 加入世贸组织以后,海关还必须执行世界贸易组织的估价协议。

5. 海关税收是一个方方面面都很关注的问题。

6. 在对外开放不断扩大、外贸进出口大量增加的情况下,海关如果一味强调把关是很被动的。

7. 为达到这一目标,海关上上下下所付出的努力确实是难以言说的。

8. 重新认识海关与企业的关系是一个非常重要的问题。这也是加入世贸组织以来海关管理思想的变化。

9. 海关与企业,既是管理与被管理的关系,也是服务与被服务的关系,现在海关把这定位为一种合作伙伴关系。

10. 通关环境是否优化已经成为外商来中国投资的一个重要先决条件。

二、给下列词语选择正确的解释。

1. 难以言说（　　）　　A. 从来没有过的
2. 协调（　　）　　　　B. 触动心情而发出叹息
3. 惊心动魄（　　）　　C. 形容内心震动极大
4. 趋势（　　）　　　　D. 大概地推测、计算
5. 协议（　　）　　　　E. 不容易说,不好说,形容复杂的感受或心情
6. 一味（　　）　　　　F. 心中存有疑问
7. 前所未有（　　）　　G. 共同商量确定下来各方面都遵守的行动原则
8. 估计（　　）　　　　H. 事物发展的动向
9. 怀疑（　　）　　　　I. 不顾其他,专注于某事,或状态单

一;单纯地

10. 感慨（ ）　　　　　　J. 使几个人或单位行动上互相配合、调节

三、从所给的词语中,选出最合适的填入句中的括号内。

> 预算　估计　协调　一味　趋势
> 方方面面　关注　履行　突破口

1. 为保证获取更多利润,电脑公司开展了商业(　　)业务。

2. 作为股票市场,(　　)等待宏观经济暖风的吹拂,恐怕只是一厢情愿的事。

3. (　　)现在的经济情况,正是在等待问题被发现并加以解决。

4. 公民必须(　　)法定的义务。

5. 当遇到困难时,应当积极行动,寻求解决问题的(　　)。

6. 加入世贸组织后,海关的(　　)都在发生巨大的变化。

7. 他研究的问题是东南亚国家的分权(　　)。

8. 根据(　　),今年上半年的贸易进出口总额有所上涨。

9. 李经理在管理上很有经验,具有(　　)各方面的能力。

四、下面五组词语意义或用法相近,很容易混淆,请把它们区别开来。

1. 一味/总是

　　A. 一家有名的电脑公司表示,他们希望进一步拓展销售市场而不想(　　)生产台式计算机。

　　B. 如果工作没有计划,就(　　)忙而无用、劳而无功。

　　C. 著名经济学家吴敬琏教授在《中国加入WTO后民营经济发展战略》的专题报告中认为,民营经济不能(　　)笼统地放弃家族式管理。

　　D. 你(　　)能把复杂的东西简单化。

2. 难于/难以

　　A. 因为经济发展水平较低,计算机应用技术在贫困地区(　　)被广泛推广。

　　B. 电影《十面埋伏》的票房(　　)超越《英雄》。

　　C. 中国出境游增长迅速,而旅行社的服务质量(　　)形成市场竞争

力。

D. 就目前中国房地产上市公司的表现来看,投资盈利(　　)以往。

3. 履行/执行

A. (　　)出口合同的程序,一般包括备货、报关、保险等工作环节。

B. 因公司控股股东未能(　　)还款协议,该股东将被追究违约责任。

C. 我这次来,就是为了与你们商量合同的(　　)事宜。

D. 因证据不足,欧盟暂时停止了对微软(　　)惩罚的决定。

4. 关注/关心

A. 这个公司的领导很(　　)他们的下属。

B. 由于新闻的大力报道,大家都很(　　)陕西彩票造假案。

C. 作为一个企业最(　　)的就是利润。

D. 政府对股市近期的异常波动表示(　　)。

5. 协商/协调

A. 通过(　　),他们终于达成了一致意见。

B. 合同上没有提到的问题由双方(　　)解决。

C. 科技与教育一定要(　　)一致,共同发展。

D. 公司各种资源的(　　)利用表现了领导不平常的领导能力。

五、用所给的词语改写下列句子。

1. 香港青年奖励计划旨在培养青少年的均衡发展和自我主动表示跟自己竞赛的精神。(挑战)

2. 昨晚法国队和英格兰队的比赛中,法国队核心齐达内表现神勇,几乎是一个人击败了英格兰。赛后记者受到感触而慨叹地说:"法国队是一支非常优秀的队伍,齐达内太出色了。"(感慨)

3. 《解放日报》讯,昨晚在上海体育馆进行的津沪女排之战,是本赛季女排联赛开始以来人们受到震动最大的一场比赛。(惊心动魄)

4. 农业加入WTO以后,我国郑重答应:对大宗农产品(包括小麦、玉米、大米、棉花、食糖、豆油、菜籽油、羊毛等)的进口,改原有的绝对配额管理制度为关税配额管理制度。(承诺)

5. 北京市地方税务局发布了关于个人所得税纳税向上级或有关部门提

出书面报告的通告。(申报)

6. 中国经济发展很不平衡,如何进行西部大开发与地方区域经济的配合与和谐发展,是当前工作的主要问题。(协调)

7. 昨天,"中科创业股价操纵案"庭审进入第三天。有关被告在接受完法庭讯问后,此案审理进入提出证据阶段。(举证)

8. 业主借助房地产网站开设的论坛互通信息,交流经验,讨论楼盘的优缺点,最终达成一致:避免楼市纠纷还是把不好听的话先说在前面好!(丑话说前面)

六、用正确的语序把所给的词语排列成句子。

1. 经济发展　面临着　最近几年　上海的　前所未有的　机遇
2. 各方面　努力着　海关　正在　为　通关环境　优化的　创造　而
3. 成功了　他　但　酸甜苦辣　虽然　经历的　难以言说
4. 管理公司　适时变革　的　要　沿用旧例　一味　不能　方式
5. 是否优化　通关环境　先决条件　外商　已经　成为　投资的　来　中国　一个
6. 最近几年　说起　创业　的　张总经理　经历　感慨　颇多
7. 两国　由于　经济　各方面的　文化等　形成了　差异　利益冲突

七、根据名词或量词的重叠规则,给下列各题选择正确答案。

1. 现在＿＿＿＿＿＿＿＿＿＿。
　A. 都家装上了电话　　　B. 家家都装上了电话
　C. 都装上了电话家家　　D. 家家装上了电话都

2. 我＿＿＿＿＿＿＿＿＿＿。
　A. 年年都要来中国一趟　B. 都年年要来中国一趟
　C. 年年来中国一趟都要　D. 都要来中国一趟年年

3. 她这个人很会办事儿,＿＿＿＿＿＿没有不夸她的。
　A. 前后前后　　　B. 上下上下
　C. 前前后后　　　D. 上上下下

4. 她肩上的担子太重了,＿＿＿＿＿＿哪一个不需要她操心?
　A. 前前后后　　　B. 里外里外

C. 里里外外　　　　　　　D. 前后前后

5. 这些照片_____都照得很好。
   A. 张张　　　　　　　　B. 一张又一张
   C. 张　　　　　　　　　D. 一张一张地

6. 我们班跟他们班比赛足球_____都输。
   A. 一场一场　　　　　　B. 场场
   C. 场　　　　　　　　　D. 一场一场地

7. 她胆子很小，数了_____，唯恐出现错误。
   A. 一遍遍　　　　　　　B. 一遍遍地
   C. 一遍又一遍　　　　　D. 一遍又一遍地

8. 我_____，他就是不听。
   A. 提醒他一遍遍　　　　B. 提醒他一遍一遍
   C. 一遍提醒他　　　　　D. 一遍遍提醒他

八、造句。

1. 前所未有——
2. 感慨颇多——
3. 在……方面——
4. 风险——
5. 方方面面——
6. 一味——

加入WTO后的广东农产品市场

生　词

1.	冲击	chōngjī （动）	比喻大的干扰或影响。
2.	预期	yùqī （名）	事先的期望。
3.	分别	fēnbié （副）	各自；个别。
4.	大幅	dàfú （名）	大的幅度。
5.	限制	xiànzhì （动）	局限在某个范围内。
6.	大宗	dàzōng （形）	大量(东西),数量多的(商品或产品)。
7.	实施	shíshī （动）	实际施行(法令、政策等)。
8.	免征	miǎnzhēng （动）	免除征收。
9.	配额	pèi'é （名）	由政府分配给各个企业的进口或出口商品的额度。
10.	势必	shìbì （副）	按事物的发展推测必须会导致(某种结果)。

课　文

　　大洋网讯　加入世贸组织前,不少人认为农产品进口会对国内市场形成较大的冲击[1]。但从广东省一年的对外农产品贸易情况看,农产品进口对国内市场的影响并未如预期的那样严重。相反,去年广东农产品出口有所增长。

　　据海关统计,在过去的一年间,广东省进出口农产品43.5亿美元,比上年增长9%。其中进出口分别增长10.5%和6.7%。专家分析,出现上述情况的原因主要是,受世界主要农产品生产国美国、加拿大等国天气严重干旱影响,主要农产品(粮食、油料作物)供应减少,国际农产品价格大幅上涨。一方面,农产品价格上涨,限制了大宗农产品进口对我国的冲击;另一方面,国际市场农产品价格的上升也促进了我国部分农产品的出口增长[2]。此外,专家还分析,我国对农产品出口积极的政策支持也促进了农产品出口量,比如对大豆等产品出口实施零关税,并对部分农产品交易免征铁路建设基金[3],都有力地提高了我国农产品出口的竞争力。

根据世贸组织规定,我国必须对主要农产品采取关税配额或是单一关税管理[4],不再进行数量限制,并大幅下调了农产品的进口关税税率。业内人士分析说,我国是一个农业大国,关税税率的下调势必对农产品进出口造成冲击。另一方面,从我国农业现状看,由于各种原因,与世界发达农业生产国相比,整体生产水平还处于较落后状态;再者就是由于我国农产品质量安全方面仍然存在不足,也制约了农产品的出口增长。

(文章来源:《人民日报》(海外版),作者:李飞、朱珠,转引自大洋网)

注 释

1. **加入世贸组织前,不少人认为农产品进口会对国内市场形成较大的冲击**

中国是一个农业大国,又是一个发展中国家,相对于发达国家来说,农产品的科技含量相对较低,成本偏高。因此,不少人认为,加入世贸组织后,没有了国家的关税保护,国外农产品由于价格有优势,大量的农产品进口会影响国内市场,使得本国的农产品滞销,价格大幅度下降。

2. **一方面,农产品价格上涨,限制了大宗农产品进口对我国的冲击;另一方面,国际市场农产品价格的上升也促进了我国部分农产品的出口增长**

由于国外农产品价格上涨,进口到我国的农产品的成本上升,利润降低,因此进口的数量减少,从而减少了对我国农产品的冲击。另一方面,由于国际农产品价格的上涨,使得我国某些具备价格优势或品种优势的农产品出口的数量和价格都有所增长,从而也减少了对我国农产品的冲击。

3. **我国对农产品出口积极的政策支持也促进了农产品出口量,比如对大豆等产品出口实施零关税,并对部分农产品交易免征铁路建设基金,都有力地**

提高了我国农产品出口的竞争力

这里列举了中国政府为了鼓励农产品出口而采取的优惠措施。"零关税"即两个以上的国家约定对某些产品互相免征关税。"铁路建设基金"指国务院于1991年起设立的专门用于铁路建设的基金,基金有一部分来源于农产品的税收。为了鼓励出口,政府对一部分农产品免除了这方面的税收。

4. 根据世贸组织规定,我国必须对主要农产品采取关税配额或是单一关税管理

"关税配额(Tariff-rate Quota,TRQ)"指一种计算关税的方法,即对超过一定数量限制(配额)的进口产品采用较高的税率,而对配额以内的进口则采用较低的税率。"单一关税",将配额和其他类型的措施转化成关税称为"关税化"。乌拉圭回合前,部分农产品进口受到配额和其他非关税措施的限制,这些现在已被关税取代,称为单一关税。

思考和练习

一、根据课文内容,给下列各题选择正确的答案。

1. 这篇文章的主要意思是(　　)。

    A. 世界主要农产品生产国主要农产品供应减少,国际农产品价格大幅上涨

    B. 农产品进口对国内市场的影响并未如预期那样

    C. 我国对农产品出口积极的政策支持也促进了农产品出口量

    D. 与世界发达农业生产国相比,我国整体生产水平还处于较落后状态

2. 大豆出口量竞争力的提高,是因为(　　)。

    A. 我国对大豆等产品出口实施零关税

    B. 我国对大豆交易免征铁路建设基金

    C. 我国大豆价格上涨

    D. 我国大豆供应减少

3. 广东省进出口农产品(　　)。

    A. 是上年的9%　　　　　　B. 出口增长率比进口增长率高

    C. 进口增长率比出口增长率高　　D. 增长原因不明

4. 关税税率的下调势必对中国农产品进出口造成冲击,下列原因不正确

的是（　　）。

　　A．中国是农业大国

　　B．中国农业现状落后

　　C．中国对农产品进行数量限制

　　D．中国农产品质量安全方面存在不足

二、根据课文内容，判断下列各题的正误。

1．有人预期，加入世贸组织后，农产品进口对国内市场的影响会比以前有所增长。（　　）

2．农产品价格大幅上涨的原因是国际主要农产品生产国如美国、加拿大等主要农产品生产国供应减少。（　　）

3．农产品价格上涨对中国农产品出口不利。（　　）

4．中国对农产品出口采取的积极政策提高了农产品出口的竞争力。（　　）

5．关税税率的下调未必对农产品进出口造成冲击。（　　）

6．中国农产品质量安全方面有待改进。（　　）

7．加入世贸组织后，中国可根据情况对主要农产品采取关税配额或单一关税管理。（　　）

三、指出划线的词语在句子中的意思。

1．加入世贸组织前，不少人认为农产品进口会对国内市场形成较大的<u>冲击</u>。（　　）

　　A．撞击　　　　　　　　　　B．冲锋

　　C．触动　　　　　　　　　　D．干扰或影响

2．农产品进口对国内的影响<u>并未如预期的那样</u>严重。相反，去年广东农产品出口有所增长。（　　）

　　A．不如预期出口那样有所增长

　　B．没有像预期出口那样有所增长

　　C．并且和预期出口一样有所增长

　　D．预期出口未必有所增长

3．在过去的一年间，广东省进出口农产品43.5亿美元，<u>比上年增长9%</u>。（　　）

　　A．是上年的0.9%倍　　　　　B．上年少了9%

C. 比上年多9% D. 是上年的9%

4. 我国必须对主要农产品采取关税配额或是单一关税管理,并大幅<u>下调</u>了农产品的进口关税税率。( )

　　A. 向下调整 B. 向下调派
　　C. 向下调动 D. 向下调配

5. 关税税率的下调<u>势必</u>对农产品进出口造成冲击。( )

　　A. 根据推测,发展趋势必然会怎样
　　B. 根据推测,发展趋势未必会怎样
　　C. 根据发展趋势推测必然会怎样
　　D. 根据发展趋势推测未必会怎样

四、根据课文内容,回答下面的问题。

1. 加入世贸组织后,农产品进口对国内市场的影响怎样?
2. 广东农产品进口增长的原因是什么?
3. 中国对农产品出口采取了哪些积极政策?
4. 关税税率的下调对中国农产品进出口造成冲击的原因有哪几方面?

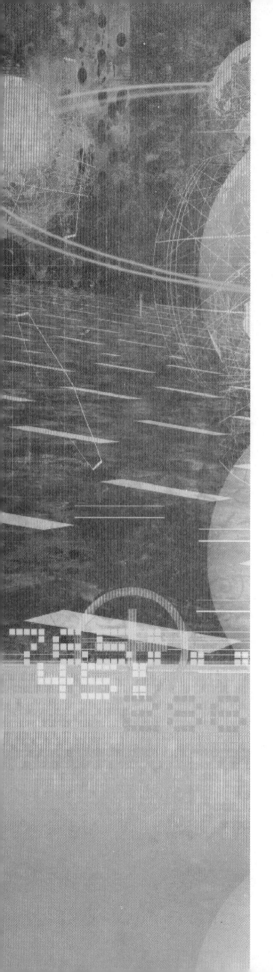

第四单元

第 10 课

车险改革　保费下调

生　词

1. 期盼　qīpàn　（动）　期待；盼望。
2. 改革　gǎigé　（动、名）　改掉旧的、不合理的部分，使之更合理完善。
3. 获悉　huòxī　（动）　得到消息，知道某种情况。
4. 人士　rénshì　（名）　属于某一特定群体的或者有一定社会影响的人物。
5. 透露　tòulù　（动）　泄漏或显露（消息、意思等），通常指报导一些暂不宜公开或未经证实的消息。
6. 条款　tiáokuǎn　（名）　文件、契约等公务或商务性文书上面分条说明的内容。
7. 附加　fùjiā　（动）　作为附属部分或额外地添加上去。
8. 设立　shèlì　（动）　成立、建立（组织、结构等）。
9. 占领　zhànlǐng　（动）　用武装力量取得某个地方；占有。
10. 份额　fèn'é　（名）　在总份数中的一定比例。
11. 采集　cǎijí　（动）　收集。
12. 统一　tǒngyī　（形）　一致的，整体的。
13. 因素　yīnsù　（名）　构成事物本质的成分；决定事物成败的原因或条件。

14.	划分	huàfēn	（动）	把整体分成几部分。
15.	逐步	zhúbù	（副）	一步一步地。
16.	下调	xiàtiáo	（动）	（价格、利率）向下调整。
17.	设备	shèbèi	（名）	指成套的建筑或器材。
18.	引发	yǐnfā	（动）	引起；触发。
19.	预言	yùyán	（动）	预先说出（将来要发生的事情）。
20.	层次	céngcì	（名）	同一事物由于大小、高低等不同而形成的区别。
21.	主流	zhǔliú	（名）	比喻事情发展的主要或本质方面。
22.	补偿	bǔcháng	（动）	抵消（损失、消耗）；补足（缺失、差额）。

专　名

1. 中国人保 Zhōngguó Rén-bǎo　中国人民保险公司的简称,英文名为 the People's Insurance Company of China,英文缩写为 PICC。
2. 保监会 Bǎojiānhuì　中国保险监督管理委员会的简称。

课　文

　　让市场期盼已久的保险公司车险改革方案终于开始浮出水面[1]。昨天,记者从中国人保（PICC）获悉,其自主制定的车险改革方案已经于12月6日正式获得保监会批准[2],成为获批的第一家保险公司。从明年1月1日开始实施的这一新车险方案,无论从费率、产品还是服务上都将比现行固定费率的方案有较大变化[3]。据人保有关人士透露,以北京的私家车为例,车险价格最多将比现在降低近30%。

　　人保此次被批准的车险条款体系共分为8个主条款和11个附加条款[4]。主条款按照客户种类和车辆类别分为家庭自用、非营业、营业汽车条款,按车辆类型分为特种车辆、摩托车、拖拉机专用条款等,同时单独设立了第三者责任险。在车辆附加险中增加了以前没有的车身划痕险和特约救助险等。据悉,这一车险条款体系,是由占领全国车险市场74.3%份额的中国人保[5],采集4500万条数据建立起全国最大的车险数据库[6]后,根据国内保险市场现状,制定出来的费率条款改革方案。

目前,机动车辆保险采用的是监管部门统一制定的费率和条款,各种车辆保费差别不大。在人保推出的改革方案中,地区、车种、用途、驾驶人等都已经成为决定保费差异的因素[7]。记者从人保展示的车险费率表中看到,人保按照车险市场竞争的激烈程度、经营状况和地区道路差异等因素将全国划分为A、B、C、D四类地区。其中A类地区主要指深圳、大庆,B类地区包括东南沿海、华北(含北京)等地,C类地区包括新疆、云贵、华东、福建沿海等地,D类包括西藏、青海、东北、内蒙古等地。从A类到D类地区,保费价格逐步升高。

由于新车险方案对被保险人进行了细分,不同车辆的保险价格会有较大的变化。人保产品开发中心精算处陈东辉博士向记者举例说,以前家庭自用车也就是私家车的保费价格与出租车虽然也有差别,但差距不大,新方案将下调私家车的保险费率,如在北京地区私家车费率下降的最大幅度大约在30%以内。而党政机关、事业单位等公务车由于有较完善的保养维护制度,车险费率将比私家车更低。但也不是所有的车险价格都会降低,对于事故发生率较高的营运货车等车种,保险费率还将上涨。

同时,不同的驾车人和车辆也会有车险价格上的差异。比如私家车如果约定固定驾驶人,保费将可优惠3%左右。而一个有良好驾驶记录的驾驶员、一辆装了ABS气囊和卫星定位系统等安全设备的汽车,都会在上车险时获得价格上的优惠。

曾经有人担心,车险市场放开后会引发各家保险公司的价格战。对此,人保车险部总经理贾海茂预言:车险市场的竞争将从目前低层次的价格竞争发展为"价格+产品+服务"的竞争,而服务将成为明年车险市场竞争的主流。此次从人保的车险方案也可以看出,一些条款已经开始从单纯的补偿型向体现个性化和服务类转化[8]。在被批准的11条补充险中,出现了一种"特约救助险",即每年交纳100多元的保险费,就可以在出现半途抛锚时享受保险公司提供的救援服务。这有点类似于车辆救援俱乐部的服务,只是价格要便宜许多。

(文章来源:《北京青年报》,2002年12月10日,转引自新浪网,作者:佚名)

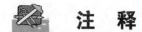
注　释

1. 让市场期盼已久的保险公司车险改革方案终于开始浮出水面

"浮出水面"指某种情况开始公开。长期以来,我国实行统一的车险条款费率管理制度,使不同风险、不同地区的消费者支付同样的保险费,不仅缺乏科学性,而且限制了保险公司开发新险种的积极性。随着中国加入WTO,市场要求改革的呼声越来越高。因此,这里说是"期盼已久"。

2. 其自主制定的车险改革方案已经于12月6日正式获得保监会批准

中国保险监督管理委员会(简称"中国保监会")于1998年11月成立,是全国商业保险的主管部门,依照法律、法规统一监督管理全国保险市场。根据2002年10月发布的《保险法(修正案)》规定,保险条款、费率由保险公司制定,其中关系到社会公众利益、强制性实行的保险以及新开发的人寿保险等品种的条款、费率应当报监管机构审批,其他的只要报监管机构备案。

3. 无论从费率、产品还是服务上都将比现行固定费率的方案有较大变化

在保险领域,保险费率和保险费是不同的概念。

保险费率是指按保险金额计算保险费的比例。通常以‰来表示每千元保险金额应交多少保险费。

保险费简称"保费",是投保人为转移风险而支付给保险人的、与保险责任相应的费用。一般情况下,保险费按保险金额与保险费率的乘积来计算。保险费的数额同保险金额的大小、保险费率的高低和保险期限的长短成正比,即保险金额越大、保险费率越高、保险期限越长,则保险费也就越多。某些情况下,保险费也可按固定数目收取。

这句话意为:新的车险方案和目前的固定费率方案相比,在费率、产品和服务方面都有很大的变化。

4. 人保此次被批准的车险条款体系共分为8个主条款和11个附加条款

旧的机动车保险包括2种主险和9种附加险。其中,主险包括车辆损失险和第三者责任险。这些都是国家统一规定的,保险公司不能突破。改革以后,保险公司可以结合本公司的实力,根据对市场的判断来自主决定设计哪些险种,并制定相应的条款。

5. 占领全国车险市场74.3%份额的中国人保

到2001年底,中国共有保险公司52家。其中,国有独资保险公司5家,股份保险公司15家,外资保险公司13家,中外合资保险公司19家。另外,近20个国家和地区的保险公司在中国设立了约200个代表处。中国人民保险公司、中国人寿保险公司、中国太平洋保险(集团)股份有限公司、中国平安保险(集团)股份有限公司是四大中资保险公司。它们在人寿保险(寿险)和财产保险(财险)两大领域占据了绝大部分的市场。中国人保拥有中国非寿险市场75%的客户,而机动车辆保险是其中的重要部分。

6. 采集4500万条数据建立起全国最大的车险数据库

大规模数据库的建立,有助于保险公司根据大数法则来估算某险种的出险概率。大数法则是概率论的法则之一,是保险的数学基础。它是指一件事重复实验的次数越多,其发生率就会越接近于真实的发生率。比如一个人乘飞机旅行,他出事的概率未知。对他个人来说,安全与事故具有随机性。但是对每年100万人次所有乘飞机的旅行者来说,其中总有20人死于飞行事故。这里的100万人次可以理解为100万次的重复试验,那么根据大数法则,乘飞机出事故的概率大约为十万分之二。这样就为保险公司收取保险费提供了理论上的根据。对个人来说,出险是不确定的;而对保险公司来说,众多的保单出险的概率是确定的。

7. 地区、车种、用途、驾驶人等都已经成为决定保费差异的因素

改革前,基本上根据车辆类型和型号的不同而确定费率差别。新费率则将车、人、路三者共同作为影响费率的因素。司机性别、年龄、驾龄、车辆有无固定驾驶员、有无事故记录都成为投保者支付费用高低的决定因素。高风险的车辆和驾驶者需要付出更高的保费。这使得保险公司减少经营风险,同时也能促使被保险人加强防灾防损意识。

8. 一些条款已经开始从单纯的补偿型向体现个性化和服务类转化

保险的职能分为基本职能和派生职能。保险的基本职能有经济补偿职能和保险金给付职能;保险的派生职能是防灾防损职能、融资职能、投资职能。

预 习 题

一、根据课文内容,给下列各题选择正确的答案。

1. 哪一项不是按照客户种类和车辆类别划分的车险条款?(　　)

　　A. 家庭自用汽车条款　　　B. 摩托车专用条款
　　C. 营业汽车条款　　　　　D. 非营业汽车条款

2. 人保此次被批注的车险条款共有几条主条款?(　　)
   A. 8　　　B. 11　　　C. 30　　　D. 4500

3. 以下哪个地方不属于"C类地区"?(　　)
   A. 新疆　　　　　　　　B. 云贵
   C. 福建沿海　　　　　　D. 东南沿海

4. 以下车辆中哪一车种的保险费率会上涨?(　　)
   A. 私家车　　　　　　　B. 出租车
   C. 营运货车　　　　　　D. 公务车

5. 以下哪一项是2003年车险市场竞争的主流?(　　)
   A. 价格　　B. 产品　　C. 服务　　D. 救助

二、根据课文内容,判断下列各题的正误。

1. 中国人保是车险方案获得批准的第一家保险公司。(　　)
2. 陈东辉博士是采访人保的记者。(　　)
3. 西藏地区的车辆保费价格比北京高。(　　)
4. 在北京地区私家车费率下降的最大幅度大约在80%以内。(　　)
5. 经过这次车险改革,所有的车险价格都会降低。(　　)
6. 贾海茂经理预言:服务将成为今后车险市场竞争的主导因素。(　　)
7. 市场并不期待这个车险改革方案。(　　)

三、根据课文内容,回答下面的问题。

1. 这次的车险改革方案是哪家保险公司制定的?哪个单位批准的?
2. 新方案在哪些方面有变化?会带来什么好处?
3. 各种机动车辆保费差别大吗?为什么?
4. 保费差异可能由哪些因素决定?
5. "车险条款从单纯的补偿型向个性化和服务类转化"是什么意思?
6. 请介绍一下你们国家的保险业状况。

词汇例释

一、期盼

动词。期待并盼望的意思,例如:

许多选民期盼新政府认真抓好经济工作,尽快提高居民的生活水平。

可以作名词用,相当于"期望",例如:

胡锦涛主席表示,尽快恢复伊拉克的和平与安宁,实现伊拉克重建,符合包括伊拉克在内的地区各国的共同利益,也是国际社会的普遍期盼。

辨析:"期盼"、"盼望"和"期望"

"期盼"作动词用的时候,和"盼望"意义相近,可以通用。"期盼"多用于书面语,"盼望"常用于口语。但"期盼"还可以作名词用,"盼望"不可以。

"期望"也可以作名词用,但用途比"期盼"更广泛,能用"期盼"的地方,都能用"期望"替换。但"期望"还有一些习惯的用法,如"殷切期望"等,不能用"期盼"替换。

二、获悉

动词。得到某种消息。例如:

危地马拉的总统候选人贝尔赫获悉初步结果后,于昨晚宣布了自己的胜利。

辨析:"获悉"和"据悉"

这两个词都是新闻报道中的常用词,"据悉"一般只能出现在报道的开头,表示该消息是记者通过采访所得,但前面没有主语,而且不明确说明新闻来源。"获悉"用来作为报道的开头时,前面通常出现主语,并说明新闻来源。例如:

据悉,前三季度我国城镇单位就业人数缓慢回升,形势有所好转。

记者朱剑红从国家统计局获悉:前三季度我国城镇单位就业人数缓慢回升,形势有所好转。

三、获得

及物动词。取得、得到。例如:

如果参加该商场的活动,有机会获得优惠及精美礼品。

新的产品设计获得了公司领导的肯定。

辨析:"获得"、"得到"和"受到"

"获得"的内容是好的、让人满意的;"受到"的内容常常是不好的,比如批评、惩罚;"得到"的内容两种都可以。例如:

这次生意的失败使李先生受到了沉重的打击。

他得到了同事们的信任。

你这种卑劣行径会得到应有的惩罚。

四、透露

及物动词。把原先不为人知的内部情况告诉外部的人。例如：

国家博物馆副馆长董琦透露，除了埃及国宝展，罗马文化展也在酝酿之中，国家博物馆将尽其所能把世界顶尖文化引介到中国。

以色列总理沙龙27日对新闻界说，为了实现中东和平，以色列必须在土地上对巴勒斯坦作出"痛苦让步"，但他拒绝透露让步的具体内容。

辨析："透露"和"泄露"

这两个词都表示把别人不知道的事情说出来，但所讲述的内容的性质不同。"透露"不违反法律法规或团体内部的规定，所讲出来的内容对有关团体或个人一般不会构成损害。"泄露"则相反，其行为往往违反有关法律法规或团体内部的有关规定，所说出的内容往往会对有关的团体或个人带来损害。例如：

表面上是公开、公平的招投标，实际却是已经泄露标底的不公正竞争。

专家们说，外国公司就算通过纳米技术提高了产品性能，也不会说出来，那样岂不是泄露了秘密？

成果的发布、发表不得损害国家安全和利益，不得泄露国家秘密。

"泄露"又作"泄漏"，用于表示信息外泄的时候，这两个词意思相同。但"泄漏"还可以表示有害物质的外泄，"泄露"没这种用法。例如：

1984年，博帕尔市郊农药厂发生甲基异氰酸盐泄漏恶性中毒事故，2500多人中毒死亡

8月12日，经过上海警备区2000余名官兵的昼夜奋战，因油轮破损泄漏在黄浦江江面9公里沿线的油污终于被清理干净。

五、因素

名词。

1. 构成事物本质的成分。例如：

水温是冬泳运动量的决定性因素，每个人的具体情况不同，对寒冷的耐受能力也不同。

2. 决定事情成败的原因或条件。例如：

学习先进经验是提高生产的重要因素之一。

辨析："因素"和"原因"

表示构成成分时,只能用"因素",不能用"原因"。表示原因或条件时,"因素"和"原因"比较接近,有时可以通用。例如：

分析人士认为,今年第三季度的高增长率显示美国经济走上了强劲复苏的轨道。之所以能够如此,从根本上讲,有两个<u>因素</u>起了决定性作用。

这句话里,"两个因素"也可以说"两个原因"。但"因素"侧重于对构成原因的各要素进行分析,"原因"则侧重于跟"结果"构成对比,因此,下面例句中,"因素"和"原因"不能替换：

虽遭受<u>非典等不利因素</u>影响,上海今年前三季度的经济增长依然达到11.8%。

以往发生医疗事故,很多医院采取"私了"的办法。由于医院对主管部门隐瞒事故,使<u>造成医疗事故的原因</u>和教训无法得到及时总结。

六、责任

名词。应做的工作和任务;因为没有做好应做的事而受的批评、处罚或应当承担的过失。常与动词"负、承担"搭配使用。例如：

科学家有责任向社会宣传科学常识及介绍科学动态。

父母应该教育孩子成为对社会负责任的公民。

会计师应对虚假的财务报告承担法律责任。

七、设立

及物动词。在上级部门的安排下,成立组织机构等。例如：

根据协议草案,欧盟将在北约在比利时蒙斯的总部附近设立一个永久的军事参谋和指挥部。

辨析："设立"和"建立"

"设立"通常是由上级部门安排的,"建立"没有这种限制;"设立"通常用于表示成立组织机构,"建立"则可以表示成立组织机构,也可以表示形成某种关系。例如：

中泰建交28年来,两国相互尊重、真诚相待、互相帮助,建立了兄弟般的友好情谊。

八、出来

趋向动词。除了表示动作的方向以外,还常常表示行为的结果,作补语。在书面语中常用"出"。例如：

人的工作能力不是天生的,而是在工作和社会中锻炼出来的。
截止到6月21日,该校应届毕业生的就业率已统计出来,达到90.2%。
这种情况表现出对方的不合作倾向。

九、决定

及物动词。

(1) 人或组织对如何行动作出明确而肯定的主张。例如：

受天气的影响,自行车协会决定取消今年的全国联赛。

(2) 一个事物的状况制约了另一事物的状况。例如：

城市经济水平决定土地价格水平。
专家认为,健康在很大程度上决定于自己的人生态度。

也可以作名词用,例如：

这是厂长的决定。

十、类似

动词。大致相像。例如：

"皮衣之都"海宁今年拿到了不少国际订单,但由于缺少技工,每天至少流失100万美元的订单。类似的现象在浙江屡见不鲜。

> **辨析："类似"和"相似"**

这两个词意思相同,但用法不完全一样,"相似"往往要求用介词"和"(或者"跟"、"同"、"与")引出类比对象。例如：

科研与体育十分相似,竞争性都非常激烈。

"类似"则比较自由,类比对象不一定要以状语的形式出现。例如：

近日,新一期西部地区市县人事局"一把手"培训班在北京行政学院结业。这已是国家人事部一年内第六次进行类似的短期培训。

所以,一般说来,能用"相似"的地方,也能用"类似";但能用"类似"的地方,不一定能用"相似"。

此外,"类似"后面可以用"于"引出类比对象,"相似"不可以这样,例如:

除了建筑业中有"豆腐渣"以外,在其他领域,还有没有类似于"豆腐渣"工程的情况呢?

无条件的条件关系

无条件的条件复句表示在任何条件下,结果都不会改变,它是条件复句中的一个特殊的小类。在无条件的条件复句中,通常是前面一个分句表示条件(任何可能的条件),后面一个分句则表示不变的结果。

在无条件的条件复句中,条件分句的构成方式有特定的要求。通常有以下两种结构模式:

(一)用疑问代词泛指任何可能出现的情况。例如:

① 不管你怎么说,我都不会同意你签这份合同的。

② 无论你做什么买卖,都应该讲究信用。

(二)用正反两种选项来表示任何可能的情况。例如:

③ 不管你同意还是不同意,我都要签这份合同。

④ 无论你做小买卖还是大买卖,都应该讲究信用。

表示条件的分句前通常有"不管"、"无论"等连词,后面表示结果的分句里,则一般需要用"也"、"都"、"还"等副词呼应,强调在任何情况下,结果都不会改变。但值得注意的是,"不管"、"无论"等连词有时可以不出现。例如:

⑤ 我怎么说他都不肯答应。

所以,在辨认无条件的条件复句时,关联词语只能作为参考,重要的是看句子的结构,即前面是否用泛指的疑问代词或正反选项来表示任何情况,后面是否有相应的副词来强调不变的结果。

无条件的条件关系跟让步关系表示的意思相似,但形式不同(关于"让步关系"请参阅本册第二课"语法与修辞"),这两种复句的主要区别是,无条件的条件复句要求用泛指的疑问代词或正反选项来表示任何条件,而让步复句没有这种要求。让步复句一般在条件分句中假设某种对该结果产生不利的条件,或者用"再+形容词(或动词)"来假设不利程度的进一步加剧。例如:

⑥ A. 不管你乐意不乐意,我都要跟你一起去。(无条件的条件关系)
B. 即使你不乐意,我也要和你一起去。(让步关系)
⑦ A. 无论你走到哪儿,我都要把你找回来。(无条件的条件关系)
B. 哪怕你走到天边,我也要把你找回来。(让步关系)

综合练习

一、用正确的语调朗读下面的句子。

1. 让市场期盼已久的保险公司车险改革方案终于开始浮出水面。
2. 据人保有关人士透露,以北京的私家车为例,车险价格最多将比现在降低近30%。
3. 新方案将下调私家车的保险费率,如在北京地区私家车费率下降的最大幅度大约在30%以内。
4. 一个有良好驾驶记录的驾驶员、一辆装了ABS气囊和卫星定位系统等安全设备的汽车,都会在上车险时获得价格上的优惠。
5. 曾经有人担心,车险市场放开后会引发各家保险公司的价格战。
6. 此次从人保的车险方案也可以看出,一些条款已经开始从单纯的补偿型向体现个性化和服务类转化。
7. 这有点类似于车辆救援俱乐部的服务,只是价格要便宜许多。

二、给下列词语选择正确的解释。

1. 优惠（　　）　　A. 拯救援助
2. 细分（　　）　　B. 转变
3. 差别（　　）　　C. 汽车等发生故障而停止行驶
4. 差距（　　）　　D. 详细分类
5. 保养（　　）　　E. 事物之间相差的程度,也指距离某种标准的差别程度
6. 发生率（　　）　F. 形式或内容上不同的地方;区别
7. 转化（　　）　　G. 特别约定或约请
8. 补偿（　　）　　H. 保护修理,使保持正常状态
9. 补充（　　）　　I. 用新的增加物来加强或增加
10. 特约（　　）　　J. 进行社会交际、文化娱乐等活动的团体

和场所

11. 单纯（　　）　　　K. 优待；给予好处
12. 救援（　　）　　　L. 发生的比率
13. 俱乐部（　　）　　M. 赔偿
14. 抛锚（　　）　　　N. 简单

三、从所给的词语中，选出最合适的填入句中的括号内。

> 特约　　划痕　　激烈　　方案　　体系
> 营业　　份额　　上涨　　私家车

1. 自中旬以来，我市粮油购销市场价格出现了较大幅度的（　　）。
2. 新车刚开了几天，车身上就多了几条（　　）。
3. 自2001年以来，考研竞争日益（　　）。
4. 社会保障（　　）包括失业保险、最低生活保障、工伤保险、医疗保险、养老保险、住房福利等。
5. 春节期间，这家商场照常（　　）。
6. 北京市的（　　）越来越多，开车有开车的技术和学问，也有文明与野蛮之分。
7. 未来网络广告的市场（　　）将与电视广告占据同等地位。
8. 小李是电视台的（　　）记者。
9. 在人类抗击"非典"的过程中，产生了很多测量体温的新（　　）。

四、下面六组词语意义或用法相近，很容易混淆，请把它们区别开来。

1. 期盼／盼望／期望
   A. 中国侨联主席林兆枢说，实现祖国的完全统一，是海内外中华儿女的共同（　　）。
   B. 大家（　　）已久的新车终于上市了。
   C. 这是父母亲对你的殷切（　　）。
2. 获悉／据悉
   A. 布什（　　）美国女兵被营救，称其是"很好的"消息。
   B. （　　），重点企业实现利润超3600亿。
   C. 这是记者今天从省人事厅（　　）的。（　　），这是广东实行新的引进高级人才政策后，第一次大规模到外省招聘高级人才。

3. 设立／建立
   A. 三年下来,同学间(　　)了深厚的友谊。
   B. 教育部和财政部决定正式(　　)国家奖学金,以资助家庭经济困难的普通高等学校学生。
   C. 据1月11日消息,升技电脑正式宣布与加拿大ATI科技公司(　　)合作关系。

4. 原因／因素
   A. 影响农作物收成的(　　)很多。
   B. 交通警察试图找出事故的(　　)。
   C. 虽遭受非典等不利(　　)影响,上海今年前三季度的经济增长依然达到11.8%。

5. 透露／泄露／泄漏
   A. 经过上海警备区2000余名官兵的昼夜奋战,因油轮破损(　　)在黄浦江江面9公里沿线的油污终于被清理干净。
   B. 成果的发布、发表不得损害国家安全和利益,不得(　　)国家秘密。
   C. 作为西班牙著名的ACS建筑公司的老板,佩雷兹最近(　　),到明年夏天他的任期结束后,将争取连任皇马主席。

6. 相似／类似
   A. 今后我们要避免发生(　　)的错误。
   B. 姐妹俩长得没什么(　　)之处。
   C. "小灵通"手机有点(　　)于座机的功能,但使用更方便。

五、用正确的语序把所给的词语排列成句子。
1. 保费价格　D类　到　A类　从　升高　逐步　地区
2. 保险公司　开始　水面　让市场　车险改革方案　终于　期盼已久的　浮出
3. 引发　保险公司的　各家　会　价格战　放开后　担心　车险市场　有人
4. 客流量　春节　大幅度　回乡的　增长　期间
5. 期间　有没有　新　上市　什么　优惠　产品
6. 下半年　从　教学大纲　开始　实施　明年　新的

六、用括号里所给的词语,把下面的让步复句改写成无条件的条件复句。
1. 哪怕股指再跌,我也不会清仓割肉。(不管,怎么)

2. 即使你生意再好,也不能怠慢顾客。(无论,好不好,都)

3. 纵然你爸爸是银行行长,按你现在的表现,迟早也要"炒鱿鱼"。(无论,什么人)

4. 如果菜做得不好,哪怕你把饭店开到人家的家门口,人家也不会来吃饭。(不管,哪儿,都)

5. 即使你真的身体不好,既然来上班了,就应该有上班的样子。(不管,怎么样)

6. 明天休息,即使你白天来,我也在家。(无论,什么时候,都)

七、造句。

1. 获悉——
2. 批准——
3. 逐步——
4. 透露——
5. 按照——
6. 采集——

苏州保费激增七成

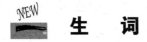

1. 保费 bǎofèi (名)		保险费用。
2. 关 guān (名)		比喻重要的转折点或不容易度过的一段时间。
3. 入世 rù shì		加入世界贸易组织(WTO)。
4. 前所未有 qián suǒ wèi yǒu (成)		以前从来没有过。

5. 百分点　bǎifēndiǎn　（名）　　统计学上称百分之一为一个百分点。

6. 亮点　liàngdiǎn　（名）　　比喻特色、吸引人的地方。

7. 率先　shuàixiān　（副）　　带头；首先。

8. 分红　fēnhóng　（动）　　分取红利(集体企业分配盈余、股份制企业按股份分配利润)。

9. 人寿　rénshòu　（名）　　指人的健康寿命。

10. 蹿　cuān　（动）　　向上跳，向前跳。

11. 直观　zhíguān　（形）　　用感官直接接受的；直接的。

12. 进驻　jìnzhù　（动）　　指(军队)开进某地并驻扎下来。

13. 地盘　dìpán　（名）　　受某人或集团控制的地区或势力范围。

14. 蕴藏　yùncáng　（动）　　积存。

课　文

　　苏州人的风险与保险意识全省第一。在过去的一年当中,苏州人每人掏出800元买保险,远远高出江苏省人均保费支出300元的标准。而业内人士乐观预测,今年苏州保费收入还有望突破70亿元大关。

　　据介绍,去年一年间苏州保险业借入世东风[1]迸发出了前所未有的活力,主体数量迅速上升,产品更新加快,保费收入猛增。据苏州保险同业公会最新统计,去年苏州全市各大保险公司保费收入总额突破47亿元,比上年增加59%,增幅高出全省平均水平10个百分点,并首次夺得全省保费收入头把交椅。以苏州580万的人口来算,在整个江苏省人均保费支出仅为300元的情况下,苏州的人均支付保费为800元。其中,以车险为亮点的财产保险保费收入为11.6亿元,比上年增长23.4%,在省内率先越过10亿元台阶;以分红投资型保险为亮点的人寿保险保费收入为35.4亿元,比上年增加75.6%,从上年的全省第三位蹿升至第一位。

　　苏州保险同业公会的有关人士认为,保费增长无疑是苏州保险业迅速发展的一个直观体现。外来保险公司的进入,激发了苏州保险市场更大的活力。一年来,先后有3家保险营业机构包括一家外资保险公司进驻,使苏州的保险公司一下子扩容到了12家,与原有保险公司抢起了"地盘"2。泰康人寿、华泰财险、美国友邦这些生力军3的加入为活跃苏州保险市场、完善苏州保险行业的服务起了不小的作用。该人士认为,苏州保险市场蕴藏着巨大的潜力,2003年苏州的保费收入将有望增加到70亿元。

(文章来源:《江南时报》2002年1月27日,作者:叶辉)

注 释

1. 借入世东风

借中国加入世贸组织的机遇。"借东风"源于《三国演义》中蜀国军师诸葛亮借助东风风力火烧敌船的故事,比喻抓住并利用一个很好的机会。

2. 抢地盘

本义指黑社会帮派之间相互争斗,争夺势力范围。引申为企业之间通过竞争,抢占市场。

3. 生力军

原指新投入作战的战斗力很强的队伍,比喻新投入的能起积极作用的人员。

思考和练习

一、根据课文内容,给下列各题选择正确的答案。

1. 这篇文章的主要意思是(　　)。

　　A. 苏州市场蕴藏着巨大的潜力

　　B. 苏州保费大幅增长及其原因

　　C. 外来保险公司进入苏州保险市场

　　D. 苏州人的风险与保险意识全省第一

2. 苏州第几次夺得全江苏省保费收入第一名?(　　)

　　A. 第一次　　B. 第二次　　C. 第三次　　D. 第四次

3. 以下哪一家不是新进驻苏州的保险公司?(　　)
    A. 康泰人寿　　　　　　B. 华泰财险
    D. 太平洋保险　　　　　D. 美国友邦
4. 为什么说外来保险公司的进入激发了苏州保险市场的活力?(　　)
    A. 它们与苏州原有的保险公司抢起了"地盘"
    B. 它们使苏州的保险公司大大增多
    C. 它们活跃了苏州保险市场、完善了苏州保险行业的服务
    D. 它们使苏州保费突破了70亿大关

二、根据课文内容,判断下列各题的正误。

1. 江苏省人均保费支出为500元。(　　)
2. 去年一年间苏州保险业抓住了中国加入WTO的机遇,发展迅速。(　　)
3. 去年苏州全市各大保险公司保费收入总额比上年增加了一半左右。(　　)
4. 车险是一种分红投资型保险。(　　)
5. 人寿保险收入达到了全省的第三位。(　　)
6. 保费增长是苏州保险业迅速发展的一种表现。(　　)

三、根据课文内容,回答下面的问题。

1. 财产保险和人寿保险保费的增长和苏州人民的生活有什么关系?
2. 你觉得苏州保险同业公会的有关人士的预测能实现吗?为什么?
3. 请谈谈你对外国保险公司进入中国市场的看法。

第 11 课

得罪不起的 8 种人

生 词

1. 赢得 yíngdé （动） 取得，得到，获得。
2. 提升 tíshēng （动、名） 提高（职位、等级）。
3. 指日可待 zhǐ rì kě dài （成） （事情、希望等）不久就可以实现。
4. 理所当然 lǐ suǒ dāng rán （成） 从道理上说应当这样。
5. 指手画脚 zhǐ shǒu huà jiǎo （成） 形容轻率地指点、批评。
6. 颐指气使 yí zhǐ qì shǐ （成） 颐：指不说话，用面部表情来示意。形容有权势者指挥别人的傲慢神气。
7. 抛 pāo （动） 丢下。
8. 误区 wùqū （名） 较长时间形成的某种错误的认识或做法。
9. 处 chǔ （动） 在。
10. 资历 zīlì （名） 资格和经历。
11. 风浪 fēnglàng （名） 风和波浪，比喻艰险的遭遇。

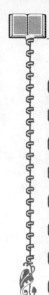

12. 左右　zuǒyòu　（动）　　　　支配、操纵。
13. 不起眼　bù qǐyǎn　（惯）　　不值得重视,不引人注目。
14. 心腹　xīnfù　（名）　　　　亲信的人。
15. 报表　bàobiǎo　（名）　　　向上级报告情况的表格。
16. 配角　pèijué　（名）　　　　比喻做辅助工作或不重要的工作的人。
17. 参与　cānyù　（动）　　　　参加(事务的计划、讨论、处理等)。
18. 偶尔　ǒu'ěr　（副）　　　　有时候,次数不多。
19. 得罪　dézuì　（动）　　　　让人不高兴、生气或怀恨;冒犯。
20. 毁于一旦　huǐ yú yídàn　（成）一旦:一天之间,形容时间短。在一个短时间内全都毁灭了。
21. 关键　guānjiàn　（形）　　　最重要的、最关紧要的。
22. 抵　dǐ　（动）　　　　　　相当,能够代替。
23. 无足轻重　wú zú qīng zhòng　（成）　无关紧要,不重要的。
24. 说三道四　shuō sān dào sì　（成）　随便任意地评论。
25. 不翼而飞　bú yì ér fēi　（成）　没有翅膀却能飞,比喻东西突然不见了。
26. 耽搁　dānge　（动）　　　　拖延、耽误(时间)。
27. 是非　shìfēi　（名）　　　　事情的正确和错误。
28. 小鞋　xiǎoxié　（名）　　　比喻暗中的刁难或施加的压力约束。

课　文

　　一般人都认为,在公司里只要尽心尽力,取得业务成绩,赢得上司的赏识和老总的欢心,加薪提升就指日可待了。而对那些一般行政人员,则没有给予应有的尊重和礼貌,认为得到他们的协助是理所当然的,所以平日就对他们指手画脚,急躁起来甚至会对他们颐指气使,拍桌瞪眼,把人际关系学的那一套都抛到九霄云外去了[1]。这是一个非常严重的认识误区。

事实上,有些办公室人员的职位虽然不高,权力也不怎么大,跟你也没什么直接的工作关系,但是,他们所处的地位却非常重要,他们的影响无处不在。他们的资历比你老,经历的办公室风浪比你多,要在你身上找点毛病、失误,实在是易如反掌。

别轻视办公室里那些鸡毛蒜皮的小事,它们往往能左右你的工作效率;更别小看那些平日不起眼的所谓"小人物",他们的潜能会让你大吃一惊,甚至影响到你的业绩和升迁。财务、人事、秘书、老总的心腹、邻桌的同事、总务、电脑管理、其他部门的共事伙伴都是你绝对碰不得的"红灯族"[2]。

财务
危险等级:●●●●●
千万别以为财务部门只是做做财务报表,开开单据。在数字化生存的时代里,财务部门的统计数据,决定着你的预算大小和业绩优劣,财务人员已经从传统的配角逐渐走入参与决策的权力核心。他们对各个部门业务的熟悉程度会让你大吃一惊,而对金钱的斤斤计较也使得老板对他们言听计从。

警告:金钱是权力的狗腿子,在你没有足够的权力时,最好对他们笑脸相迎。

人事
危险等级:●●●●○
进入公司要靠他们,求得生存也要靠他们,加薪提升更要靠他们,因为他们无处不在。偶尔迟到、早退也许不算什么,但是只要他们想做,随时随地都可以揪你的小辫子,你的表现又会好到哪里去[3]?

警告:敏锐的耳目老板最需要,记住即使在办公室里放松片刻,背后还有一双发亮的眼睛在盯着你。

秘书
危险等级:●●●●●
除了行政和业务主管,秘书绝对是公司的一号人物。他们是老总的亲信、参谋,甚至可能是情人,得罪了他们,简直性命攸关,只要他在老总面前随便说上几句,你的多年努力就会毁于一旦。

警告:决定你事业成败的关键人物,他们的三言两语抵得上你的多年辛劳。

心腹
危险等级:●●●●●

他们可能是老总的旧日同窗好友,可能是童年伙伴、邻居,甚至可能是老总的太太、情人,如果他们发起威来,经理主管们都避之惟恐不及,何况是你?况且他们想要废了你,绝对是借刀杀人不见血,除了仓皇出逃外,你别无生路。

警告:大哥大姐无处不在,进入公司的第一件事、就是把他们认出来,保持距离,永远用恭敬的微笑面对他们是你的最佳选择。

同事
危险等级:●●●○○

远亲不如近邻,与你隔桌相望,你的一举一动都在他们的眼里,甚至你的电话交谈他们都听得一字不漏,如果他们变成跟你近在咫尺的竞争对手,你就太危险了。

警告:当心身边的定时炸弹,每天要带上"墨镜",锁好所有的文件,别露出任何把柄。

总务
危险等级:●●○○○

表面看来,他们显得无足轻重,不那么显山露水,但你却一步都离不开他们,小到一本记事簿,大到办公设备,难道你想让这些琐事败坏一天的情绪,甚至影响你的工作业绩吗?

警告:总务无所不包,甚至包你的升迁机会,所以对他们要有礼貌和耐心,申领一本记事本按规定程序办有什么大不了?总比背后被他们说三道四强。

电脑管理

危险等级：●●●○○

如果换个称呼，你就明白他们的厉害了——资讯管理人员。在信息时代里，信息就是公司的资本和生命，他们不仅管理全公司的电脑系统，而且还掌握着公司最机密的资料，当然包括你的一切秘密。只要他们动一动手指，你的所有资料都可能不翼而飞，到那时再明白可就太晚了。

警告：公司里的间谍和匿名狙击手，尊重他们，并且多向他们请教，才能在信息时代里立于不败之地[4]。

其他部门的共事伙伴

危险等级：●●●●○

越想要出成绩，你就越需要其他部门的通力合作。如果某个项目在每一个部门都耽搁一下，还有什么效率可言！如果再在你背后嘘上几声，或者把部门主管都拉进来，这里面的是非虚实谁能搞得清？

警告：合作伙伴也可能是做"小鞋"的专业户，你要把注意力多放点在他们身上，建立良好的沟通关系，和气相处，互助互益[5]。

（文章来源：《生活时报》，作者：佚名。转引人民网，2001年11月8日http://www.people.com.cn）

注 释

1. 对那些一般行政人员……把人际关系学的那一套都抛到九霄云外去了

这段话的意思是：有的人对行政工作人员态度不好，忘记了搞好人际关系的重要性。

"拍桌瞪眼"或者"拍桌子瞪眼睛"，是惯用语，形容人生气的样子。"人际关系学"是专门研究人与人之间关系以及它的作用、影响的科学。"九霄云外"，九重云天之外，形容极高极远之处。"把……都抛到九霄云外"，形容完全忘记了，完全不顾。

2. 财务、人事、秘书、老总的心腹、邻桌的同事、总务、电脑管理、其他部门的共事伙伴都是你绝对碰不得的"红灯族"

这句话的意思是:财务、人事、秘书、老总的心腹、邻桌的同事、总务、电脑管理、其他部门的共事伙伴等都是不能得罪的人。

"族"是近年来常用的具有新用法的词汇,意思是指具有相同特点的一些人。例如:上班族,有车族,追星族等。

"红灯族","红灯"是指示车辆停止前进的标志灯,具有"禁止"的意思。这里指绝对不能冒犯、得罪的那些人。

3. 偶尔迟到、早退也许不算什么,但是只要他们想做,随时随地都可以揪你的小辫子,你的表现又会好到哪里去

这句话的意思是:有时候会迟到或者早一点下班,对你来说可能觉得没有关系,但是对于人事部门的工作人员来说,这些都可以成为他们手中的把柄,所以如果你得罪了他们,那么他们会把这些都记录下来进行报告,因此,领导对你的印象不会好。

"小辫子"原指分股编紧的头发,这里比喻把柄。"揪小辫子"是惯用语,意思是:抓住把柄,要挟别人。

4. 警告:公司里的间谍和匿名狙击手,尊重他们,并且多向他们请教,才能在信息时代里立于不败之地

"间谍",密探,被派遣或收买来从事刺探机密、情报或进行破坏活动的人员。

"匿名",不露身份、个人特征或不说明是什么人物。"狙击手"指军事行动中埋伏在隐蔽的地点等待机会射杀敌人的人。

这句话的意思是:一定要跟公司里的电脑管理人员搞好关系,因为他们就像间谍,能够了解你的秘密,而如果得罪了他们,他们就会像狙击手一样对你做出不利的事情,而你却完全不知道。

5. 警告:合作伙伴也可能是做"小鞋"的专业户,你要把注意力多放点在他们身上,建立良好的沟通关系,和气相处,互助互益

"专业户"原是指中国农村专门从事某种种植或者养殖的农户,例如:养鸡专业户、养猪专业户等。这里是指专门做某种事情的人。

"做小鞋"或者"给……穿小鞋",如果穿小的鞋子,人肯定觉得不舒服,难以活动。这个惯用语比喻故意出难题,或者故意刁难,不配合,阻碍别人的工作等的进行。

这段话的意思是:如果得罪了合作伙伴,他们就可能故意不和你配合,故意耽误你的计划,因此你必须跟他们搞好关系。

预习题

一、根据课文内容,给下列各题选择正确的答案。

1. 这篇课文的主要意思是什么?(　　)
   A. 除了取得业绩以外,跟八种行政人员搞好关系,对于升迁也非常重要
   B. 有了八种行政人员的帮助,就一定能加薪提升
   C. 有八种行政人员,他们的地位不高,权利不大,所以无足轻重
   D. 行政人员都是坏人

2. 为什么说认为一般行政人员无足轻重是不对的?(　　)
   A. 他们对你的加薪提升无足轻重
   B. 他们的工作都是鸡毛蒜皮的事
   C. 他们会极大地影响你的业绩和升迁
   D. 他们协助工作是理所当然的

3. 下面哪个不是得罪不起的人?(　　)
   A. 总务　　B. 同事　　C. 财务　　D. 专业户

4. 如果想迟到或者早退,应该跟谁搞好关系?(　　)
   A. 财务　　B. 秘书　　C. 电脑管理　　D. 人事

5. 如果得罪了总务,那么你做哪件事会有麻烦?(　　)
   A. 加薪提升　　　　B. 领一支圆珠笔
   C. 请假　　　　　　D. 进入公司

6. 如果公司的最高机密泄露了,那么谁最有嫌疑?(　　)
   A. 财务　　　　　　B. 秘书
   C. 电脑管理　　　　D. 人事

二、根据课文内容,判断下列各题的正误。

1. 在公司里只要尽心尽力,取得业务成绩,赢得上司的赏识和老总的欢心,加薪提升就指日可待了。(　　)

2. 财务部门只是做做财务报表,开开单据,所以财务部门的统计数据,跟你的预算大小和业绩优劣没有关系。(　　)

3. "进入公司要靠他们,求得生存也要靠他们,加薪提升更要靠他们,因为他们无处不在"说的是人事部门。(　　)

4. 秘书、心腹等都是决定你事业成败的关键人物,他们的三言两语抵得

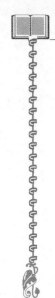

上你的多年辛劳。（　　）

5. 电脑管理往往掌握公司的最高机密。（　　）

6. 以前，财务人员并不怎么重要，现在他们也不可能参与决策。（　　）

7. 课文中说的八种人不能得罪，因为他们都是老总的心腹。（　　）

8. 除了工作尽心尽力以外，跟八种行政人员搞好关系，也是升迁的关键。（　　）

三、根据课文内容，回答下面的问题。

1. 为什么有人没有给一般行政人员应有的尊重和礼貌？

2. 跟过去相比，财务的作用和地位有什么变化？

3. 如果你是一般行政人员，没有得到应有的尊重，你会采用课文中说的做法吗？为什么？

4. 你同意课文的观点吗？你有类似的经历和感觉吗？

5. 除了课文中说的八种人以外，你认为还有哪些人是得罪不起的？为什么？

词 汇 例 释

一、赢得

及物动词。博得，取得的意思。例如：

经历了财务丑闻之后，公司要想重新赢得投资者和广大股民的信任和支持并不是一件容易的事。

演员们的精彩演出赢得了全场观众的热烈掌声。

二、误区

名词。指较长时间形成的某种错误的认识或错误的做法。例如：

维生素摄入量越大越好，这是人们认识的一个误区，其实有的维生素过量不但对身体没有好处，反而会有副作用。

三、风浪

名词。常用以下两个意思：

1. 水面上的风和波浪。例如：

受到台风的影响，海面上风浪很大，小船颠簸得很厉害。

2. 比喻艰难危险的遭遇。例如：

他们的资历比你老,经历的办公室风浪比你多,要在你身上找点毛病、失误,实在是易如反掌。

有些投资者心理准备不足,因此经不起股市的风浪,一旦出现波动,有的人就会承受不住压力,甚至产生轻生的念头。

四、易如反掌

成语。像翻一下手掌那样容易,比喻事情极容易做。例如：

飞利浦公司周四发表了一项与信用卡公司合作开发的新技术,飞利浦公司称,该技术将能让无线商务变得易如反掌。

五、左右

1. 方位词。左和右两方面。例如：

站队的时候,前后左右要对齐。

两个孙女坐在奶奶左右两边。

2. 用于数量之后,指比某一数量稍多或稍少。例如：

昨晚他六点左右到的家。

他们一家断断续续在这里住了三十年左右。

3. 动词。支配,操纵。例如：

他想左右我的决定,没那么容易！

科学技术的创新发展成为左右经济发展的重要因素。

六、不起眼(儿)

惯用语。不值得重视,不引人注目。例如：

这是件不起眼的小事,但给他留下了深刻的印象。

别小看办公室里那些平日不起眼的所谓"小人物",他们的潜能会让你大吃一惊,甚至影响到你的业绩和升迁。

七、鸡毛蒜皮

成语。"鸡毛"指鸡的羽毛,"蒜皮"是大蒜的皮,都是很轻、很小的东西。"鸡毛蒜皮"比喻无关紧要的小事。例如：

他俩经常因为鸡毛蒜皮的小事吵架。

别轻视办公室里那些鸡毛蒜皮的小事,它们往往能左右你的工作效率。

八、斤斤计较

成语。指过分计较无关紧要的事物或琐细事物。例如：

老王对任何事都斤斤计较,太小心眼了。

九、狗腿子

惯用语。即走狗,给有势力的坏人奔走帮凶的人。例如：

一路往回走,总觉得背后有狗腿子跟着,提心吊胆的。

十、抵

及物动词。有以下几个意思：

1. 支撑。例如：

快抵住门,别让风刮开。

他用手抵着下巴,认真地思考着解决的方法。

2. 抵押。例如：

他赌博输了钱,就把房子抵给了人家。

3. 抵消。例如：

动力和摩擦力相抵,所以车在原地不动。

4. 相当,能代替。例如：

他工作能力强,又勤快,简直一个抵两个。

老板秘书是决定你事业成败的关键人物,他们的三言两语抵得上你的多年辛劳。

十一、避之唯恐不及

成语。意思是"就担心来不及躲避"带有夸张语气,形容急于躲避某事或某人。例如：

这种爱慕虚荣的女孩,我避之唯恐不及,哪儿会跟她交朋友?

那个工厂一直亏损,别人都避之唯恐不及,而他却主动要求去那里当厂长。

十二、何况

连词。有两个用法：

1. 用反问语气表示比较起来更进一步的意思。用于后一个小句的句首，后一个小句的谓语与前一小句的谓语相同时，不重复。"何况"前可以加"更、又"。例如：

他是专门学这一行的都不懂，更何况我呢？

再大的困难我们都克服了，何况这么一点小事？

在沙漠里行走本来就够困难的了，何况又碰上这么大的风。

2. 表示进一步申述理由，或追加理由，用法与"况且"差不多。

你去接他一下，这里不太好找，何况他又是第一次来。

让 步 复 句

"即使……也……"、"再……也……"表示让步关系，"即使"引导的句子表示假设，后面"……也……"表示在这种假设条件下，原来的状况并不会有任何改变。

让步复句和假设复句的共同点是前面一部分都表示假设，它们的不同点是让步复句的前后两部分之间有转折，而假设复句的前后两部分之间没有转折。例如：

① 如果有更多的增量资金，股指一定会上涨。（假设复句）

② 即使有再多的增量资金，股指也不会上涨。（让步复句）

一般说来，资金增加对股市有帮助，可以使得股指上涨。但是，在例2中，说话人认为资金的增加对股市没有任何帮助。所以，前后两部分之间存在转折关系。

让步复句的前后两部分之间有转折，但和单纯表示转折的转折复句也不一样。转折复句的前面部分是陈述一个已经决定或已经发生了的事实，而让步复句前面一部分所说的情况仅仅是一种假设，并没有真的发生。例如：

③ 虽然有大量的资金，但股指并没有上涨。（转折复句）

④ 即使有大量的资金，股指也不会上涨。（让步复句）

除了"即使……也……"、"再……也……"之外,表示让步关系的关联词还有"哪怕……也……"、"纵然……也……"、"就算……也……"、"就是……也……"。让步复句的后面部分一般用"也",有时,也可以用"还"。例如:

⑤ 哪怕你再有本事,还是解决不了问题。

综合练习

一、用正确的语调朗读下面的句子。

1. 一般人都认为,在公司里只要尽心尽力,取得业务成绩,赢得上司的赏识和老总的欢心,加薪提升就指日可待了。

2. 而对那些一般行政人员,则没有给予应有的尊重和礼貌,认为得到他们的协助是理所当然的,所以平日就对他们指手画脚,急躁起来甚至会对他们颐指气使,拍桌瞪眼,把人际关系学的那一套都抛到九霄云外去了。

3. 在数字化生存的时代里,财务部门的统计数据,决定着你的预算大小和业绩优劣,财务人员已经从传统的配角逐渐走入参与决策的权力核心。

4. 他们可能是老总的旧日同窗好友,可能是童年伙伴、邻居,甚至可能是老总的太太、情人,如果他们发起威来,经理主管们都避之惟恐不及,何况是你?

5. 远亲不如近邻,与你隔桌相望,你的一举一动都在他们的眼里,甚至你的电话交谈他们都听得一字不漏,如果他们变成跟你近在咫尺的竞争对手,你就太危险了。

6. 越想要出成绩,你就越需要其他部门的通力合作。如果某个项目在每一个部门都耽搁一下,还有什么效率可言!

二、给下列词语选择正确的解释。

1. 赢得(　　)　　A. 东西突然不见了
2. 不翼而飞(　　)　　B. 不值得重视,不引人注目
3. 把柄(　　)　　C. 相当,能够代替
4. 不起眼(　　)　　D. 较长时间形成的某种错误的认识或做法
5. 偶尔(　　)　　E. 让人不高兴、生气或怀恨;冒犯
6. 抵(　　)　　F. (事情、希望等)不久就可以实现
7. 误区(　　)　　G. 无关紧要,不重要的

8. 得罪（　　）　　　　H. 有时候，次数不多
9. 无足轻重（　　）　　I. 取得，得到，获得
10. 指日可待（　　）　　J. 被别人用来攻击或要挟的过失或错误

三、从所给的词语中，选出最合适的填入句中的括号内。

> 赢得　风浪　左右　何况　抵　偶尔　误区　斤斤计较
> 指日可待　不翼而飞　无足轻重　毁于一旦　说三道四

1. 再大的困难我们都克服了，（　　）这么一点小事？
2. 他工作能力强，又勤快，简直一个（　　）两个。
3. 经过二百多年建立起来的城市在大地震中（　　）。
4. 他还没有明白过来是怎么回事，口袋里的钱包已经（　　）了。
5. 那个女孩很有主见，不会被别人（　　）自己的看法。
6. 表面看来，他们显得（　　），不那么显山露水，但小到一本记事簿，大到办公设备，你却一步都离不开他们。
7. 经历了财务丑闻之后，公司要重新（　　）投资者和广大股民的信任和支持并不是一件容易的事。
8. 他太年轻，刚刚毕业，没经历过什么（　　），受不了这样的压力。

四、下面四组词语意义或用法相近，很容易混淆，请把它们区别开来。

1. 提升/提高
   A. 短短两年内，他的职务得到了三次（　　）。
   B. （　　）工资水平是打工者梦寐以求的。
   C. 在这么嘈杂的工作环境中，同事们只能（　　）嗓门说话。
2. 风浪/风险
   A. 做"北美之光"连锁店不仅可以降低经营成本，还可以规避经营（　　）。
   B. 欧洲人花费半个世纪打造的"统一欧洲"航船，将从这里迎着（　　）起航。
   C. 英特尔进入数字电视市场，给整个数字电视产业掀起了巨大的（　　）。
   D. 保险公司出面担（　　），市民购车又将增加一个筹码。
3. 误会/误区

A. 这完全是一场（　　）。

B. 养生保健别进入（　　），胡乱按摩有害无益。

4. 何必/何况

A. 总统都可以选，（　　）足协！如果足协是为人民服务的，就应该是人民选的！

B. 细观此画，并不比真品的笔意差多少，又（　　）去计较其真假呢？

C. 高架有什么不好，一样是路啊，更（　　）高架的车速比较快，离地又高，汽车尾气散得快。

五、用正确的语序把所给的词语排列成句子。

1. 鸡毛蒜皮的　往往　那些　你的　工作效率　左右　能　小事　办公室里

2. 一号人物　秘书　业务主管　绝对　行政　和　除了　是　公司的

3. 总　他们　被　强　比　说三道四　背后

4. 动一动　只要　可能　手指　你的　不翼而飞　所有资料　他们　都

5. 多年的　没想到　会　努力　竟然　毁于一旦　他

6. 你的　随时随地　他们　揪　可以　小辫子　都

六、给下面的句子填上适当的关联词语。

1. （　　）股票再跌，我（　　）不会斩仓割肉。

2. （　　）基本面不容乐观，（　　）从技术面看，最近很有可能会出现反弹。

3. （　　）有人问起，你（　　）说我去总公司开会了。

4. （　　）做过推销员的人，（　　）会知道这项工作是多么不容易。

5. （　　）你说得再好，我（　　）不会和你合作。

6. （　　）你再谨慎一些，这种错误（　　）完全可以避免了。

7. （　　）那些效益好的公司的股票，我（　　）会去买。

8. （　　）公司作了很大的努力，（　　）还是未能挽回损失。

七、造句。

1. 理所当然——

2. 九霄云外——

3. 易如反掌——

4. 不起眼——

5. 何况——

办公室的故事

生　词

1. 理应	lǐyīng	（动）	按照道理应该这样。
2. 以至	yǐzhì	（连）	表示由于前半句话所说的动作、情况的程度很深而形成的结果。
3. 落成	luòchéng	（动）	建筑物建造完成。
4. 后勤	hòuqín	（名）	指后方对前方的一切服务及供应工作；也指机关、团体等的行政事务性工作。
5. 一律	yīlǜ	（副）	全部一个样子；没有例外。
6. 互动	hùdòng	（动）	相互影响，相互沟通。
7. 譬如	pìrú	（动）	例如，比如。
8. 不见得	bújiàndé	（惯）	不太可能，不一定。
9. 俱乐部	jùlèbù	（名）	进行社会交际、文化娱乐等活动的团体和场所（是日语中 club 的音译）。
10. 频繁	pínfán	（形）	（次数）多。
11. 促使	cùshǐ	（名）	推动某物或某事使达到一定目的。

课　文

过去，在办公室里，最舒服的理应是老板，最理想的位置当然非他莫属，然而在考虑到可能对员工效率、士气以至利润带来的影响，老板坐在哪里还重要吗？

英国航空公司（British Airways）新落成的综合办公大楼大胆地把最好的景观保留给一天到晚坐在座位上工作的后勤人员，因为他们认为这样做才是提升工作士气的好办法。

新的办公室空间概念主张,秘书没有必要再做顶头上司的"门神"[1],这样高级主管才能更为接近广大的员工。此外,办公室设计应该符合"新的工作方式",不再以某人办公室的大小、景观好坏判断一个人的身份地位,而是以其工作表现来判断。

专家指出,办公室依据其开放程度可以分为四类,第一种是蜂巢型(hive),属于典型的开放式办公空间,配置一律制式化,个性化极低,适合例行工作,彼此互动较少,工作人员的自主性也较低。譬如电话行销、资料输入和一般行政作业。

第二种是密室型(cell),是密闭式工作空间的典型,工作属性高度自主,而且不需要和同事进行太多互动,例如大部分的会计师、律师等专业人士。

第三种则是鸡窝型(den),一群团队在开放式空间共同工作,互动性高,但不见得属于高度自主性工作,例如设计师、保险处理和一些媒体工作。

第四种是俱乐部型(club),这类办公室适合必须独立工作、但也需要和同事频繁互动的工作。同事间是以共用办公桌的方式分享空间,没有一致的上下班时间,办公地点可能在顾客的办公室、家里,也可能在出差的地点。广告公司、媒体、资讯公司和一部分的管理顾问公司都已经使用这种办公方式。俱乐部型的办公室空间设计最引人注目,部分原因是这类办公室促使充满创意的建筑因此诞生,但是设计师领先时代的创意在考验上班族的适应度。这类办公室没有单独的办公室,各个都以目标用途进行设计,例如有沙发的"起居间"、"咖啡屋"等等。除此之外,这类设计也可以节省金钱,例如安达信顾问公司[2]把法国总部从占地一万平方米的办公室迁到占地七千平方米的新总部,一年可以节省一百万美元。

(文章来源:《中国经营报》,1998年9月1日,作者:红刚)

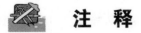

注　释

1. 门神

门神是中国民间贴在门上的神像,贴门神风俗的基本观念是渴望挡住鬼魔,摆脱灾难,得到幸福。这里是说公司人员找主管不必事事都经过秘书。

2. 安达信顾问公司

安达信顾问公司(Andersen Consulting)现名埃森哲(Accenture),是全球领先的管理及信息技术咨询机构,2003年财政年度纯收入达118亿美元,拥有95000多名员工,在全球48个国家和地区设有110多家分支机构。它为客户提供专业服务和业务解决方案,业务包括管理咨询、信息技术、经营外包、企业联盟和风险投资。安达信顾问公司与安达信会计公司(Arthur Andersen)曾是姐妹公司,但现已毫无瓜葛。

思考和练习

一、根据课文内容,给下列各题选择正确的答案。

1. 这篇文章的主要意思是(　　)。
   A. 办公室空间概念的新主张及分类
   B. 在办公室里,最舒服的理应是老板,最理想的位置当然非他莫属
   C. 在办公室里,老板坐在哪里非常重要
   D. 有一种办公室空间类型可以适应任何一种工作

2. 下面哪一种类型适合公务员的办公室?(　　)
   A. 蜂巢型　　　　　　　B. 密室型
   C. 鸡窝型　　　　　　　D. 俱乐部型

3. 下面哪个不是俱乐部型办公室的好处?(　　)
   A. 可以节省资金　　　　B. 充满创意
   C. 可以进行建筑设计　　D. 有单独的办公室

4. 俱乐部型办公室根据什么进行设计?(　　)
   A. 办公室的租金多少　　B. 公司的规模人数
   C. 办公室大小　　　　　D. 目标用途

二、根据课文内容,判断下列各题的正误。

1. 办公室的设计可能对员工效率、士气以至利润带来影响。(　　)
2. 办公室依据其大小和用途分为蜂巢型、密室型、鸡窝型和俱乐部型。(　　)
3. 律师最适合采用密室型办公室,因为他们需要跟同事进行频繁的互动

交流。（　　）

4. 蜂巢型和鸡窝型都是开放式空间的办公室。（　　）

5. 所有的广告公司、媒体、资讯公司和管理顾问公司都已经使用这种办公方式。（　　）

6. 现在可以根据办公室的大小、景观好坏判断一个人的身份地位。（　　）

三、根据课文内容，回答下面的问题。

1. 根据课文，办公室空间分为几种类型？各自的特点是什么？
2. 你认为在办公室里最舒服的位置应该给谁？为什么？
3. 如果你去一家公司工作，你希望有什么样的办公室？

第 12 课

商务谈判三部曲

生 词

1. 冲突　chōngtū　（动、名）　发生争斗或争执；双方的斗争。
2. 难以自拔　nán yǐ zì bá　（成）　自己很不容易从一种境地出来。
3. 境地　jìngdì　（名）　境界；指事物达到的程度或表现的境界。
4. 僵局　jiāngjú　（名）　相持不下的局面。
5. 对局　duìjú　（名）　下棋。
6. 掌握　zhǎngwò　（动）　熟知并能运用；把握，控制。
7. 诚意　chéngyì　（名）　诚恳的心意。
8. 充分　chōngfèn　（形）　充足，尽量。
9. 步骤　bùzhòu　（名）　事情进行的程序。
10. 前提　qiántí　（名）　推理中可以推导出另一个判断的判断；事物发生、发展的先决因素。
11. 申明　shēnmíng　（动）　郑重地说明。
12. 创造　chuàngzào　（动）　首先想出或做出（前所未有的事物）。

13. 框架	kuàngjià	（名）	提供形状或强度的结构系统（如屋架），比喻事物的组织、结构。
14. 沟通	gōutōng	（动、名）	本指开沟以使两水相通。后用以泛指使两方相通连；也指疏通彼此的意见。
15. 探询	tànxún	（动）	探问；询问。
16. 诱导	yòudǎo	（动）	劝诱；引导。
17. 底细	dǐxì	（名）	人或事情的根源；内情。
18. 误导	wùdǎo	（动）	错误地引导。
19. 生怕	shēngpà	（动）	生恐；就怕。
20. 漫天要价	màn tiān yào jià	（成）	没有边际地开出高价。
21. 最大化	zuìdàhuà	（动）	使变成最大。
22. 平衡	pínghéng	（动、名）	对立的各方面在数量或质量上相等或相抵；倾向于保持稳定的情况。
23. 全局	quánjú	（名）	全面的形势、情况。
24. 攻坚	gōngjiān	（动）	攻打强敌或敌人的坚固防御工事；花大力气去突破科学、生产技术上的难题。
25. 程序	chéngxù	（名）	数字计算机的编码指令的次序；处理业务（如审议机构的业务）既定方法；事情办理的先后次序。
26. 决策	juécè	（名）	决定的策略或办法。

课　文

　　商务谈判中,谈判的双方毕竟不是敌对的关系,但是也并不是不存在利益的冲突和矛盾。在没有任何技巧与原则的谈判中,谈判者往往会陷入难以自拔的境地,要么谈判陷入僵局,要么双方在达成协议后总觉得双方的目标都没有达到,或者谈判一方总有似乎失掉了一场对局的感觉[1]。

这时,我们认为有两种重要原因导致上述结果,一是谈判双方至少是有一方在谈判中没有很高的诚意。这个原因我们暂且不在这里讨论,我们假定谈判双方存在长期合作的诚意。那么另一种原因是,这两方的谈判者没有能够在有限的谈判时间内充分掌握谈判的原则与技巧,使双方的利益得到最大化的满足[2],同时,双方也没有意识到谈判的成功要求谈判者除了熟练掌握商务谈判的专业内容之外,还要遵循一定的科学方法与步骤来控制谈判的进程。

在谈判双方彼此存在长期合作诚意的前提条件下,我们在此提出一个"商务谈判三部曲"的概念,即谈判的步骤应该分为"申明价值"、"创造价值"、"克服障碍以达到一致"三个进程。我们的目的就是给每一位商务谈判者提供一个有效掌握谈判进程的框架。许多国外的著名商学院都是遵循这样的"三部曲"来训练学生的谈判技巧与能力的[3]。国外许多成功的谈判也是遵循这样一个谈判的步骤与原则。下面,将"谈判三部曲"分述如下:

1. 申明价值。此阶段为谈判的初级阶段,谈判双方彼此应充分沟通各自的利益需要,申明能够满足对方需要的方法与优势所在。此阶段的关键步骤是弄清对方的真正需求,因此其主要的技巧就是多向对方提出问题,探询对方的实际需要;与此同时也要根据情况申明我方的利益所在。因为你越了解对方的真正实际需求,越能够知道如何才能满足对方的要求;同时对方知道了你的利益所在,才能满足你的要求。

然而,我们也看到有许多所谓"商务谈判技巧"诱导谈判者在谈判过程中迷惑对方,让对方不知道你的底细,不知道你的真正需要和利益所在,甚至想方设法误导对方,生怕对方知道了你的底细,会向你漫天要价。我们认为,这并不是谈判的一般原则,如果你总是误导对方,那么可能最终吃亏的是你自己。

2. 创造价值。此阶段为谈判的中级阶段,双方彼此沟通,往往申明了各自的利益所在,了解对方的实际需要。但是,以此达成的协议并不一定对双方都是利益最大化,也就是利益在此往往并不能有效地达到平衡。即使达到了平衡,此协议也可能并不是最佳方案[4]。因此,谈判中双方需要想方设法去寻求更佳的方案,为谈判各方找到最大的利益,这一步骤就是创造价值。

创造价值的阶段,往往是商务谈判最容易忽略的阶段。一般的商务谈判很少有谈判者能从全局的角度出发去充分创造、比较与衡量最佳的解决方案。因此,也就使得谈判者往往总觉得谈判结果不尽如人意,没有能够达到"赢"的感觉,或者总有一点遗憾。由此看来,采取什么样的方法使谈判双方达到利益最大化,寻求最佳方案就显得非常重要。

3. 克服障碍。此阶段往往是谈判的攻坚阶段。谈判的障碍一般来自于两个方面:一个是谈判双方彼此利益存在冲突;另一个是谈判者自身在决策程序上存在障碍[5]。前一种障碍是需要双方按照公平合理的客观原则来协调利益;后者就需要谈判无障碍的一方主动去帮助另一方,使之能够顺利决策。

以上我们谈到的"商务谈判三部曲"是谈判者在任何商务谈判中都适用的原则。只要谈判双方都牢记这一谈判步骤,并有效地遵循适当的方法,就能够使谈判的结果达到双赢,并使双方利益都达到最大化。

(文章来源:中央商务网,作者:王健,对外经济贸易大学教授)

注　释

1. 要么谈判陷入僵局,要么双方在达成协议后总觉得双方的目标都没有达到,或者谈判一方总有似乎失掉了一场对局的感觉

在谈判中,谈判双方不同的观点、立场的交锋持续不断,当利益冲突变得不可调和,似乎已退到不能再退的地步,谈判无法再进行下去。这就称为"谈判僵局"。"对局"本义指下棋比赛。比赛时,一次胜负为一局,"失掉一场对局"就是输了一局的意思。

"要么……要么……"是表示选择关系的关联词,作者在这儿列举了商务谈判中经常遇到的几种情况:有时候,双方僵持,谈判进行不下去;有时候,虽然最终达成了协议,但双方都不满意,甚至某一方觉得自己吃了大亏。

2. 双方的利益得到最大化的满足

尽可能使双方都能得到更多的好处。"最大化"的意思是"使……变得最大"。

3. 许多国外的著名商学院都是遵循这样的"三部曲"来训练学生的谈判技巧与能力的

在西方音乐中,奏鸣曲或交响曲等大型乐曲通常由三大部分构成——

"呈示部"、"展开部"、"再现部"。所以,通常又称为"三部曲"。这里,作者用来比喻谈判进程中的三大阶段。谈判中谈判技巧往往是谈判成功的关键,因而商学院的学生学习谈判技巧很有必要。

4. 即使达到了平衡,此协议也可能并不是最佳方案

"方案"指进行工作的具体计划或对某一问题制定的规划。作者认为,成功的谈判应该让双方的利益都达到最大化,因此,未能达到这一标准的方案都不是最好的方案。

5. 谈判者自身在决策程序上存在障碍

"决策"是决定采取什么策略或办法。"程序"指事情办理的先后次序。有些谈判者会由于某种原因而未能看到自己真正的利益所在,未能作出正确的决策。这时,就需要谈判的另一方予以帮助,以便最终达成一致。

预 习 题

一、根据课文内容,给下列各题选择正确的答案。

1. 第一段的主要意思是(　　)。

   A. 谈判双方不是敌对关系

   B. 商务谈判中,谈判的双方存在利益的冲突和矛盾

   C. 没有任何技巧与原则往往导致谈判失败

   D. 双方达成协议时谈判就成功了

2. 第二段的主要意思是(　　)。

   A. 谈判不成功的两种重要原因

   B. 只要掌握谈判的原则与技巧,就使双方的利益达到最大化

   C. 只要谈判中存在诚意就使双方的利益达到最大化

   D. 什么是商务谈判的专业内容

3. 第三段的主要意思是(　　)。

   A. "商务谈判三部曲"为学生提供了一个有效掌握谈判进程的框架

   B. 国外的著名商学院都遵循"商务谈判三部曲"

   C. 学生掌握"商务谈判三部曲"很重要

   D. "商务谈判三部曲"的三个步骤

4. 第四、五段的主要意思是(　　)。

   A. 怎样在谈判中充分沟通各自的利益需要

B. 谈判中不可以误导对方

C. 谈判中要多向对方提出问题

D. 谈判中要满足对方的需要

5. 第六、七段的主要意思是（　　）。

   A. 了解对方的实际需要就可以达成协议

   B. 谈判中寻求更佳的方案可以创造价值

   C. 创造价值的阶段往往被谈判者忽略

   D. 任何谈判的结果都能使双方的利益达到平衡

6. 第八段的主要意思是（　　）。

   A. 决策程序上的障碍需要自己去克服

   B. 克服谈判障碍需要解决利益冲突

   C. 谈判障碍存在于谈判双方

   D. 克服谈判障碍的方法

7. 第九段的主要意思是（　　）。

   A. 只要谈判双方都牢记"商务谈判三部曲"，就能够使谈判的结果达到双赢

   B. "商务谈判三部曲"是谈判的前提

   C. "商务谈判三部曲"是谈判者在任何商务谈判中都适用的原则

   D. 商务谈判中要遵循适当的方法

二、根据课文内容，判断下列各题的正误。

1. 商务谈判中，谈判的双方是敌对的关系。（　　）

2. 商务谈判中，谈判的双方存在利益的冲突和矛盾。（　　）

3. 商务谈判是我输他赢或我赢他输的较量。（　　）

4. 谈判双方彼此存在长期合作的诚意是谈判成功的前提条件。（　　）

5. 熟练掌握商务谈判的专业内容对谈判的成功很重要。（　　）

6. 商务谈判必须遵循一定的科学方法与步骤来控制谈判的进程。（　　）

7. "商务谈判三部曲"是国外著名商学院提出的谈判技巧。（　　）

8. 隐藏你的真正需要和利益所在是商务谈判的技巧之一。（　　）

9. 向对方多提出问题，可以探询对方的实际需要。（　　）

10. 对方知道了你的底细最终会使你自己吃亏。（　　）

三、根据课文内容,回答下面的问题。

1. 谈判中出现僵局时,是否一方采取主动就有利于谈判?
2. 对于谈判过程中的"申明价值"应该怎样理解?
3. 为什么说寻求最佳的方案就是创造价值?
4. 怎样理解克服"谈判障碍"?
5. 使谈判的结果达到双方的利益最大化要注意哪些方面?

词 汇 例 释

一、毕竟

副词。后面的话表示追根究底所得出的结论,充分肯定重要的或正确的事实,暗含否定别人的不重要的或错误的结论,可以修饰动词或形容词,也可以作全句修饰语,出现在句子的前面。

1. 毕竟 + 动词、形容词。例如:

商务谈判中,谈判的双方毕竟不是敌对的关系。

这个问题毕竟不是重大的原则性问题。

小张应该多了解一下对方,他对那儿的情况毕竟不怎么清楚。

先前的结论毕竟是错了。

他毕竟是个孩子。

3. 毕竟 + 小句。例如:

毕竟他没有参加这次谈判,不知道这里边可能有什么问题。

毕竟他还是个孩子,不懂得这些道理。

二、往往

副词。表示某种情况或状态经常发生、存在或出现,可以修饰动词或形容词短语,也可以修饰主谓词组。

1. 往往 + 动词或形容词短语。例如:

宿舍里人多的时候,他往往去图书馆看书。

交通便利的地方,经济往往比较发达。

2. 往往 + 主谓短语。例如:

在谈判的中级阶段,往往双方彼此沟通,申明了各自的利益,了解了对方的实际需要。

这里大都是原始森林,往往四五里不见人烟。

辨析:"往往"与"常常"

1) "往往"是对以前经验的总结,有一定的规律性,不用于主观愿望。"常常"单纯表示动作的重复,不一定有规律性,可以用于主观愿望。比较:

他夏天常常去游泳。(对)/ 他夏天往往去游泳。(错)

我一定常常来。(对)/ 我一定往往来。(错)

2) 用"往往"的句子要指明与动作有关的情况、条件或结果,"常常"没有这种限制。

小李往往一个人逛街。(对)/ 小李往往逛街。(错)

小李常常一个人逛街。(对)/ 小李常常逛街。(对)

三、要么……要么……

连词。表示选择关系,多用于口语。

1. 单用。用在两项之间,表示条件。例如:

你答应人家了就应该负责,要么当初不答应人家。

2. 连用。与"或者……或者……"意思相同,表示选择关系,多用于主语后。例如:

谈判中出现纠纷时,谈判双方要么友好协商解决,要么请专家或双方信任的第三者进行调解。

小张买东西总是犹豫不决,要么觉得东西太贵舍不得,要么觉得东西质量太差看不上。

四、似乎

副词。好像是;大概是如此;好像。多用于书面。

1. 似乎+动词短语。例如:

两种意见似乎都有道理。

这件衣服他穿上很合适,似乎是为他专门做的。

这场谈判甲方有似乎失掉了一场对局的感觉。

2. 似乎+形容词短语。例如:

这学期他的成绩似乎又好了点儿。

这件衣服看上去似乎很漂亮,但穿上后觉得一般。

3. 似乎+主谓短语。例如:

完成了这项任务,他觉得轻松许多,似乎肩上的担子一下子减轻了。

4. 用在否定句时,可以表示委婉的语气。例如:

这种看法似乎不正确。

这个答案似乎不对。

> **辨析:"似乎"与"仿佛"**

两者都用于书面。"似乎"用于比喻较少,"仿佛"则较多;"仿佛"跟形容词短语较少,"似乎"则较多;"仿佛"有实词的用法,"似乎"则没有。例如:

两个人的年纪也相仿佛。

"仿佛"常常和"似的"连用;"似乎"极少这么用。例如:

今天特别冷,仿佛到了冬天似的。

五、彼此

1. 代词。这个和那个;双方。例如:

大家彼此认识一下。

都是一家人,不分彼此。

2. 对对方感激的话的一种回答,意思是双方同样如此。例如:

你们辛苦了! ——彼此彼此。

你们当老师的,真是不容易! ——当医生难道轻松吗? 彼此彼此啦!

六、暂且

副词。暂时先如此,带有妥协、让步或临时性处理等含义。

暂且+动词短语。例如:

我觉得谈判者在谈判中没有很高的诚意,原因是什么我们暂且不在这里讨论。

你暂且答应下来,以后再跟他解释。

不理解的问题暂且放在一边,等上课的时候问老师吧。

> **辨析:"暂且"和"暂时"**

二者都有短时间的意思。"暂时"指短时间之内。"暂且"强调在短时间内如何处理、如何做事。"暂时"强调所费时间短暂,此外还可作形容词,强调是短期的,并不持久。例如:

困难是暂时的,我们可以想办法解决。

你暂时出去一下。

七、达成

动词。经协商后形成(结果)，后常接表示结果的名词。例如：
参加会议的代表们在这个问题上没能达成共识。
经过几次艰苦的谈判，双方终于达成了协议。
法院希望他们双方通过协商能够达成谅解。

> **辨析："达成"和"达到"**

"达成"的对象总是比较实在的东西，尤其是协商后得到的结果；"达到"的对象一般是比较抽象的事物或者动作的程度。例如：
欧盟委员会在一份声明中说，根据双方达成的协议，2004年中国向欧盟的焦炭出口量将不低于上一年度的水平。
经过一个学期的努力，我的汉语水平达到了六级的标准。
上述两个句子中，"达成"和"达到"不能互换。

八、申明

动词。申述，说明。常跟"理由"、"立场"、"目的"等作宾语。例如：
他再一次向对方申明了采取上述行动的目的。

> **辨析："申明"和"声明"**

动词，都指说明情况，表明态度。"声明"公开表明对某件事的态度或说明事实的真相。"申明"强调郑重说明，详加申述，含有"解释"、"辩解"的意味。常用于下级对上级、晚辈对长辈、个人对组织。例如：
他再度申明不是有意这样做的。
"声明"强调公开表明、正式宣布，多用于表示立场、态度、主张，或者说明真相、事理，多用于政事方面。例如：
特郑重声明，自即日起，该员的一切活动，本公司概不负责。
此外，"声明"还有名词意义，指声明的文告，"申明"无此用法。例如：
两国政府首脑在声明上签了字。
中国外交部已经发表了声明。

九、探询

动词。探问;询问。例如:

在爬山之前,他们事先探询了路径。

> 辨析:"探询"和"询问"

二者都有试图了解的意思。"探询"只表示试图询问打听消息、情况、真相等。

"询问"则侧重在征求意见,请人发表意见或介绍情况,此外还有打听的意思。例如:

前来问讯处探询飞机起飞时间的人很多。

你可以事先询问一下怎么办理手续,然后再到那里去。

以上两句中,"探询"和"询问"不能互换。

十、越……越……

副词。表示在程度上 B 随 A 的变化而变化,具体有以下几种情况:

1. 主语不同。例如:

你越是劝他休息,他越是干得有劲儿。

大家越讨论,问题就越明白。

研究得越细致,谈论得越深入,问题也就解决得越好。

2. 主语相同。例如:

你越了解对方的真正实际需求,越能够知道如何才能满足对方的要求。

我越听越不明白了。

3. 越来越……

表示程度随时间的变化而变化。例如:

天气越来越热。

事情越来越有希望。

十一、除了……之外

连词。可和"除了……以外"互换。

1. 表示在什么之外,还包括别的。后边常有"还"、"也"等呼应。例如:

除了英语之外,我也会说法语和德语。(英语也会)

除了北京烤鸭之外,你还吃过什么好吃的?(吃过北京烤鸭)

2. 表示排除,所说的不包括在内。后边常有"都"呼应。例如:

除了小田以外,别的同学都来了。(小田没来)
除了西蒙以外,我们都不会说法语。(西蒙会说法语)

十二、一旦

1. 名词。一天之内,引申为很短的时间。多用于"毁于"后。例如:

如果经营方法不当,这个公司的声誉很可能毁于一旦。

这场大火,使博物馆多年珍藏的文物毁于一旦。

2. 副词。多用于新情况的出现或假设有一天发生新的情况。用在动词前,作状语。后边的分句常用"就"呼应。例如:

相处多年,一旦离别,怎能不思念呢?

过马路的时候一定要小心,一旦发生交通事故,后悔就来不及了。

商务谈判一旦达成协议,企业必须认真履行。

兼 语 句

句子的谓语中有两个动词结构,前一个动词的宾语是后一个动词的主语,这个一身兼二任的成分叫兼语,含有兼语的句子叫"兼语句"。例如:

① 仲裁或诉讼等方式<u>使得合同的任何当事人对争议的解决失去了控制</u>

"合同的当事人"既是前面一个动词"使得"的宾语,又是后面一个动词性词组"对争议的解决失去了控制"的主语,因此,称为"兼语"。兼语句在形式上有一个明显的特点:语音停顿只能出现在兼语后面,而不能在兼语之前,这和主谓词组作宾语有很大不同。

兼语式主要有以下五类:

1. 兼语前的动词为形式动词"使"、"使得"、"让",这类动词在句法上独立性很差,一般不能单独作谓语;在语义上仅仅表示致使关系,即指明后面的动词或形容词所表示的活动或变化是由前面主语所指对象引起的。后面的动词性成分则表示兼语所指对象在主语所指对象的影响下发出的动作或产生的变化,如例①。

2. 兼语前的动词有使令意义,即祈请或促使对方发出某种行为,如"请"、

"叫"、"派"、"劝"、"命令"、"要求"等；后面的动词性成分表示祈请的内容,例如：

② 如果旅行社违约,消费者可以<u>要求旅行社按合同作出相应赔偿</u>。

③ <u>张总请你到他办公室去一次</u>。

3. 兼语前的动词有陪同、帮助或防护意义,如"陪"、"带"、"送"、"帮"、"保护"等,后面的动词可以表示兼语所指对象在主语所指对象的陪同或帮助下发出的动作,也可以表示防护的具体内容,例如：

④ 人们期待联通上市首日低开高走,<u>带动指标股走强</u>。

⑤ 旅游消费者必须明白自己在旅游活动中的权利,这样,才能<u>保护自己的利益不受损害</u>。

4. 兼语前的动词表示某种情感活动,如"爱"、"恨"、"感谢"等,后面的动词或形容词表示引起这种情感反应的原因,如"爱他老实"、"恨她无情"等。

5. 由动词"有"构成的兼语,例如：

⑥ 我有一个弟弟在美国读书。

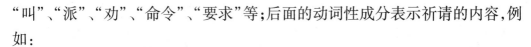

综合练习

一、用正确的语调朗读下面的句子。

1. 商务谈判中,谈判的双方毕竟不是敌对的关系,但是也并不是不存在利益的冲突和矛盾。

2. 在没有任何技巧与原则的谈判中,谈判者往往会陷入难以自拔的境地。

3. 谈判的成功要求谈判者除了熟练掌握商务谈判的专业内容之外,还要遵循一定的科学方法与步骤来控制谈判的进程。

4. 提出"商务谈判三部曲"的概念,目的就是给每一位商务谈判者提供一个有效掌握谈判进程的框架。

5. 谈判双方彼此应充分沟通各自的利益需要,申明能够满足对方需要的方法与优势所在。

6. 你越了解对方的真正实际需求,越能够知道如何才能满足对方的要求；同时对方知道了你的利益所在,才能满足你的要求。

7. 谈判中双方需要想方设法去寻求更佳的方案,为谈判各方找到最大的利益。

8. 一般的商务谈判很少有谈判者能从全局的角度出发去充分创造、比较与衡量最佳的解决方案。

9. 采取什么样的方法使谈判双方达到利益最大化,寻求最佳方案就显得非常重要。

10. 谈判的障碍一般来自于两个方面:一个是谈判双方彼此利益存在冲突;另一个是谈判者自身在决策程序上存在障碍。

二、给下列词语选择正确的解释。

1. 僵局（　　） A. 遵守;依照某种规律
2. 难以自拔（　　） B. 事物进行的程序
3. 步骤（　　） C. 相持不下的局面
4. 遵循（　　） D. 落进某种不利境地;比喻深深陷入
5. 诱导（　　） E. 用某种方法、道理、言行或手段使人顺从自己的意思
6. 程序（　　） F. 疏忽,没有注意到
7. 冲突（　　） G. 暂时,姑且
8. 障碍（　　） H. 真心实意,真诚的心意
9. 迷惑（　　） I. 阻挡,使不能通过;也指使不能通过的东西
10. 暂且（　　） J. 心中无主;辨不清是非;使对方糊涂或迷失方向
11. 忽略（　　） K. 处理业务的既定方法;事情办理的先后次序
12. 诚意（　　） L. 抵触、矛盾

三、从所给的词语中,选出最合适的填入句中的括号内。

> 彼此　掌握　遵循　针对　僵局
> 协调　沟通　一旦　步骤　根据

1. 我们应该（　　）客观规律,不能凭主观意志办事。
2. 完成这项任务要分三个（　　）去做。
3. 商务谈判应（　　）不同的需要和可能,采取相应的策略。
4. （　　）谈判的原则和方法并不是强调谈判一方最大利益的实现,而是

使双方都能在谈判中取得成功。

5. 商务谈判（　　）达成协议，企业必须认真履行。

6. 要谈判，就要进行计划组织和（　　）。

7. 通过谈判可以使企业和客户之间的（　　）变成现实。

8. 谈判能很好地协调（　　）间的利益关系。

9. 在谈判中必须（　　）不同的需要运用不同的谈判方法。

10. 在谈判过程中，双方你来我往，出现（　　）是难免的。

四、下面四组词语意义或用法相近，很容易混淆，请把它们区别开来。

1. 申明／声明

　　A. 那家大商场一再（　　），他们没有举行过任何抽奖活动。

　　B. 注意使用本网站前请您仔细阅读以下（　　），使用本网站则表明您已明知并接受上述内容。

　　C. 这家网站的隐私（　　）正在不断改进中，随着该站服务范围的扩大，该项业务会随时更新。

　　D. 保险公司发表（　　）说，如果发现有人冒用该公司的名义进行商业活动，他们将追究其赔偿责任。

2. 探询／询问

　　A. 考察团前往古都，（　　）中国古代文明发展路径。

　　B. 高考期间学生的心理很紧张，考试后家长不要急于（　　）考生的考试情况。

　　C. 为适应现实需求，云南省今年推出高校新生报到跟踪（　　）制。

　　D. 由于在市场上异常成功，多家报社的记者前往该公司（　　）其成功背后的服务奥秘。

3. 暂且／暂时

　　A. （　　）不管他的身份，也不管他是好意还是恶意，有些说法还是值得我们思考的。

　　B. "机遇"号火星车虽然出现故障，但（　　）不会影响工作。

　　C. 市场信息显示，近期股市持续下跌，股民还是（　　）不要买股票。

　　D. 您要的商品我们（　　）无货。

4. 达成／达到

A. 中美（　　）航空协议,两国航班六年增四倍。

B. 位于北美洲的一家电子行业咨询公司的一项最新研究表明,中国的3G市场规模将在2008年（　　）1.18亿。

C. 欧盟委员会和中国举行了多次会议,双方终于就棉花出口许可证的发放问题（　　）一致。

D. 一项最新研究分析指出,太阳活动的能量（　　）了过去1000年来的最高峰,而化石燃料的使用和温室气体又在加速这种趋势。

五、用所给的词语改写下列句子。

1. 高校收费主要是根据有关部门制定的收费项目和收费标准而制定的。（依据）

2. 昨天下午,工商局按照报纸报道的线索发现手机店内确实存在手机号没有边际地开出高价、配件价格偏高的现象,执法人员当场没收了店内的"选号单"和部分手机配件。（漫天要价）

3. 温州9家大型民营企业本月中旬组建了中国国内第一家财团——中瑞财团控股公司,再次明确表达了中国民营企业寻找探求新突破的雄心。（寻求）

4. 求职面试时,经常会碰到一些很难回答的问题,交谈因此陷入相持不下的局面,气氛也变得十分尴尬,遇到这种情况不要轻易放弃。（僵局）

5. 连日来,利比亚同西方国家间频繁的外交活动表明,利比亚正试图努力打破外交上相持不下的局面。（僵局）

6. 如果一个国家以大国自居,说大话,无视国际合作,就会陷入孤立的泥沼而不容易从中走出来。（难以自拔）

7. 商务谈判中如何克服阻挡成功的因素是成败的关键。（障碍）

8. 在准备谈判资料的前一晚,他们发现了一份最具有价值但却被他们所疏忽的商务文件。（忽略）

9. 互联网服务提供商应明确显示出哪些搜索结果是付费广告,因为搜索服务提供商提供的付费位置排名可能会错误地引导消费者。（误导）

10. 日前发表了美国汽车初期质量调查显示,大众全球质量排行不太令人满意,有关专家正在分析其中原因。（不尽如人意）

六、用正确的语序把所给的词语排列成句子。

1. 抑制　采取　上海市　多项　调控手段　房价　的　趋势　上涨过快
2. 谈判双方　应该　法规　依据　处理　进行　权利与义务　的
3. 第三轮　北京　会谈　六方　进入　阶段　攻坚
4. 沟通　掌握　人与人　的　技巧　相处　先　了解　必须　人际
5. 境地　中国　进退两难　焦炭　上　出口　已　处于　的　实际
6. 平衡　谈判　成功的　必须使　各方的　一定程度的　求得　利益

七、造句。

1. 遵循——
2. 协调——
3. 沟通——
4. 毕竟——
5. 要求——
6. 带动——

追求双赢的感觉

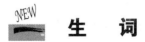 生　词

1. 慷慨陈词　kāngkǎi chén cí（短）		情绪激动地说。
2. 据理力争　jù lǐ lì zhēng（成）		根据事理,尽力争取。
3. 面红耳赤　　　　　　　　　　　 miàn hóng ěr chì（成）		脸色、耳朵都是红的,形容羞愧、着急或发怒时的样子。
4. 默默无言　mò mò wú yán（成）		不声不响,闭口不说话。
5. 化解　huàjiě（动）		消除。
6. 当事人　dāngshìrén（名）		履行(涉及理智、良心和自由

意志的)行动或行为的人;对其言行负责任的人。

7. 仲裁　zhòngcái　(动)　公认的第三者在争端两方间进行裁定公断。

8. 防备　fángbèi　(动)　为应付攻击或避免伤害预先做好准备。

9. 措施　cuòshī　(名)　针对情况采取的处理办法。

10. 万不得已　wàn bù dé yǐ　(成)　因没有别的办法,所以如此;别无选择,只能这么办。

11. 想方设法　xiǎng fāng shè fǎ　(成)　多方面想办法。

课　文

　　一提起商务谈判,人们往往就会想到,企业家或商人在谈判桌上时而慷慨陈词,就各自的利益据理力争[1];时而对合同的某个条款问题争论得面红耳赤;有时也会出现双方相互对视而默默无言的僵局。实际上,谈判不仅在正式的商业场合才会出现,谈判在日常的商务活动中存在于你与客户所接触的每时每刻。

　　在任何的商务活动中,谈判的双方或多方都有着一定的共同利益,同时我们也承认他们之间也存在商务立场、商业利益的冲突。对于在商务活动中无时无刻不充满着矛盾和冲突,关键就是我们如何运用有效的手段来化解。就商务合同来讲,一般都有单独的条款,规定解决合同纠纷的方法,如双方应先通过友好协商解决,也可请专家或双方信任的第三者进行调解;如果还不能解决合同争议,合同当事人可以将争议提交指定的仲裁机构来进行裁决[2]。即使当事人不规定仲裁条款,合同当事人也可以选择司法诉讼的方式来解决争议[3]。但是,一般来讲,商务合同的当事人都不情愿采取将合同争议提交仲裁或诉讼来解决,因为仲裁或诉讼等方式使得合同的任何当事人对争议的解决失去了控制。这些解决争议的方法作为防备措施,只不过是在万不得已的情况下才适用。

商务谈判并不是在商务冲突出现时才进行。商务谈判是谈判各方当事人在追求共同商业目标,实现双方商业利益整个过程中一个不断连续化解冲突,实现谈判者最大利益的手段。

需要强调的是,谈判的结果并不是"你赢我输"或"我赢你输"。谈判双方首先要树立"双赢"的概念。一场谈判的结局应该使谈判的双方都要有"赢"的感觉。采取什么样的谈判手段、谈判方法和谈判原则来达到谈判的结局对谈判各方都有利,都有"赢"的感觉,是我们学习谈判和研究谈判所要达到的目的。

以往我们谈到的谈判技巧,大多都集中在介绍谈判一方想方设法采取一些手段来对付谈判对手,特别是片面追求一方取胜的所谓"技巧"[4],而我们在这里给大家介绍的谈判原则是要让所有的谈判者都能遵循的方法,也就是为了保证谈判双方都能够取得最大利益而遵循的谈判原则。我们希望,这样的谈判原则能让所有的谈判者都知晓,并且能够在不断实践中加以运用。

(文章来源:中央商务网,作者:王健,对外经济贸易大学教授)

注 释

1. 在谈判桌上……就各自的利益据理力争

当谈判陷入僵局,并不只有客客气气地商议,平平和和地谅解才是解决问题的惟一方式。有时对于对方提出的不合理的要求,特别是在一些原则问题上所表现的蛮横无理时,要作出明确而又坚决的反应。

2. 就商务合同来讲……合同当事人可以将争议提交指定的仲裁机构来进行裁决

这段话主要讲一旦发生合同纠纷应该怎么处理。"合同纠纷"是指因合同的生效、解释、履行、变更、终止等行为而引起的合同当事人的所有争议。"仲裁"又称"公断",即判断谁是谁非。"仲裁机构"是指依法有权力对民事纠纷进行仲裁的机构。

3. 即使当事人不规定仲裁条款,合同当事人也可以选择司法诉讼的方式来解决争议

合同纠纷除了当事人自己协商或请第三方调解之外,通常还有两种处理方式,一种是请有关部门仲裁,另一种是请法院判决。"仲裁条款"指合同中有关仲裁方式的条款,该条款十分重要,是仲裁庭受理契约双方纠纷的依据。

4. 以往我们谈到的谈判技巧,大多都集中在介绍谈判一方想方设法采取一些手段来对付谈判对手,特别是片面追求一方取胜的所谓"技巧"

谈判对手的调查及其分析是商务谈判的重点,所以在谈判前要设法了解谈判对手,获取谈判对手的信息,并分析他们,包括对对方的实力、资信、需求、诚意、期限以及谈判代表的调查等,这样在谈判时就会处于主动的地位。但这只是谈判成功的一个方面,不过在以往所讲的技巧中很重视这一点,如果过分强调对付谈判对手的所谓技巧,往往不能达到双赢。

思考和练习

一、根据课文内容,给下列各题选择正确的答案。

1. 这篇文章的主要讲的是(　　)。
   A. 什么是商务谈判
   B. 怎样解决合同纠纷
   C. 谈判的结果应该追求什么样的感觉
   D. 谈判中应掌握什么技巧

2. 商务谈判是指(　　)。
   A. 当双方有谈判冲突时进行的谈判
   B. 在谈判桌上进行的谈判
   C. 对某个合同条款产生不同争议时进行的谈判
   D. 在日常的商务活动中客户所接触的每时每刻都存在的谈判。

3. 商务合同的当事人之所以都不情愿采取将合同争议提交仲裁或诉讼来解决,是因为(　　)。
   A. 任何情况下都不能使用
   B. 会使得合同的任何当事人对争议的解决失去了控制
   C. 商务活动中的矛盾和冲突会自行消失
   D. 合同条款中没有明确规定

4. 商务谈判中的"双赢"是指(　　)。
   A. 谈判双方谈判手段上的
   B. 谈判双方谈判方法上的

C. 谈判双方谈判原则上的　　　　D. 谈判双方谈判技巧上的

二、根据文章内容，判断下列各题的正误。

1. 商务谈判只有在正式的商务活动中才出现。（　　）
2. 商务谈判的双方既存在着共同利益，又存在商务立场和商务利益的冲突。（　　）
3. 必要的时候谈判的双方可以将合同争议提交仲裁或诉讼来解决。（　　）
4. 谈判的结果不是"你赢我输"就是"我赢你输"。（　　）
5. 谈判所要达到的目的是使双方利益都最大化。（　　）
6. "双赢"是谈判时应有的原则，同时也是每次谈判的结果。（　　）

三、指出划线的词语在句子中下画线的意思。

1. 在商务活动中<u>无时无刻</u>不充满着矛盾和冲突。（　　）
   A. 没有哪个时刻不　　　　B. 时时刻刻不
   C. 每时每刻不　　　　　　D. 任何时刻不
2. 关键就是我们如何运用有效的手段来<u>化解</u>。（　　）
   A. 变化　　B. 解释　　C. 消除　　D. 调解
3. 商务合同的当事人都不<u>情愿</u>采取将合同争议提交仲裁或诉讼来解决。（　　）
   A. 宁肯　　B. 宁可　　C. 希望　　D. 愿意
4. 因为仲裁或诉讼等方式<u>使得</u>合同的任何当事人对争议的解决失去了控制。（　　）
   A. 行得通，可以　　　　B. 引起某种结果
   C. 可以使用　　　　　　D. 使得到
5. <u>这些</u>解决争议的方法作为防备措施，只不过是在<u>万不得已</u>的情况下才适用。（　　）
   A. 可能性很大的情况　　B. 可能性很小的情况
   C. 实在无可奈何　　　　D. 非常必要
6. 我们希望，这样的谈判原则能让所有的谈判者都知晓，并且能够在不断实践中<u>加以</u>运用。（　　）
   A. 动词　　B. 连词　　C. 副词　　D. 介词

四、根据文章内容,回答下面的问题。

1. 什么是商务谈判?
2. 作者认为商务谈判应遵循什么样的原则?
3. 合同条款中规定的解决合同纠纷的方式有哪些?
4. 为什么商务合同的当事人都不情愿采取将合同争议提交仲裁或诉讼来解决?

部分练习参考答案

第1课 申城外汇储蓄逾百亿美元

预习题

一、根据课文内容,给下列各题选择正确的答案。

1. C 2. A 3. D 4. C

二、根据课文内容,判断下列各题的正误。

1. 对 2. 错 3. 对 4. 错 5. 错 6. 错 7. 错 8. 对

三、根据课文内容,回答下面的问题。(略)

综合练习

一、用正确的语调朗读下面的句子。(略)

二、给下列词语选择正确的解释。

1. G 2. F 3. A 4. B 5. E 6. D 7. C 8. H

三、替换练习。(略)

四、下面四组词语意义或用法相近,很容易混淆,请把它们区别开来。

1. A. 于 B. 于 C. 在 D. 在

2. A. 占 B. 据 C. 占 D. 据

3. A. 打破 B. 打破 C. 突破 D. 突破

4. A. 自从 B. 自 C. 自 D. 从

五、从所给的词语中,选出最合适的填入句中的括号内。

1. 明显 2. 超过 3. 开展 4. 大致 5. 缩短 6. 提高

7. 涵盖 8. 打破 9. 磨炼 10. 突破 11. 推出 12 增加

六、根据分数和倍数的使用规则,给下列各题选择正确的答案。

1. B 2. D 3. A 4. B 5. B

七、造句。(略)

思考和练习

一、根据课文内容,给下列各题选择正确的答案。

1. C 2. A 3. C 4. D

二、根据课文内容,判断下列各题的正误。

　　1. 对　2. 错　3. 错　4. 对

三、根据课文内容,回答下面的问题。(略)

第 2 课　股票市场在等待什么?
预习题

一、根据课文内容,给下列各题选择正确的答案。

　　1. A　2. C　3. C　4. B

二、根据课文内容,判断下列各题的正误。

　　1. 错　2. 错　3. 对　4. 错　5. 对　6. 错　7. 对　8. 对

三、根据课文内容,回答下面的问题。(略)

综合练习

一、用正确的语调朗读下面的句子。(略)

二、给下列词语选择正确的解释。

　　1. J　2. E　3. A　4. C　5. L　6. G

　　7. H　8. D　9. K　10. F　11. B　12. I

三、替换练习。(略)

四、从所给的词语中,选出最合适的填入句中的括号内。

　　1. 从而　2. 忍受　3. 看好　4. 作为　5. 随时　6. 忽视

　　7. 带动　8. 看来　9. 陷入　10. 制约　11. 时刻　12. 引导

　　13. 一味　14. 似乎　15. 造成　16. 难免

五、用正确的语序把所给的词语排列成句子。

　　1. 经过林业职工的全力扑救,目前火场已基本得到控制。

　　2. 我希望她长大后成为一名艺术家。

　　3. 他的事迹带动了许多人都去做好事。

　　4. 父母期待孩子们的成功。

　　5. 韩国明星李孝利陷入了无中生有的"男友"风波之中。

　　6. 水资源短缺成了制约钢铁企业发展的瓶颈。

　　7. 叶落归根的乡情召唤着范志毅从英伦杀回上海。

　　8. 每年高考的时候在考场上都难免有一些小意外。

六、用"加以"改写下面的句子。

　　1. 对那些贪官必须毫不留情地加以打击。(加以毫不留情的打击)

　　2. 伊拉克政府对这个消息一再加以否认。

3. 在创作广告之前,你们应该先对市场上同类产品的营销情况认真地加以调查。(加以认真的调查)

4. 警察对罪犯的作案手段仔细地加以分析,以寻找破案线索。(加以仔细的分析)

5. 如果有了疾病,一定要尽早加以治疗。

6. 国与国之间应该互相尊重,(对)任何分歧都应该通过对话和谈判来加以解决。

7. 他在网页四周用一些线条简洁的花边来加以装饰,看起来很漂亮。

8. 那个营销学网站是几个专业教师建立的,对教材里比较深奥的内容,他们用通俗易懂的文字来加以解释,很受学生欢迎。

七、造句。(略)

思考和练习

一、根据课文内容,给下列各题选择正确的答案。

1. A　2. D　3. A　4. B

二、根据课文内容,判断下列各题的正误。

1. 对　2. 错　3. 错　4. 对　5. 错　6. 对

三、根据课文内容,回答下面的问题。(略)

第3课　理好家庭财　消费亦生钱

预习题

一、根据课文内容,给下列各题选择正确的答案。

1. D　2. D　3. D　4. D

二、根据课文内容,判断下列各题的正误。

1. 对　2. 错　3. 错　4. 对　5. 错　6. 错　7. 错　8. 对

三、根据课文内容,回答下面的问题。(略)

综合练习

一、用正确的语调朗读下面的句子。(略)

二、给下列词语选择正确的解释。

1. F　2. A　3. H　4. E　5. C　6. G　7. B　8. D

三、从所给的词语中,选出最合适的填入句中的括号内。

1. 纯粹　2. 显现　3. 扩大　4. 严重　5. 扣除　6. 有效

7. 相当　8. 提前　9. 认可　10. 避免　11. 日益　12. 完全

四、下面四组词语意义或用法相近,很容易混淆,请把它们区别开来。

1. A. 严重 B. 重要 C. 重要 D. 严重

2. A. 途径 B. 途径 C. 方式 D. 方式

3. A. 纯粹 B. 纯粹 C. 纯正 D. 纯正

4. A. 按 B. 据 C. 按 D. 据

五、用所给的词语改写下列句子。

1. 随着中国加入WTO，人们对未来市场竞争的关注程度也在迅速升温。

2. 您的"损失"只不过把存款的利息"消费"了。

3. 我们要靠科技奔赴小康。

4. 房地产价格涨幅仍居高不下。

六、指出划线的词语在句子中的意思。

1．A 2．A 3．B 4．A 5．B 6．B 7．D 8．A 9．B 10．B

七、用正确的语序把所给的词语排列成句子。

1. 我们要靠规划来设计美好的城市。

2. 目前许多城市的物价指数仍呈负增长。

3. 个人简历相当于个人广告。

4. 电脑涨价只不过是暂时现象。

5. 随着经济的发展，百姓的生活有了极大的改善。

6. 这是一种严重的破坏世界遗产的行为。

7. 本期国债发行采取按月分段的发行方式。

8. 他今天的成功是靠自己打拼的。

八、请根据"折／成／分"的不同用法，给下列各题填空。

1．折 2．分 3．成 4．成 5．成 6．折

九、造句。（略）

思考和练习

一、根据课文内容，给下列各题选择正确的答案。

1．D 2．B 3．C 4．B

二、根据课文内容，判断下列各题的正误。

1．错 2．错 3．对 4．错 5．错 6．对 7．对 8．错

三、指出划线的词语在句子中的意思。

1．D 2．B 3．A 4．C 5．B 6．D

四、根据课文内容，回答下面的问题。（略）

第4课　从假日经济看扩大内需

预习题

一、根据课文内容,给下列各题选择正确的答案。

1．D　2．A　3．A　4．D　5．B

二、根据课文内容,判断下列各题的正误。

1．错　2．对　3．错　4．对　5．对　6．对　7．错　8．错　9．对　10．错

三、根据课文内容,回答下面的问题。（略）

综合练习

一、用正确的语调朗读下面的句子。（略）

二、给下列词语选择正确的解释。

1．C　2．G　3．F　4．A　5．B

6．I　7．H　8．D　9．J　10．E

三、用正确的语序把所给的词语排列成句子。

1．联合国赋予了核查人员更大的权力。

2．外商对徐家汇的高档住宅楼特别青睐。

3．60年代在经济上崛起的亚洲四小龙令西方世界十分惊讶。

4．没想到逛街逛出了一身的麻烦。

5．他们喝酒喝出了新花样。

6．一条宽广的大道展现在他眼前。

7．在大城市里电脑已经基本上得到了普及。

8．这些企业的管理水平还有待于进一步提高。

四、从所给的词语中,选出最合适的填入句中的括号内。

1．形成　2．拉动　3．普及　4．促进　5．展现　6．寄托

7．有待　8．崛起　9．阻碍　10．盘算　11．赋予　12．青睐

13．显得　14．调整　15．体现　16．中意

五、用重动句的形式改写下面的句子。

1．张明游泳游得很好。

2．王晓力画画画得很好。

3．老李炒股炒成了股东。

4．小王玩电脑玩成了专家。

5．莉莉没想到吃饭吃出了许多麻烦。

6．晓华没想到去商店买东西买出了一肚子的气。

7. 他们玩牌玩出了新花样。

8. 她们逛街逛出了新花样。

9. 老张喝咖啡喝上了瘾。

10. 他抽烟抽上了瘾。

六、造句。（略）

思考和练习

一、根据课文内容,给下列各题选择正确的答案。

1. A 2. C 3. B 4. B

二、根据课文内容,判断下列各题的正误。

1. 错 2. 错 3. 对 4. 错 5. 对 6. 对

三、根据课文内容,回答下面的问题。（略）

第5课　申城便利店：相煎莫太急

预习题

一、根据课文内容,给下列各题选择正确的答案。

1. D 2. C 3. D 4. C

二、根据课文内容,判断下列各题的正误。

1. 对 2. 错 3. 错 4. 错 5. 对 6. 对 7. 错 8. 对

三、根据课文内容,回答下面的问题。（略）

综合练习

一、用正确的语调朗读下列句子。（略）

二、给下列词语选择正确的解释。

1. D 2. E 3. G 4. F 5. H 6. L

7. K 8. C 9. J 10. B 11. A 12. I

三、从所给的词语中,选出最合适的填入句中的括号内。

1. 至今 2. 诸如 3. 究竟 4. 作为、快速 5. 本来 6. 资料 7. 以

8. 以及 9. 按说 10. 倒 11. 导致 12. 即将 13. 于是 14. 涌入

四、下面四组词语意义或用法相近,很容易混淆,请把它们区别开来。

1. A. 好像 B. 好像 C. 仿佛 D. 好像

2. A. 按说 B. 据说 C. 据说 D. 按说

3. A. 原来 B. 本来 C. 本来 D. 原来

4. A. 检验 B. 考验 C. 考验 D. 检验

五、用所给词语改写下列句子。

1. 短短几年时间这个城市的便利店如雨后春笋般发展起来。
2. 这几家企业的实力基本相当。
3. 他们是亲密无间的朋友。
4. 这几位年轻运动员是我们运动队的后起之秀。
5. 这场战争使争斗的双方两败俱伤。

六、指出划线的词语在句子中的意思。

1. D 2. B 3. C 4. A

七、用正确的语序把所给的词语排列成句子。

1. "可的"不是外资便利连锁店合作项目。
2. 中国企业面临的最大挑战是外国产品的大量涌入。
3. 各种品牌的服装专卖店布满了春城的大街小巷。
4. 我们经常说有钱大家赚。
5. 这样做有利于整个行业的发展。
6. 任何行业的发展都应该有个度。
7. 由于过度劳累,他昏倒在讲台上。
8. 他们已经办了过户手续。

八、把下列句子改成连动句。

1. 李秘书去上海参观了不少企业。
2. 老张到北京去参加一个重要会议。
3. 我坐飞机去广州。
4. 我明天要到图书馆去借一本小说看。
5. 昨天,我去友谊商店买了一件很好看的衬衫。
6. 他站在阳台上朝我挥了挥手。
7. 他紧紧地抓住这个机会不肯放手。
8. 我有权利批评你。
9. 那个服务员红着脸对我说对不起。
10. 有些孩子喜欢开着灯睡觉。

九、造句。(略)

思考和练习

一、根据课文内容,给下列各题选择正确的答案。

1. D 2. D 3. A 4. A

二、根据课文内容,判断下列各题的正误。

1. 错 2. 错 3. 对 4. 错 5. 对 6. 对

三、指出划线的词语在句子中的意思。

1．C　2．A　3．C　4．C

四、根据课文内容,回答下面的问题。(略)

第六课　什么是电子商务
预习题

一、根据课文内容,给下列各题选择正确的答案。

1．B　2．C　3．C　4．D

二、根据课文内容,判断下列各题的正误。

1．对　2．错　3．对　4．对　5．错　6．错　7．错　8．对

三、根据课文内容,回答下面的问题。(略)

综合练习

一、用正确的语调朗读下面的句子。(略)

二、给下列词语选择正确的解释。

1．E　2．J　3．B　4．G　5．H　6．F　7．D　8．C　9．A　10．I

三、用"是……的"改写下面的句子。

1．什么都无所谓的想法是很危险的。

2．是他妥善处理了这件事的。

3．比尔是一年前来到中国的。

4．这件事是很难处理的,但不是完全不可能的。

5．是谁打碎了药瓶的?

6．经理是昨天从香港回来的。

四、从所给的词语中,选出最合适的填入句中的括号内。

1．发布　2．起源　3．摆脱　4．处理　5．争论不休

6．开销　7．手段　8．完善　9．放弃　10．意味着

11．共享　12．运行　13．避免　14．融于　15．采用

五、用所给的词语改写下列句子。

1．网友们都说各自的学校好,为了网上的大学排名争论不休。

2．安娜终于和男朋友分手了,从此摆脱了他的纠缠。

3．小卖部的老板没什么生意,没人来买东西的时候干脆自己打游戏了。

4．三班的一个学生考试的时候作弊,因此被学校取消了考试资格。

5．现在中国学生自费出国留学在学费、吃饭和住宿上需要很大的开销。

6．因为妈妈生病了,小红坚决留下来照顾妈妈,放弃去美国留学。

六、用正确的语序把所给的词语排列成句子。

1. 在信息与通信技术越来越发达的今天,基于网络的远程学习已经变得越来越重要。

2. 专家预测五一节期间几乎所有的车型都会跟进降价。

3. 据估计,2005年来中国学习的留学生将比两年前翻一倍。

4. 只要抓住了要领,想到一个巧妙的办法,一下子就可以把问题解决掉。

5. 汽车召回制度意味着消费者的利益可以得到更好的保护了。

6. 随着地球气候变暖,北极冰川的融化将使得北极熊、海象等物种在本世纪中期走向灭绝。

7. 联想集团今天在北京与国际奥委会签署合作协议,宣布正式成为第六期国际奥委会全球合作伙伴。

8. 为了适合中国国情,戴尔干脆采用分销和直销结合的办法销售产品。

七、把下列句子改成"把"字句。

1. 我把下一课的生词预习好了。

2. 请你把这个句子分析分析。

3. 你把作业本子给老师了没有?

4. 请你把这件礼物带给他,谢谢他对我的关心。

5. 老大娘把孩子抱起来就走了。

6. 请你把访问工人家庭的情况谈一谈。

7. 请你把这个工厂的情况给我们介绍一下。

8. 他把那本书放在抽屉里了。

八、造句。(略)

思考和练习

一、根据课文内容,给下列各题选择正确的答案。
 1．D 2．C 3．C 4．D

二、根据课文内容,判断下列各题的正误。
 1．错 2．错 3．对 4．错 5．对 6．对 7．错 8．对

三、指出划线的词语在句子中的意思。
 1．D 2．D 3．C 4．B 5．C

四、根据课文内容,回答下面的问题。(略)

第7课　郑余庆偷逃税案

预习题

一、根据课文内容,给下列各题选择正确的答案。

1．D　2．B　3．D　4．C

二、根据课文内容,判断下列各题的正误。

1．错　2．错　3．对　4．错　5．对　6．对　7．错　8．对

三、根据课文内容,回答下面的问题。（略）

综合练习

一、用正确的语调朗读下列句子。（略）

二、给下列词语选择正确的解释。

1．D　2．E　3．L　4．K　5．F　6．A

7．J　8．I　9．H　10．G　11．C　12．B

三、从所给的词语中,选出最合适的填入句中的括号内。

1．表示　2．沸沸扬扬　3．意味着　4．报道　5．通常　6．聘请　7．轰动一时、移交　8．构成　9．提供　10．透露、查清　11．着手　12．表明　13．采访　14．规定

四、下面四组词语意义或用法相近,很容易混淆,请把它们区别开来。

1．A．终于　B．总算　C．总算　D．终于

2．A．通过　B．路过　C．经过　D．经过

3．A．采购　B．采用　C．采取　.D．采用

4．A．造成　B．组成　C．造成　D．构成

五、指出划线的词语在句子中的意思。

1．A　2．D　3．C　4．B　5．C　6．D　7．A　8．B

六、用正确的语序把所给的词语排列成句子。

1．请大家就这个问题发表一下自己的看法。

2．结婚用的东西总是采购不齐。

3．他已经着手编制写作计划了。

4．部队缓慢地通过沙漠。

5．生产率的提高意味着劳动力的节省。

6．现在你必须表明你的态度。

7．他通常六点起床。

8．外资公司晚上加班是经常的事。

七、把下列句子改成被动句,然后指出变换后句子意思的变化。

1．这些作业半个小时就被他全部做好了。
2．我的录音机被丁力借走了。
3．那个青年教师被领导派到国外学习去了。
4．我的自行车被那个同学弄坏了。
5．那把椅子被他搬到教室外边去了。
6．小孙子被爷爷接回家了。
7．那棵小树被大风刮倒了。
8．宿舍被他打扫得干干净净的。

八、造句。（略）

思考和练习

一、根据课文内容，给下列各题选择正确的答案。
1．B 2．A 3．D 4．C

二、根据课文内容，判断下列各题的正误。
1．对 2．错 3．错 4．错 5．错 6．对

三、指出划线的词语在句子中的意思。
1．C 2．D 3．A 4．A

四、根据课文内容，回答下面的问题。（略）

第8课 旅游者的权利

预习题

一、根据课文内容，给下列各题选择正确的答案。
1．B 2．C 3．D 4．A

二、根据课文内容，判断下列各题的正误。
1．错 2．错 3．对 4．错 5．对 6．对 7．错 8．错

三、根据课文内容，回答下面的问题。（略）

综合练习

一、用正确的语调朗读下面的句子。（略）

二、给下列词语选择正确的解释。
1．F 2．G 3．A 4．H 5．C 6．E 7．B 8．D

三、从所给的词语中，选出最合适的填入句中的括号内。
1．从事 2．享有 3．防止 4．交涉 5．提供 6．明确
7．强迫 8．维护 9．考察 10．拒绝 11．损害 12．签订

四、下面四组词语意义或用法相近，很容易混淆，请把它们区别开来。

1. A. 权力　B. 权利　C. 权利　D. 权力
2. A. 视察　B. 考察　C. 视察　D. 考察
3. A. 维护　B. 维持　C. 维持　D. 维护
4. A. 损害　B. 损害　C. 伤害　D. 伤害

五、用所给的词语改写下列句子。

1. 出租车司机不得拒绝乘客乘车。
2. 旅行社所提供的线路景点要符合合同的要求。
3. 与会者就旅游行业的美好前景进行了热烈的讨论。
4. 黄金周游客增多,致使一些人买不到票而滞留外地。
5. 一旦准备就绪,我们就马上开始工作。

六、指出划线的词语在句子中的意思。

1. C　2. A　3. B　4. A　5. D　6. A　7. C　8. B

七、用正确的语序把所给的词语排列成句子。

1. 旅行社不得强迫游客参加自费项目。
2. 我们对这个项目进行了跟踪调查。
3. 我们所遇到的困难是无法想象的。
4. 一旦买好机票,我们就出发。
5. 他一定有能力解决这个问题。
6. 他是广大观众所熟悉的老演员。
7. 任何经济行为都不应该损害公共利益。
8. 该公司与招商银行签订了借款合同。

八、用"加以"或"进行"改写下列句子。

1. 据报道,全国越野摩托车锦标赛将于2004年4月至10月进行,设专业80CC组、专业125CCA组等6个赛项。
2. 今年上半年,都江堰市对农村医疗体制大刀阔斧地进行了(加以)改革。
3. 昨天,国家环保总局对40余家污染企业进行了(加以)突击查处。
4. 在开发新产品之前,必须先对同类产品的市场细致地进行(加以)调查。
5. 张总对她的失职行为毫不留情地进行了(加以)批评。
6. 如果有什么问题一定要及早进行(加以)处理。
7. 旅游者正在就质量问题与旅行社进行协商。
8. 地面控制人员近日对"勇气"号火星车的飞行方向成功地进行了(加

以)调整。

九、造句。(略)

思考和练习

一、根据课文内容,给下列各题选择正确的答案。

1. B 2. B 3. B 4. D

二、根据课文内容,判断下列各题的正误。

1. 错 2. 错 3. 错 4. 对 5. 对 6. 错 7. 错

三、指出划线的词语在句子中的意思。

1. A 2. C 3. A 4. B 5. B 6. A

四、根据课文内容,回答下面的问题。(略)

第9课 加入WTO首年看海关

预习题

一、根据课文内容,给下列各题选择正确的答案。

1. A 2. D 3. D 4. C 5. B

二、根据课文内容,判断下列各题的正误。

1. 对 2. 错 3. 对 4. 错 5. 对

6. 对 7. 错 8. 错 9. 对 10. 对

三、根据课文内容,回答下面的问题。(略)

综合练习

一、用正确的语调朗读下面的句子。(略)

二、给下列词语选择正确的解释。

1. E 2. J 3. C 4. H 5. G

6. I 7. A 8. D 9. F 10. B

三、从所给的词语中,选出最合适的填入句中的括号内。

1. 预算 2. 一味 3. 关注 4. 履行 5. 突破口

6. 方方面面 7. 趋势 8. 估计 9. 协调

四、下面五组词语意义或用法相近,很容易混淆,请把它们区别开来。

1. A. 一味 B. 总是 C. 一味 D. 总是

2. A. 难以 B. 难以 C. 难以 D. 难于

3. A. 履行 B. 履行 C. 履行 D. 执行

4. A. 关心 B. 关注 C. 关心 D. 关注

5. A. 协商 B. 协商 C. 协调 D. 协调

五、用所给的词语改写下列句子。

1. 香港青年奖励计划旨在培养青少年的均衡发展和自我挑战精神。
2. 昨晚法国队和英格兰队的比赛中,法国队核心齐达内表现神勇,几乎是一个人击败了英格兰。赛后记者感慨地说:"法国队是一支非常优秀的队伍,齐达内太出色了。"
3. 解放日报讯,昨晚在上海体育馆进行的津沪女排之战,是本赛季女排联赛开始以来最惊心动魄的一场比赛。
4. 农业加入WTO以后,我国承诺对大宗农产品(包括小麦、玉米、大米、棉花、食糖、豆油、菜籽油、羊毛等)的进口,改原有的绝对配额管理制度为关税配额管理制度。
5. 北京市地方税务局发布了关于个人所得税纳税申报的通告。
6. 中国经济发展很不平衡,如何进行西部大开发与地方区域经济的协调发展,是当前工作的主要问题。
7. 昨天,"中科创业股价操纵案"庭审进入第三天。有关被告在接受完法庭讯问后,此案审理进入举证阶段。
8. 业主借助房地产网站开设的论坛互通信息,交流经验,讨论楼盘的优缺点,最终达成一致:避免楼市纠纷还是把丑话说在前面好!

六、用正确的语序把所给的词语排列成句子。

1. 最近几年,上海的经济发展面临着前所未有的机遇。
2. 海关各方面正在为创造优化的通关环境而努力着。
3. 虽然他成功了,但经历的酸甜苦辣难以言说。
4. 管理公司的方式要适时变革,不能一味沿用旧例。
5. 通关环境是否优化已经成为外商来中国投资的一个先决条件。
6. 说起最近几年的创业经历,张总经理感慨颇多。
7. 由于经济、文化等各方面的差异两国形成了利益冲突。

七、根据名词或量词的重叠规则,给下列各题选择正确答案。

1. B 2. A 3. D 4. C 5. A 6. B 7. C 8. D

八、造句。(略)

思考和练习

一、根据课文内容,给下列各题选择正确的答案。

1. B 2. A 3. C 4. C

二、根据课文内容,判断下列各题的正误。

1. 错 2. 对 3. 错 4. 对 5. 错 6. 对 7. 错

三、指出划线的词语在句子中的意思

    1．D 2．B 3．C 4．A 5．C

四、根据课文内容，回答下面的问题。（略）

第10课　车险改革　保费下调

预习题

一、根据课文内容，给下列各题选择正确的答案。

    1．B 2．A 3．D 4．C 5．C

二、根据课文内容，判断下列各题的正误。

    1．对 2．错 3．对 4．错 5．错 6．对 7．错

三、根据课文内容，回答下面的问题。（略）

综合练习

一、用正确的语调朗读下面的句子。（略）

二、给下列词语选择正确的解释。

    1．K 2．D 3．F 4．E 5．H 6．L 7．B 8．M 9．I 10．G 11．N 12．A 13．J 14．C

三、从所给的词语中，选出最合适的填入句中的括号内。

    1．上涨 2．划痕 3．激烈 4．体系 5．营业

    6．私家车 7．份额 8．特约 9．方案

四、下面六组词语意义或用法相近，很容易混淆，请把它们区别开来。

    1．A．期盼；　B．盼望/期盼/期望；　C．期望

    2．A．获悉；　B．据悉；　C．获悉;据悉

    3．A．建立；　B．设立；　C．建立

    4．A．因素；　B．原因；　C．因素

    5．A．泄漏；　B．泄露；　C．透露

    6．A．类似；　B．相似；　C．类似

五、用正确的语序把所给的词语排列成句子。

    1．从A类到D类地区，保费价格逐步升高。

    2．期盼已久的保险公司车险改革方案终于开始浮出水面。

    3．有人担心，车险市场放开后会引发各家保险公司的价格战。

    4．春节期间，回乡的客流量大幅度增长。

    5．新产品上市期间有没有什么优惠。

    6．从明年下半年开始实施新的教学大纲。

六、用括号里所给的词语,把下面的让步复句改写成无条件的条件复句。
　　1. 不管股指怎么跌,我也不会清仓割肉。
　　2. 无论你生意好不好,都不能怠慢顾客。
　　3. 无论你爸爸是什么人,按你现在的表现,迟早都要"炒鱿鱼"。
　　4. 如果菜做得不好,不管你把饭店开到哪儿,人家都不会来吃饭。
　　5. 不管你身体怎么样,既然来上班了,就应该有上班的样子。
　　6. 明天休息,不管你什么时候来,我都在家。

七、造句。(略)

思考和练习

一、根据课文内容,给下列各题选择正确的答案。
　　1. B　2. A　3. C　4. C
二、根据课文内容,判断下列各题的正误。
　　1. 错　2. 对　3. 对　4. 错　5. 错　6. 对
三、根据课文内容,回答下面的问题。(略)

第11课　得罪不起的8种人

预习题

一、根据课文内容,给下列各题选择正确的答案。
　　1. A　2. C　3. D　4. D　5. B　6. C
一、根据课文内容,判断下列各题的正误。
　　1. 错　2. 错　3. 对　4. 对　5. 对　6. 错　7. 错　8. 对
一、根据课文内容,回答下面的问题。(略)

综合练习

一、用正确的语调朗读下面的句子。(略)
二、给下列词语选择正确的解释。
　　1. I　2. A　3. J　4. B　5. H　6. C　7. D　8. E　9. G　10. F
三、从所给的词语中,选出最合适的填入句中的括号内。
　　1. 何况　2. 抵　3. 毁于一旦　4. 不翼而飞
　　5. 左右　6. 无足轻重　7. 赢得　8. 风浪
四、下面四组词语意义或用法相近,很容易混淆,请把它们区别开来。
　　7. A. 提升　B. 提高　C. 提高
　　8. A. 风险　B. 风浪　C. 风浪　D. 风险
　　9. A. 误会　B. 误区

10. A. 何况　B. 何必　C. 何况

五、用正确的语序把所给的词语排列成句子。

1. 办公室里那些鸡毛蒜皮的小事往往能左右你的工作效率。
2. 除了行政和业务主管,秘书绝对是公司的一号人物。
3. 总比背后被他们说三道四强。
4. 只要他们动一动手指,你的所有资料都可能不翼而飞。
5. 没想到他多年的努力竟然会毁于一旦。
6. 他们随时随地都可以揪你的小辫子。

六、给下面的句子填上适当的关联词语。

1. 即使……也……
2. 虽然……但是……
3. 如果……就……
4. 只有……才……
5. 即使……也……
6. 只要(如果)……就……
7. 只有……才……
8. 虽然……但是……

七、造句。(略)

思考与练习

一、根据课文内容,给下列各题选择正确的答案。
　　1. A　2. A　3. D　4. D

二、根据课文内容,判断下列各题的正误。
　　1. 对　2. 错　3. 错　4. 对　5. 错　6. 错

三、根据课文内容,回答下面的问题。(略)

第12课　商务谈判三部曲

预习题

一、根据课文内容,给下列各题选择正确的答案。
　　1. C　2. A　3. D　4. A　5. B　6. D　7. C

二、根据课文内容,判断下列各题的正误。
　　1. 错　2. 对　3. 错　4. 对　5. 对　6. 对　7. 错　8. 错　9. 对　10. 错

三、根据课文内容,回答下面的问题。(略)

综合练习

一、用正确的语调朗读下面的句子。(略)

二、给下列词语选择正确的解释。

1．C 2．D 3．B 4．A 5．E 6．K

7．L 8．I 9．J 10．G 11．F 12．H

三、从所给的词语中,选出最合适的填入句中的括号内。

1．遵循 2．步骤 3．根据 4．掌握 5．一旦

6．协调 7．沟通 8．彼此 9．针对 10．僵局

四、下面四组词语意义或用法相近,很容易混淆,请把它们区别开来。

1．A．声明 B．申明 C．申明 D．声明

2．A．探询 B．询问 C．询问 D．探询

3．A．暂且 B．暂时 C．暂且 D．暂时

4．A．达成 B．达到 C．达成 D．达到

五、用所给的词语改写下列句子。

1．高校收费主要是依据本市有关部门制定的收费项目和收费标准而制定的。

2．昨天下午,工商局按照报纸报道的线索发现手机店内确实存在手机号漫天要价、配件价格偏高的现象,执法人员当场没收了店内的"选号单"和部分手机配件。

3．温州9家大型民营企业本月中旬组建了中国国内第一家财团——中瑞财团控股公司,再次明确表达了中国民营企业寻求新突破的雄心。

4．求职面试时,经常会碰到一些很难回答的问题,交谈因此陷入僵局,气氛也变得十分尴尬,遇到这种情况不要轻易放弃。

5．连日来,利比亚同西方国家间频繁的外交活动表明,利比亚正试图努力打破外交僵局。

6．如果一个国家以大国自居,说大话,无视国际合作,就会陷入孤立的泥沼难以自拔。

7．商务谈判中如何克服障碍是成败的关键。

8．在准备谈判资料的前一晚,他们发现了一份最具有价值但却被他们所忽略的商务文件。

9．互联网服务提供商应明确显示出哪些搜索结果是付费广告,因为搜索服务提供商提供的付费位置排名可能会误导消费者。

10．日前发表的汽车质量调查显示,大众全球质量排行不尽如人意,有关

专家正在分析其中原因。

六、用正确的语序把所给的词语排列成句子。

1. 上海市采取多项调控手段抑制房价上涨过快的趋势。
2. 谈判双方的权利与义务应该依据法规进行处理。
3. 第三轮北京六方会谈进入攻坚阶段。
4. 掌握人与人相处的技巧必须先了解人际沟通。
5. 中国焦炭出口实际上已处于进退两难的境地。
6. 成功的谈判必须使各方的利益求得一定程度的平衡。

七、造句。(略)

思考和练习

一、根据课文内容,给下列各题选择正确的答案。

1. C 2. D 3. B 4. C

二、根据课文内容,判断下列各题的正误。

1. 错 2. 对 3. 对 4. 错 5. 对 6. 错

三、指出划线的词语在句子中的意思。

1. A 2. C 3. D 4. B 5. C 6. A

四、根据课文内容,回答下面的问题。(略)

总词汇表

词语	词性	拼音	课文
		A	
案情	（名）	ànqíng	07
		B	
把柄	（名）	bǎbǐng	07 阅读材料
把关	（动）	bǎguān	09
百分点	（名）	bǎifēndiǎn	10 阅读材料
颁发	（动）	bānfā	08
扮演	（动）	bànyǎn	08 阅读材料
饱和	（形、名）	bǎohé	05
保费	（名）	bǎofèi	10 阅读材料
保障	（名）	bǎozhàng	02 阅读材料
报案	（动）	bào'àn	07 阅读材料
报表	（名）	bàobiǎo	11
背景	（名）	bèijǐng	03
本息	（名）	běnxī	03
比重	（名）	bǐzhòng	02 阅读材料
贬值	（动）	biǎnzhí	03 阅读材料
便捷	（形）	biànjié	09
便利店	（名）	biànlìdiàn	05
变更	（动）	biàngēng	08
变化无常	（成）	biàn huà wú cháng	02
补偿	（动）	bǔcháng	10
补缴	（动）	bǔjiǎo	07 阅读材料

不当	（形）	búdàng	08	
不见得	（惯）	bújiànde	11	阅读材料
不景气	（短）	bù jǐngqì	06	阅读材料
不起眼	（惯）	bù qǐyǎn	11	
不翼而飞	（成）	bú yì ér fēi	11	
步骤	（名）	bùzhòu	12	
部门	（名）	bùmén	05	

C

财政	（名）	cáizhèng	04	
采访	（动、名）	cǎifǎng	05	
采购	（动）	cǎigòu	06	阅读材料
采集	（动）	cǎijí	10	
参与	（动）	cānyù	11	
层次	（名）	céngcì	10	
查询	（动）	cháxún	01	阅读材料
偿还	（动）	chánghuán	03	
常抓不懈	（成）	cháng zhuā bú xiè	04	阅读材料
车水马龙	（成）	chē shuǐ mǎ lóng	06	阅读材料
成本	（名）	chéngběn	03	
成交	（动、名）	chéngjiāo	09	
成熟	（形）	chéngshú	03	
呈现	（动）	chéngxiàn	04	阅读材料
承诺	（动、名）	chéngnuò	09	
诚意	（名）	chéngyì	12	
程序	（名）	chéngxù	12	
充分	（形）	chōngfèn	12	
冲击	（动）	chōngjī	09	阅读材料
冲突	（动、名）	chōngtū	12	
出台	（动）	chūtái	07	
处	（动）	chǔ	07	
处	（动）	chǔ	11	
创造	（动）	chuàngzào	12	

267

春笋	（名）	chūnsǔn	05
纯粹	（形）	chúncuì	03
刺激	（动）	cìjī	03
促使	（名）	cùshǐ	11 阅读材料
蹿	（动）	cuān	10 阅读材料
存折	（名）	chúnzhé	01 阅读材料
措施	（名）	cuòshī	12 阅读材料

D

打理	（动）	dǎlǐ	03
打私	（动）	dǎsī	09
大步流星	（成）	dà bù liú xīng	08 阅读材料
大幅	（名）	dàfú	09 阅读材料
大街小巷	（成）	dà jiē xiǎo xiàng	05
大张旗鼓	（成）	dà zhāng qígǔ	05
大宗	（形）	dàzōng	09 阅读材料
代价	（名）	dàijià	03
贷款	（名、动）	dàikuǎn	01
担忧	（形）	dānyōu	05 阅读材料
耽搁	（动）	dānge	11
当事人	（名）	dāngshìrén	12 阅读材料
档次	（名）	dàngcì	08
得罪	（动）	dézuì	11
低迷	（形）	dīmí	02
底细	（名）	dǐxì	12
抵	（动）	dǐ	11
抵押	（动）	dǐyā	01
地盘	（名）	dìpán	10 阅读材料
地税	（名）	dìshuì	07
点击	（动）	diǎnjī	06 阅读材料
电子商务		diànzǐ shāngwù	06
定时炸弹	（名）	dìngshí zhàdàn	07 阅读材料
定义	（名）	dìngyì	06

定罪量刑	（短）	dìng zuì liàng xíng	07
度	（名）	dù	05
度假村	（名）	dùjiàcūn	04
对局	（名）	duìjú	12
对应	（形）	duìyìng	08
多元化	（动）	duōyuánhuà	04

F

防备	（动）	fángbèi	12 阅读材料
放射	（动）	fàngshè	04 阅读材料
沸沸扬扬	（形）	fèifèi yángyáng	07
分别	（副）	fēnbié	09 阅读材料
分布	（名、动）	fēnbù	05
分店	（名）	fēndiàn	05
分红	（动）	fēnhóng	10 阅读材料
分支	（名）	fēnzhī	01 阅读材料
纷纷	（副）	fēnfēn	02 阅读材料
份额	（名）	fèn'é	10
丰富多彩	（词组）	fēngfù duō cǎi	04 阅读材料
风浪	（名）	fēnglàng	11
蜂拥而至	（成）	fēng yōng ér zhì	06 阅读材料
服务	（名、动）	fúwù	06
幅度	（名）	fúdù	05
负债	（动）	fùzhài	03
附加	（动）	fùjiā	10
赋予	（动）	fù yǔ	04

G

改革	（动、名）	gǎigé	10
改进	（动）	gǎijìn	01 阅读材料
概念	（名）	gàiniàn	06
感慨	（动）	gǎnkǎi	09
隔岸观火	（成）	gé àn guān huǒ	02
个性	（名）	gèxìng	04

攻坚	（动）	gōngjiān	12
共享	（动）	gòngxiǎng	06
沟通	（动、名）	gōutōng	12
购物中心	（短）	gòu wù zhōng xīn	05
估价	（动）	gūjià	09
固定资产		gùdìng zīchǎn	04
关	（名）	guān	10 阅读材料
关键	（形）	guānjiàn	11
关税	（名）	guānshuì	09
关注	（动）	guānzhù	02
观光	（动）	guānguāng	04
规范	（动）	guīfàn	04
规格	（名）	guīgé	05 阅读材料
国务院	（名）	guówùyuàn	08

H

涵盖	（动）	hángài	01
合同	（名）	hétong	04
核实	（动）	héshí	08
核心	（名）	héxīn	06
轰动一时	（成）	hōngdòng yìshí	07
后起之秀	（成）	hòu qǐ zhī xiù	05
后勤	（名）	hòuqín	11 阅读材料
忽略	（动）	hūlüè	03 阅读材料
忽视	（动）	hūshì	02
互动	（动）	hùdòng	11 阅读材料
花费	（动、名）	huāfèi	04 阅读材料
化解	（动）	huàjiě	12 阅读材料
划分	（动）	huàfēn	10
环节	（名）	huánjié	09
换代更新	（成）	huàn dài gēng xīn	04
汇款	（动、名）	huìkuǎn	01
汇率	（名）	huìlǜ	01

毁于一旦	（成）	huǐyúyídàn	11
活期(存款)	（名）	huóqī(cúnkuǎn)	01 阅读材料
火爆	（形）	huǒbào	04
伙伴	（名）	huǒbàn	06
获悉	（动）	huòxī	10

J

击破	（动）	jīpò	02
稽查	（动）	jīchá	07
激化	（动）	jīhuà	05 阅读材料
忌讳	（名、动）	jìhuì	03 阅读材料
寄托	（动）	jìtuō	04
监管	（动）	jiānguǎn	09
鉴别	（动）	jiànbié	08
僵局	（名）	jiāngjú	12
讲究	（形、动）	jiǎngjiu	05 阅读材料
降税	（动）	jiàngshuì	09
交涉	（动）	jiāoshè	08
交易	（动、名）	jiāoyì	01
较劲	（动）	jiàojìn	02
结构	（名）	jiégòu	02 阅读材料
截至	（动）	jiézhì	01
介入	（动）	jièrù	02
金融	（名）	jīnróng	02 阅读材料
进度	（名）	jìndù	09
进驻	（动）	jìnzhù	10 阅读材料
经营	（动）	jīngyíng	08
惊心动魄	（成）	jīng xīn dòng pò	09
精确	（形）	jīngquè	06
景气	（形）	jǐngqì	02
境地	（名）	jìngdì	12
纠纷	（名）	jiūfēn	08
拘役	（名）	jūyì	07

举报	（动、名）	jǔbào	07 阅读材料
举证	（动）	jǔzhèng	09
巨额	（名）	jù'é	06
巨头	（名）	jùtóu	05
俱乐部	（名）	jù lèbù	11 阅读材料
据理力争	（成语）	jù lǐ lì zhēng	12 阅读材料
决策	（名）	juécè	12
诀窍	（名）	juéqiào	03 阅读材料
崛起	（动）	juéqǐ	04

K

开具	（动）	kāijù	08
开盘	（动）	kāipán	02
开销	（名、动）	kāixiāo	06
看重	（动）	kànzhòng	09
慷慨陈词	（词组）	kāngkǎi chén cí	12 阅读材料
可观	（形）	kěguān	03
客源	（名）	kèyuán	05
扣除	（动）	kòuchú	03
跨越	（动）	kuàyuè	07
快捷	（形）	kuàijié	01 阅读材料
框架	（名）	kuàngjià	12

L

拉动	（动）	lādòng	04
蓝图	（名）	lántú	05
勒索	（动）	lèsuǒ	07 阅读材料
累计	（动）	lěijì	03
理财	（动）	lǐcái	01
理念	（名）	lǐniàn	02
理所当然	（成）	lǐsuǒdāngrán	11
理应	（动）	lǐyīng	11 阅读材料
利润	（名）	lìrùn	05
例会	（名）	lìhuì	05

联网	（动）	liánwǎng	09
两败俱伤	（成）	liǎng bài jù shāng	05
亮点	（名）	liàngdiǎn	10 阅读材料
琳琅满目	（成语）	línláng mǎn mù	06 阅读材料
浏览器	（名）	liúlǎnqì	06
履行	（动）	lǚxíng	09
落成	（动）	luòchéng	11 阅读材料

M

买卖	（动、名）	mǎimài	01
漫天要价	（成）	màn tiān yào jià	12
魅力	（名）	mèilì	04
迷惑	（动）	míhuò	08
免征	（动）	miǎnzhēng	09 阅读材料
面红耳赤	（成语）	miàn hóng ěr chì	12 阅读材料
庙会	（名）	miàohuì	04
模拟	（动）	mónǐ	01
模式	（名）	móshì	06
磨炼	（动）	móliàn	01
默默无言	（成语）	mò mò wú yán	12 阅读材料
目标	（名）	mùbiāo	08 阅读材料

N

难以自拔	（成）	nán yǐ zì bá	12
闹市	（名）	nàoshì	05
你死我活	（成）	nǐ sǐ wǒ huó	05

O

偶尔	（副）	ǒu ěr	11

P

抛	（动）	pāo	11
抛在脑后	（短）	pāo zài nǎo hòu	06 阅读材料
培育	（动）	péiyù	02 阅读材料
配额	（名）	pèi é	09 阅读材料
配角	（名）	pèijué	11

配套	（动）	pèitào	04
膨胀	（动）	péngzhàng	06
批准	（动）	pīzhǔn	05
譬如	（动）	pìrú	11 阅读材料
片面	（形、副）	piànmiàn	05 阅读材料
频繁	（形）	pínfán	11 阅读材料
聘请	（动）	pìnqǐng	07
平衡	（动、名）	pínghéng	12
凭	（介）	píng	07
破获	（动）	pòhuò	07 阅读材料

Q

期盼	（动）	qīpàn	10
欺诈	（动）	qīzhà	04
恰恰	（副）	qiàqià	03 阅读材料
签订	（动）	qiāndìng	08
前所未有	（成）	qián suǒ wèi yǒu	10 阅读材料
前提	（名）	qiántí	12
潜力	（名）	qiánlì	02
强劲	（形）	qiángjìn	04
强迫	（动）	qiángpò	08
敲诈	（动）	qiāozhà	07 阅读材料
亲密无间	（成）	qīnmì wú jiàn	05
青睐	（动）	qīnglài	04
轻而易举	（成）	qīng ér yì jǔ	03 阅读材料
情节	（名）	qíngjié	07
晴雨表	（名）	qíngyǔbiǎo	02
趋势	（名）	qūshì	09
全局	（名）	quánjú	12
权威	（名）	quánwēi	03
权益	（名）	quányì	08
确凿	（形）	què záo	07 阅读材料

R

热点	（名）	rèdiǎn	04 阅读材料
人士	（名）	rénshì	10
人寿	（名）	rénshòu	10 阅读材料
人头攒动	（成）	rén tóu cuán dòng	04
认可	（动）	rènkě	03
融	（动）	róng	08 阅读材料
融资	（动）	róngzī	01
入世	（动）	rùshì	10 阅读材料
软硬件	（名）	ruǎnyìngjiàn	06

S

擅自	（动）	shànzì	08
设备	（名）	shèbèi	10
设立	（动）	shèlì	10
设施	（名）	shèshī	04
申报	（动）	shēnbào	09
申明	（动）	shēnmíng	12
审理	（动）	shěnlǐ	07
生怕	（动）	shēngpà	12
生肖	（名）	shēngxiào	04
失误	（名、动）	shīwù	06
施展	（动）	shīzhǎn	05 阅读材料
实践	（名、动）	shíjiàn	05 阅读材料
实施	（动）	shíshī	09 阅读材料
世贸组织	（专名）	shìmàozǔzhī	09
市场调查	（短）	shìchǎng diàochá	06 阅读材料
市值	（名）	shìzhí	02
事半功倍	（成）	shì bàn gōng bèi	03 阅读材料
势必	（副）	shìbì	09 阅读材料
势头	（名）	shìtóu	04
试点	（动）	shìdiǎn	09
是非	（名）	shìfēi	11

收益	（名）	shōuyì	03
守法	（动）	shǒufǎ	09
首年	（名）	shǒunián	09
输出	（动）	shūchū	08 阅读材料
鼠标	（名）	shǔbiāo	06 阅读材料
税率	（名）	shuìlǜ	09
税目	（名）	shuìmù	09
税收	（名）	shuìshōu	09
税则	（名）	shuìzé	09
税种	（名）	shuìzhǒng	07
说三道四	（成）	shuō sān dào sì	11
率先	（副）	shuàixiān	10 阅读材料
送货	（动）	sònghuò	06 阅读材料
诉讼	（名）	sùsòng	08
缩短	（动）	suōduǎn	01
缩影	（名）	suōyǐng	05
索要	（动）	suǒyào	08

T

忐忑不安	（成）	tǎntè bù ān	02
探询	（动）	tànxún	12
提倡	（动）	tíchàng	05
提升	（动、名）	tíshēng	11
提速	（动）	tísù	01
提醒	（动）	tíxǐng	08
挑战	（动）	tiǎozhàn	09
条款	（名）	tiáokuǎn	10
调解	（动）	tiáojiě	08
统计	（动、名）	tǒngjì	01
统一	（形）	tǒngyī	10
投诉	（动）	tóusù	04 阅读材料
投资	（动、名）	tóuzī	01
投资者	（词组）	tóuzīzhě	02

透露	（动）	tòulù	04 阅读材料
透露	（动）	tòulù	07
透露	（动）	tòulù	10
透明度	（名）	tòumíngdù	09
突破	（动）	tūpò	01
徒刑	（名）	túxíng	07
推进	（动）	tuījìn	09
退税	（动）	tuìshuì	01

W

外汇	（名）	wàihuì	01
完税价格		wánshuì jiàgé	09
万不得已	（成）	wàn bù dé yǐ	12 阅读材料
网点	（名）	wǎngdiǎn	01
网站	（名）	wǎngzhàn	06
威胁	（动、名）	wēixié	05
违背	（动）	wéibèi	05 阅读材料
违法	（动）	wéifǎ	09
胃口	（名）	wèikǒu	05
无济于事	（成）	wú jì yú shì	02
无足轻重	（成）	wú zú qīng zhòng	11
毋庸置疑	（成）	wúyōngzhìyí	08 阅读材料
物价指数	（名）	wùjià zhǐshù	03
误导	（动）	wùdǎo	12
误区	（名）	wùqū	11

X

牺牲	（名、动）	xīshēng	03
习以为常	（成）	xí yǐ wéi cháng	06 阅读材料
下调	（动）	xiàtiáo	10
先驱	（名）	xiānqū	06
嫌疑人	（名）	xiányírén	07 阅读材料
限制	（动）	xiànzhì	09 阅读材料
陷阱	（名）	xiànjǐng	08

相继	（动）	xiāngjì	01
想方设法	（成）	xiǎng fāng shè fǎ	12 阅读材料
削弱	（动）	xuē ruò	05
消费	（动、名）	xiāofèi	02
小鞋	（名）	xiǎoxié	11
效益	（名）	xiàoyì	02
效应	（名）	xiàoyìng	03
协调	（动）	xiétiáo	02
协商	（动）	xiéshāng	08
心腹	（名）	xīnfù	11
心态	（名）	xīntài	05 阅读材料
心中有数	（成）	xīnzhōng yǒushù	08
信贷	（名）	xìndài	02 阅读材料
信息	（名）	xìngxī	06
信心十足	（成）	xìnxīn shízú	08 阅读材料
信用状	（名）	xìnyòngzhuàng	01 阅读材料
刑法	（名）	xíngfǎ	07
休整	（动）	xiūzhěng	02

Y

严峻	（形）	yánjùn	05 阅读材料
演讲	（动）	yǎnjiǎng	02 阅读材料
业内人士		yè nèi rénshì	01
业务	（名）	yèwù	06
一律	（副）	yīlǜ	11 阅读材料
一味	（副）	yīwèi	02
一线	（名）	yīxiàn	09
一厢情愿	（成语）	yī xiāng qíng yuàn	02
依据	（名）	yījù	07
颐指气使	（成）	yí zhǐ qì shǐ	11
以至	（连）	yǐzhì	11 阅读材料
义务	（名）	yìwù	08
意识	（名）	yìshi	03 阅读材料

意味着	（动）	yìwèizhe	06
因素	（名）	yīnsù	10
阴霾	（名）	yīnmái	02
引发	（动）	yǐnfā	10
隐患	（名）	yǐnhuàn	04 阅读材料
应运而生	（成）	yìng yùn ér shēng	03
赢得	（动）	yíngdé	11
优化	（动）	yōuhuà	09
有效	（形）	yǒuxiào	03
诱导	（动）	yòudǎo	12
逾	（动）	yú	01
预期	（名）	yùqī	09 阅读材料
预算	（动、名）	yùsuàn	09
预言	（动）	yùyán	10
圆梦	（动）	yuánmèng	03
跃居	（动）	yuèjū	08 阅读材料
运行	（名）	yùnxíng	06
蕴藏	（动）	yùncáng	10 阅读材料

Z

增值	（动）	zēngzhí	03 阅读材料
占领	（动）	zhànlǐng	10
掌握	（动）	zhǎngwò	12
账户	（名）	zhànghù	01 阅读材料
账面	（名）	zhàngmiàn	07
折	（动）	zhé	03
震荡	（动）	zhèndàng	02
争论不休	（短）	zhēnglùn bù xiū	06
征收	（动）	zhēngshōu	09
政策	（名）	zhèngcè	04
知悉	（动）	zhīxī	08
执照	（名）	zhízhào	08
直观	（形）	zhíguān	10 阅读材料

指标	（名）	zhǐbiāo	02
指日可待	（成）	zhǐ rì kě dài	11
指手画脚	（成）	zhǐ shǒu huà jiǎo	11
制约	（动）	zhìyuē	02
滞留	（动）	zhìliú	08
中介	（名）	zhōngjiè	01
中意	（动）	zhòngyì	04
仲裁	（动）	zhòngcái	12 阅读材料
周边	（名）	zhōubiān	04 阅读材料
逐步	（副）	zhúbù	10
主流	（名）	zhǔliú	10
主体	（名）	zhǔtǐ	04
铸	（动）	zhù	04
专家	（名）	zhuānjiā	06
专利	（名）	zhuānlì	06
转账	（动）	zhuǎnzhàng	01 阅读材料
捉襟见肘	（成）	zhuō jīn jiàn zhǒu	03 阅读材料
着力点	（短）	zhuólìdiǎn	05 阅读材料
资金	（名）	zījīn	02
资历	（名）	zīlì	11
资深	（形）	zīshēn	06 阅读材料
总署	（名）	zǒngshǔ	09
走访	（动）	zǒufǎng	05
最大化	（动）	zuìdàhuà	12
左右	（动）	zuǒyòu	11

北京大学出版社最新图书推荐（阴影为近年新书）

汉语教材		
博雅汉语—初级起步篇（I）（附赠 3CD）	07529-4	65.00
博雅汉语—高级飞翔篇（I）	07532-4	55.00
新概念汉语（初级本 I）（英文注释本）	06449-7	37.00
新概念汉语（初级本 II）（英文注释本）	06532-9	35.00
新概念汉语复练课本（初级本 I）（英文注释本）（附赠 2CD）	07539-1	40.00
新概念汉语（初级本 I）（日韩文注释本）	07533-2	37.00
新概念汉语（初级本 II）（日韩文注释本）	06534-0	35.00
新概念汉语（初级本 I）（德文注释本）	07535-9	37.00
新概念汉语（初级本 II）（德文注释本）	06536-7	35.00
汉语易读（1）（附练习手册）（日文注释本）	07412-3	45.00
汉语易读（1）教师手册	07413-1	12.00
说字解词（初级汉语教材）	05637-0	70.00
初级汉语阅读教程（1）	06531-0	35.00
初级汉语阅读教程（2）	05692-3	36.00
中级汉语阅读教程（1）	04013-X	40.00
中级汉语阅读教程（2）	04014-8	40.00
汉语新视野-标语标牌阅读	07566-9	36.00
基础实用商务汉语（修订版）	04678-2	45.00
公司汉语	05734-2	35.00
国际商务汉语教程	04661-8	33.00
短期汉语教材		
速成汉语（1）（2）（3）（修订版）	06890-5/06891-3/06892-1	14.00/16.00/17.00
魔力汉语（上）（下）（英日韩文注释本）	05993-0/05994-9	33.00/33.00
汉语快易通-初级口语听力（英日韩文注释本）	05691-5	36.00
汉语快易通-中级口语听力（英日韩文注释本）	06001-7	36.00
快乐学汉语（韩文注释本）	05104-2	22.00
快乐学汉语（英日文注释本）	05400-9	23.00
口语听力教材		
汉语发音与纠音	01260-8	10.00
初级汉语口语（1）（2）（提高篇）	06628-7/06629-5/06630-9	60.00/70.00/60.00
中级汉语口语（1）（2）（提高篇）	06631-7/06632-5/06633-3	42.00/39.00/36.00

准高级汉语口语（上）	07698-3	42.00
高级汉语口语（1）（2）（提高篇）	06634-1/06635-X/06646-5	32.00/32.00/32.00
汉语初级听力教程（上）（下）	04253-1/04664-2	32.00/45.00
汉语中级听力教程（上）（下）	02128-3/02287-5	28.00/38.00
汉语高级听力教程	04092-x	30.00
汉语中级听力（上）（修订版）（附赠7CD）	07697-5	70.00
新汉语中级听力（上册）	06527-2	54.00
外国人实用生活汉语（上）（下）	05995-7/05996-5	43.00/45.00
实用汉语系列		
易捷汉语——实用会话（配4VCD）（英文注释本）	06636-8	书28.00/书+4VCD120.00
文化、报刊教材及读物		
中国概况（修订版）	02479-7	30.00
中国传统文化与现代生活 - 留学生中级文化读本（I）	06002-5	38.00
中国传统文化与现代生活 - 留学生高级文化读本	04450-X	34.00
文化中国 - 中国文化阅读教程1	05810-1	38.00
解读中国 - 中国文化阅读教程2	05811-X	42.00
报纸上的中国——中文报刊阅读教程（上）	06893-X	50.00
报纸上的天下——中文报刊阅读教程（下）	06894-8	50.00
写作、语法及预科汉语教材		
应用汉语读写教程	05562-5	25.00
留学生汉语写作进阶	06447-0	31.00
实用汉语语法（修订本）附习题解答	05096-8	75.00
简明汉语语法学习手册	05749-0	22.00
预科专业汉语教程（综合简本）	07586-3	55.00
HSK应试辅导书教材及习题		
HSK汉语水平考试模拟习题集（初、中等）	04518-2	40.00
HSK汉语水平考试模拟习题集（高等）	04666-9	50.00
HSK汉语水平考试词汇自测手册	05072-0	45.00
HSK汉语水平考试（初、中等）全真模拟活页题集（模拟完整题）	05080-1	37.00
HSK汉语水平考试（初、中等）全真模拟活页题集（听力理解）	05310-X	34.00
HSK汉语水平考试（初、中等）全真模拟活页题集（语法 综合填空 阅读理解）	05311-8	50.00